우리가
몰랐던

세계
문화

세계와 한국을 이해하는
24가지 물음

우리가 몰랐던 세계 문화

intercultural communication

강준만 외 지음

인물과
사상사

문화는 불사조

"한국인들은 사람을 좋아할 경우 아시아의 이웃나라 사람들보다 더 공개적으로 이러한 감정을 표현하는 성향이 있다. 한국인 실업가가 자신이 차고 있는 금시계를 서양인 방문객이 지나가는 말로 좋다고 말하면 즉시 풀어서 그 사람에게 주는 일은 흔하다. 그와 같은 행동은 역시 불교에서 유래한다. 불교는 가장 큰 복을 받는 자란 선물을 받는 자가 아니라 주는 자라고 가르치기 때문이다." [1]

미국 메릴랜드대 경영학과 교수 마틴 J. 개논Martin J. Gannon의 『세계문화이해』라는 책에 나오는 말이다. 이런 엉터리 같은 이야기가 실리다니 우습지 않은가? 아주 오래된 책도 아니다. 미국에선 2001년에 출간, 한국에선 2002년에 번역된 책이다. 예외적인 실수일까? 그렇지 않다. 한국 사회와 문화를 소개하는 외국 책엔 이런 웃지 못할 이야기가 많이 등장한다.

그러나 결코 비웃을 일은 아니다. 한국인이 아시아의 이웃나라 사람들보다 더 공개적으로 사람을 좋아하는 감정을 표현하는 성향이 있다는 건 분명한 사실 아닌가. 다만 그런 성향을 말해주는 사례가 부적절했을 뿐이다. 이는 그만큼 '문화 간 커뮤니케이션intercultural communication' 연구가 어렵다는 걸 말해주는 사례로 이해하면 좋을 것 같다.

2012년 11월 미국 여론조사기관 갤럽은 2009년부터 2011년까지 151개국 15세 이상 국민 각 1,000명씩을 대상으로 일상생활에서 느끼는 감정 표현 정도를 측정해 공개했다. 이 조사는 조사 대상자에게 어제 생활에서 '많이 웃었는지', '즐거웠는지' 등 긍정적인 감정 다섯 가지와 분노·스트레스·슬픔 등 부정적인 감정 다섯 가지를 묻고 응답률에 따라 순위를 매겼는데, 싱가포르인은 36퍼센트만이 '매일 긍정 또는 부정적 감정을 표현한다'고 밝혀 151개국 국민 가운데 가장 감성이 메마른 것으로 나타났다. 다음으로 조지아·리투아니아(이상 37%), 러시아·마다가스카르·우크라이나·벨라루스·카자흐스탄·네팔·키르기스스탄(38%) 순이었다. 한국인도 20위(40%)로 감정 표현을 잘 하지 않는 국민이었다. 중국은 60위, 일본은 80위였다.

감정 표현이 활발한 국민은 필리핀(60%)·엘살바도르(57%)·바레인(56%)·오만·콜롬비아(55%)·칠레·코스타리카·캐나다·과테말라·볼리비아·에콰도르·도미니카공화국·페루·니카라과·미국(54%) 순이었다. 이에 대해 싱가포르인은 1인당 GDP가 세계 최고 수준이지만 근무 만족도는 2퍼센트에 불과(세계 평균은 11%)하며, 학교에서 남과 다르게 행동하지 말라고 배워 감정 표현에 주저하게 된다고 『블룸버그 비즈니스위크』는 분석했다.[2]

언론이 수시로 보도하는 이런 종류의 국제적 조사 결과는 문화 간 커뮤니케이션을 이해하는 데에 큰 도움이 된다. 무엇보다도 한국인이 20위로 감정 표현을 잘 하지 않는 국민으로 분류된다는 게 흥미롭다. 한국인은 감정 발산에 능하며, 이것이 한류의 원동력이라는 주장이 적잖은 호응을 얻어온 터라 더욱 그렇다.

이걸 어떻게 이해해야 할까? 한국인은 감정 발산에 능하지만, '멍석이 깔릴 경우에 한해서' 라고 답하면 무난할 것 같다. 이렇게 신문 기사 하나를 읽으면서도 각자 나름대로 문화 간 커뮤니케이션 공부를 할 수 있다. 문화 간 커뮤니케이션 공부의 생활화라고나 할까? 수출로 먹고사는 게 피할 수 없는 우리의 운명이라면,[3] 그런 공부의 생활화야말로 우리의 생존술로까지 격상되어야 할 공부가 아니고 무엇이랴. 예컨대 다음과 같은 실용 지식 말이다.

"독일과 영국의 주부들은 빨랫감을 앞으로 넣는 세탁기를 원하지만, 프랑스 주부들은 위로 넣는 것을 선호한다. 독일인과 덴마크인이 불소

첨가 치약을 사용하는 이유는 풍치로부터 치아를 보호하려는 데 있는 반면에, 이탈리아인과 프랑스인들은 미용을 위해서이다. 볼보Volvo는 프랑스에서 제품을 선전할 때 신분과 향락의 표현으로 이미지 메이킹해야 하지만, 스웨덴에서는 경제성·안전성·내구성에 중점을 두어야 한다. 반면에 독일 시장에서는 엔진 성능이 판매량을 결정한다. 독일인들은 저혈압일 때에도 의사의 진료가 필요하다고 여기는 반면, 영국 의사들은 그럴 필요가 없다고 생각한다." [4]

문화가 매우 끈질기다는 걸 말해주는 사례들이라 할 수 있겠다. 그래서 "문화는 불사조不死鳥"라는 말도 나왔을 것이다. 어느 사회에서건 한동안 거센 변화의 바람이 불어닥치면 모든 게 다 바뀐 것 같지만, 문화는 불사조처럼 잿더미 속에서 다시 일어나 바뀐 게 별로 없음을 만천하에 웅변하곤 한다는 것이다. [5] 문화의 은근과 끈기, 이는 한국인의 특성이기도 하잖은가.

그런 특성을 지닌 한국이 세계 지역연구의 중심이 되면 좋겠다. 애국심에서 하는 말이 아니다. 대외의존도가 세계 최고 수준인 나라로서 다른 나라들과의 교류와 소통에 모든 걸 걸어야 하는 한국이 가장 잘할 수 있는 일이라고 보기 때문이다. 은근과 끈기로 말이다. 지역연구 중에서도 문화 간 커뮤니케이션에 관심이 많은 나는 앞으로 이 일을 학생들과 같이 해보기로 결심하고, 내 강의 과목을 수강하는 학생들에게 가능한 한 자신들의 체험을 바탕으로 관련 리포트를 쓰도록 했다. 이 책이 바로 그런 시도의 산물이다. 문화 간 커뮤니케이션 연구의 생활화인 셈이다.

독자들께선 이 책이 '우리가 몰랐던 세계 문화'에 대해 이야기하겠다면서 왜 실린 글들의 제목이 대부분 '왜 한국~'으로 시작하느냐고 의아해할지도 모르겠다. 이렇게 설명을 드리는 게 좋을 것 같다. 남의 집에 놀러가서 그 집안이 어떤지 평가하기 위해선 반드시 준거점이 있어야 한다. 그 준거점이 바로 '우리 집'이다. 우리 집을 잘 모르면서 남의 집을 평가하기는 어렵다. 국가도 마찬가지다. 문화 간 커뮤니케이션을 잘 하기 위한 전제는 자기 자신, 즉 자기 문화를 잘 이해하는 기반 위에서 자기 문화와의 비교 분석을 해야 한다는 것이다. 그런 의미에서 이 책은 문화 간 커뮤니케이션 연구인 동시에 한국학 연구인 셈이다.

이 책엔 내 글 2편을 포함해 모두 24편의 글이 실려 있지만, 팀으로 참여한 학생들도 많아 필자 수는 34명에 이른다. 가나다순으로 열거하자면 다음과 같다. 강준만, 강찬구, 강희재, 고민성, 김다솜, 김민규, 김수린, 김종훈, 김찬송, 김채리, 김하영, 김호, 박혜레나, 배수빈, 백승민, 안정진, 유세은, 유혜지, 유호인, 이나리, 이서정, 이소진, 이승주, 이정용, 임정은, 전연정, 정상석, 정지은, 조은지, 조중현, 조혜영, 채승아, 한영실, 홍초희.

모두 다 고생이 많았다. 한 번 쓰면 그만일 리포트를 내 지적에 따라 여러 차례 고쳐 쓰면서 각 글의 분량은 점점 더 많아졌다. 그럼에도 좀 더 많은 글을 싣기 위해 편집자를 자처한 내가 인정사정없이 대폭 손을 보곤 했는데, 필자들은 물론 독자들도 아쉬움을 느낄지도 모르겠다.

　내 평소 지론이지만, 문화 간 커뮤니케이션에 가장 감수성이 발달한 시기는 20대다. 이 책의 많은 필자들이 20대의 학부생이라고 해서 행여 낮춰 보는 일이 없기를 바라는 마음에서 드리는 말씀이다. 매년 외국을 나가는 우리 관광객의 수가 1,000만 명을 넘는다(2010년 1,284만 명). 20대 젊은이들 가운데 외국 물 안 먹은 이를 찾기가 어려울 정도다. 각자의 체험을 근거로 한 '세계문화산책'이되, 예민한 감수성과 더불어 자유로운 상상력을 발휘해보고자 애를 썼다. 어차피 문화 간 커뮤니케이션에 관한 주장은 입증할 순 없는 것이다. 공감의 문제일 뿐이다. 독자들의 공감 온도가 높아져, 이 책이 재미있고 유익하게 읽히길 바랄 뿐이다.

2013년 3월

강준만

1 마틴 J. 개논, 최윤희 외 옮김, 『세계문화이해』(커뮤니케이션북스, 2001/2002), 234쪽.

2 이충형, 「세계서 제일 무뚝뚝한 싱가포르인」, 『중앙일보』, 2012년 11월 23일.

3 물론 "수출만이 살길, 아니다"라는 목소리도 있기는 하다. 정남구, 「[특파원 칼럼] 수출만이 살길, 아니다」, 『한겨레』, 2013년 1월 18일.

4 요아나 브라이덴바흐(Joana Breidenbach)·이나 추크리글(Ina Zukrigl), 인성기 옮김, 『춤추는 문화: 세계화 시대의 문화적 다원화』(영림카디널, 1998/2003), 46쪽.

5 Geert Hofstede, Gert Jan Hofstede & Michael Minkov, *Cultures and Organizations: Software of the Mind, 3rd ed.*(New York: McGraw-Hill, 2010), p. 26.

차 례

1부

유머와
소통

intercultural
communication

강준만

신문방송학과 교수

왜 태국은
미소의 나라가 되었을까

세계 각국의 유머 철학

태국 광고는 대부분 유머 광고

태국인의 미소는 '전설적'이다. 태국을 찾는 외국인은 대부분 태국인의
미소와 친절에 감탄한다. 도대체 무슨 이유 때문일까? 불교 때문인 것 같
다는 견해가 있지만,[1] 불교 국가들이 다 그러는 건 아니니 무언가 다른 이
유가 있을 것 같다.

태국, 즉 타일랜드Thailand는 본래 '자유의 땅'이란 뜻이다. 이름이 워낙
좋기 때문인가? 태국은 한 번도 열강의 식민 지배를 받지 않은 나라다.
태국인은 이 사실에 강한 자부심을 느끼지만, 그와 동시에 바로 그런 이
유 때문에 한 번도 큰 변화를 겪은 적이 없다. MBC 방콕 특파원 오정환
은 태국인의 미소는 여유를 보여주는 것이기도 하지만, 동시에 큰 변화

가 없었던 태국 사회의 특수성에서 비롯된 것이라고 해석한다.

"태국은 미소의 나라로 불린다. 또 그렇게 불리고 싶어 한다. 관광 대국임을 강조하는 표현이지만, 동시에 그들의 내면을 엿보게 하는 말이기도 한다. 태국인은 화를 내지 않는다. 끝끝내 참다가 폭발하기 전까지는 위기 상황을 웃어넘기거나 회피하기 위해 애쓴다. …… 대다수 태국인은 사회문제를 맞부딪쳐 해결하기보다는 절대 권위에 대한 복종 속에 묻으려는 성향이 강하다. 갈등을 드러내지 않으려면 미소는 필수적이다. …… 시시비비를 따지기보다 현실에 안주하는 편을 선호하는 태국의 문화는 광고에도 그대로 반영된다. 태국의 광고 '대부분'이 유머 광고다."[2]

심지어 고급 자동차 광고마저 유머 광고라는데, 이는 다른 나라에선 찾아보기 어려운 현상이다. 혹 아직도 절대 권위에 대한 복종이 요구되는 사회이기 때문인가? 2011년 11월 23일자 『연합뉴스』의 다음과 같은 단신은 그럴 가능성을 시사해준다.

"태국 법원은 23일 푸미폰 아둔야뎃 국왕을 비방하는 문자 메시지를 발송한 60대 남자에게 징역 20년형을 선고했다고 AFP통신이 보도했다. 태국 국적의 암쁜 땅노빠꾼(61)은 지난해 5월 방콕 도심에서 반정부 시위가 벌어질 당시 푸미폰 국왕을 비방하는 내용의 메시지를 아피싯 웨차치와 전 총리의 휴대전화로 발송한 혐의를 받고 있다. 암쁜은 국왕 모독 혐의로 지난해 8월 체포돼 재판을 받았으며 관련 혐의를 부인하는 것으로 알려졌다. 태국 형사법원은 이날 암쁜이 국왕을 모독한 혐의에 대해 15년형을, 거짓 정보를 유포한 혐의에 대해 5년형을 각각 선고했다. 태국에서 '살아 있는 부처'로 추앙받는 푸미폰 국왕과 왕실을 모독할 경우 최고

징역 15년형에 처해진다. 인권단체들은 국왕 모독죄를 다루는 법이 표현의 자유를 억압하기 위한 수단으로 사용되고 있다고 주장하고 있다."[3]

〈나꼼수〉의 비극

생존과 안전을 위해 미소와 유머가 필요했던 건 비단 태국만의 사정은 아니다. 이중환의 『택리지擇里志, 1751』엔 이런 말이 나온다. "벼슬을 취하는 데 기를 쓰고 피투성이로 싸움하는 버릇은 좀 덜했으나 공석公席에서는 일체 모난 말을 하지 않고, 대답하기 어려우면 익살과 웃음으로 얼버무리고 …… 정치를 말할 때는 오직 이기만을 도모하고, 참으로 나라를 근심하고 공공에 봉사하는 사람은 적다."

이 말을 거론하며 윤태림은 한국인은 옛날부터 낙천적인 국민으로 웃음을 나타내는 일이 많았으나, 이 웃음에는 모든 사실을 은폐하고 숨기려는 데서 나온 것도 많다고 말한다. 유머와 웃음은 당쟁이 한참 심하던 때 하나의 피신·호도책으로 나왔다는 것이다.[4] 이젠 당쟁을 아무리 치열하게 해도 패가망신당할 위험이 사라졌기 때문일까? 오늘날 한국 정치에 유머가 완전 실종됐다는 개탄의 목소리가 높다.

『중앙일보』 2006년 8월 22일자에서 논설위원 이훈범은 "높은 자리에 있는 사람들이 입만 열면 험담이고 욕설이다. 분노와 반감이 뚝뚝 떨어지는 섬뜩한 표현들이 난무한다. 대통령의 정제되지 않은 직설화법은 이미 고유 상표가 됐다. 주변 사람들 입은 더욱 거칠다"며 "청와대에 유머 비서관을 두면 어떨까. 스스로 존재 가치를 모르는 듯한 홍보 비서관들

을 대신하면 중원 없이도 가능할 법하다"고 했다.[5]

유머 부재는 지금도 여전하다.『중앙일보』2012년 8월 3일자에서 논설위원 노재현은 "여야 정당의 대선 경선 후보들이 TV 토론을 하는 모습을 보면 무언가 빠진 느낌이 든다. 다들 훌륭한 정책을 갖고 있다 치고 지켜봐도 그렇다"며 다음과 같이 말한다.

"먼저 눈에 띄는 것은 '무얼 해주겠다'는 약속은 많아도 '국민들은 대신 이것을 해달라'는 요구가 없다는 점이다. 민주화 이후 여러 차례 대선을 거치면서 말의 성찬盛饌에 이골이 날 대로 난 유권자들이다. 아직도 쓴 약은 통하지 않을 것이라 지레짐작하는 것일까. 또 하나 없는 것이 유머와 여유다. 서로 날을 세우더라도 웃을 때는 웃어야 보는 이도 편해지고 믿음이 간다."[6]

유머의 부재에 국한해서 말하자면, 그간 온라인 세계에서 '유머의 대부'라고 해도 좋을 정도로 탁월한 면모를 보여주던『딴지일보』총수 김어준이 나꼼수를 차린 것은 비극이다. 그가 '유머의 대부'에서 '비장미를 풍기는 교주'로 변신함으로써 한국 사회 전반의 유머 진작에 막대한 전력 손실을 초래했기 때문이다.『오마이뉴스』에서 다음과 같은 기사를 읽으면서 새삼 김어준의 '교주 파워'를 실감하는 동시에, 왜 네티즌들은 '유머의 대부' 시절의 그에게 더 크고 많은 애정을 보내주지 않았던 건지 원망을 금치 않을 수 없었다.

"남편은 〈나꼼수〉에 완전히 미쳐 있었다. …… 총선 막판에 일부 언론에서 김용민의 용퇴를 논했을 때는 '절대 반대야, 안 돼'를 외쳤다. 굉장히 낯선 어투의, 당시에 갑자기 등장한 남편의 말투가 좀 이상하다 싶었는데, 막상 〈나꼼수〉를 듣고 나서야 그 말투가 김어준의 말투라는 것을 알았다. 오, 세상에! 당시 남편의 가장 큰 욕은 '이 보수꼴통 같은!' 이었고 가장 자주 쓰는 격려의 말은 '쫄지 마!' 였다. 평소 남을 쉽게 믿지 않고 꼼꼼하고 논리적으로 따지기를 좋아하는 남편이 왜 이러는 것인지 어리둥절하다 못해 화가 날 지경이었다. …… 그 어느 때보다도 열정적으로 사회의 미래를 걱정하는 정치력을 발휘하는 남편을 보니 마음 한구석이 짠해지는 때도 있었다. 이런 열망과 몰입이 얼마 만인가. 이제 40대가 되어 필사적으로 삶의, 미래의 희망을 찾고 싶은 남편의 몸부림이 고스란히 전해져왔다." [7]

〈나꼼수〉에 대해 비판적인 뉘앙스가 강하다는 이유로 이 기사엔 비판적인 댓글이 적잖이 달렸지만, 내겐 더할 나위 없이 감동적인 글이었다. 나꼼수의 딜레마를 이처럼 잘 표현한 글이 또 있을까 하는 생각 때문이다. 필사적으로 삶의, 미래의 희망을 찾고 싶은 2040세대의 몸부림과 그에 따른 의로운 열정이 〈나꼼수〉 현상을 만든 셈인데, 여기엔 명암明暗이 있다. 그들을 정치로 불러낼 수 있었다는 것은 〈나꼼수〉의 위대한 업적이지만, '정치의 종교화' 는 매우 어두운 그늘이다.

때마침 영국 허트포드셔대의 심리학 교수 리처드 와이즈먼Richard Wiseman이 쓴 『괴짜 심리학』이란 책을 읽다 보니, "종교는 웃음을 죽인다" 는 소제목하의 글이 눈에 띈다. 유머와 종교적 근본주의의 관련성을 탐구한 심리학자 바실리스 사로글로Vassilis Saroglou의 연구 결과를 소개한 글이다.

"유머를 즐기기 위해서는 장난을 좋아하고, 모순을 받아들이며, 불확실성을 수용할 수 있어야 한다. 유머는 권위에 도전하고, 성적으로 노골적인 경우가 많다. 게다가 웃음은 자기통제와 자기규제를 상실하게 한다. 이런 여러 요소들은 종교적 근본주의와 상충되는 것이다. 종교적 근본주의자들은 농담보다는 진지함, 불확실성보다는 확실성, 무의미보다는 의미, 충동보다는 자기규제, 혼란보다는 권위, 유연성보다는 엄격성에 가치를 둔다는 것이 사로글로의 주장이다."[8]

권위에 도전한다면서, 자기들 또는 자기편의 권위는 지키려고 하는 모순, 어쩌면 바로 이게 〈나꼼수〉와 그 열성 지지자들의 비극이었는지도 모르겠다. 네티즌들이 '유머의 대부' 시절의 김어준에게 더 크고 많은 애정을 보내주었더라면, 그가 정의를 외치고 거대 담론을 껴안으면서 매우 심각한 역할을 맡는 '교주' 노릇은 하지 않았을 것이다. 선악 이분법의 세계엔 유머가 설 땅이 없는 법이다. 어떤 종교든 근본주의든 경건 무드가 흘러넘치는 나라의 전반적인 사회 분위기는 유머에 매우 인색하거나 적대적일 거라고 보아도 무방하다.

세계 각국의 유머 철학 차이

정치는 갈수록 유머와 멀어지고 있지만, 대중의 일상적 영역에서 유머는 갈수록 생존을 위한 상품화의 길을 걷는 듯하다. 2006년 1월 단국대 의대 교수 서민은 "신자유주의의 도래는 모든 것을 변화시켰다"며 "유머는 이제 선택이 아닌 생존을 위한 필수 요소가 돼버렸"다고 개탄한 바 있다.[9]

당시 2005년 12월 30일자 『인터내셔널헤럴드트리뷴』은 "전 세계에서

'최고의 명약'인 웃음을 제대로 배우려는 열풍이 불고 있다"며 한국과 독일을 대표적인 예로 들었다. 독일에서는 이틀 수업료가 300달러(약 30만 원)나 하는 '웃기 학교'가 인기를 끌어 전국에 체인을 늘리고 있단다. 이 신문은 독일의 웃기 운동은 우울을 퇴치하기 위한 것인 반면, 한국에서의 웃음 배우기 열풍은 치열한 생존경쟁에서 살아남기 위한 '생존 전략'이라고 진단했다.[10]

한 네티즌은 "서점에 가면 '성공하는 사람들의 유머', '유머가 성공의 열쇠다' 등의 제목을 달고 판매되는 책들을 쉽게 찾아 볼 수 있다. 막상 책을 펴보면 차마 입에 담기도 민망한 유머들이 가득 담겨 있다. 우리나라 성인 남자들은 유머를 권력으로 생각한다. 마치 군대에서 선임이 말도 안 되는 유머를 선보여도 후배들은 배꼽을 잡고 웃는 것처럼…… 왜 그럴까?"라면서 다음과 같이 말한다.

"많은 기득권자들은 남들에게 자신의 여유로움과 관대함을 보여주기 위해 유머를 사용한다. 물론 그 근본적인 목적은 자신의 성공을 과시하는 데 있다. 또한 이런 사람들은 자신의 유머를 듣고 사람들이 웃어줄 때 정말 자신이 여유롭고 관대한 사람이며 타인을 잘 배려해주는 사람이라고 착각하게 된다. 그리고 이것은 다시 자기만족과 존재 확인으로 이어지게 된다. 시중에 파는 자기계발서의 주장들과는 다르게 유머러스했기 때문에 성공한 것이 아니라 성공했기 때문에 유머러스해지고 싶을 뿐이다."[11]

한국의 유머가 과연 꼭 그런 것인지는 알 수 없지만, 유머나 농담 문화는 나라별로 크게 다르다. 유럽에서 유머를 즐기는 국민들의 기호를 젊은 계층을 중심으로 조사해본 결과 영국인은 국민의 3분의 2가 유머 감각이 있으며 프랑스인이 13퍼센트, 러시아인과 독일인이 8퍼센트 정도로 나타났다고 한다.[12] 아무래도 영미계 쪽의 유머 감각이 발달한 것 같다. 이택광은 영국·미국인들에게 "유머 감각은 가장 필수적인 자질 중하나"라며 다음과 같이 말한다.

"유머 감각이 없다는 건 매사에 심각하다는 뜻이 아니라, '둔하다'는 뜻입니다. 지루하고boring 따분한dull 거죠. 그래서 영국과 미국에서 누군가에게 유머 감각이 없다고 평하는 건 심한 욕설에 해당하는 겁니다. 함부로 이런 말을 쓰지 마세요. 아무리 유머 감각이 없더라도 말입니다. 상대방에게 심한 상처를 줄 수가 있답니다."[13]

유머에 대한 집착은 미국보다는 영국이 더 심한 것 같다. 영국인은 다른 나라 사람들의 유머를 낮춰보는 경향이 있다. 그들은 미국인은 아이러니irony를 이해하지 못하며, 독일인에겐 아예 유머 감각이 없다고 믿는다. 이걸 주제로 BBC에서 토론을 벌인 적도 있다.[14]

리처드 루이스Richard D. Lewis는 "영국에서 비즈니스를 할 때 유머는 매우중요하다. 농담과 일화 등을 잔뜩 준비하는 것이 도움이 된다. 이런 것에능숙한 사람들은 자신의 재능을 충분히 이용해야 한다. 영국인들은 당신이 이런 얘기를 자연스럽게 이어가기를 기대하고 그런 분위기가 형성되면 비즈니스는 자연히 좋은 결과를 얻게 된다"며 다음과 같이 말한다.

"영국인들은 적을 비웃거나 동의하지 않는다는 표시를 할 때 또는 경멸을 나타낼 때의 무기로 유머를, 특히 아이러니나 풍자를 사용한다. 북구北歐 사람들에 대해서는 풍자를 잘 사용하지 않지만 그렇다고 그들의 겸손함과 자기 절제가 높이 평가받는 것은 아니다. 영국인들은 라틴 사람들과 과장이 심한 사람들에게 잔인하게 유머를 사용한다. …… 스위스, 오스트리아, 터키나 독일 사람들은 영국인의 유머에 난처해한다." [15]

터키의 유머는 어떤가? 마틴 J. 개논은 "터키 유머는 특이하다. 터키인들은 자신들을 놀려대는 것을 개의치 않는다. 심각한 분위기가 되면 균형을 찾고 휴식을 얻기 위해 유머가 환영받는다"며 다음과 같이 말한다. "유머는 효과적인 커뮤니케이션 기술이며 대립과 갈등을 피하는 역할을 한다. 터키인들은 그들이 성취한 것에 대해 대단한 겸손함을 보인다. 이런 태도가 중요한 이유는, 그렇지 않고 자기 자랑을 하게 되면 개인은 소속 집단으로부터 따돌림당하기 때문이다." [16]

■ **외국어를 사용할 때 가장 먼저 잃어버리는 재능은 무엇인가**

영국 작가 버지니아 울프Virginia Woolf는 "외국어를 사용할 때 가장 먼저 잃어버리는 재능이 바로 유머"라고 했는데, 이는 유머는 곧 언어 게임이기도 하다는 걸 말해준다. 그것도 아주 고급스러운 언어 게임인지라 외국인이 끼어들기가 쉽지 않다. 그래서 외국 여행을 다니는 사람에겐 "현지 문화를 완전히 이해하기 전까진 유머를 시도하지 말라"는 조언이 따라붙곤 한다. [17]

그러니 어찌 언어를 기반으로 한 유머가 만국 공통일 수 있겠는가. 미국 민속학자 앨런 던데스Alan Dundes는 프랑스인, 영국인, 독일인, 유대인이 농담의 특징을 끄집어내는 능력이 각기 다르다며 다음과 같은 농담을 소개했다.

"프랑스인은 어떤 농담을 들으면 항상 세 번 웃는다. 첫 번째는 그 이야기를 들을 때이고, 두 번째는 그 농담에 대한 설명을 들을 때이며, 세 번째는 그가 그 농담을 이해했을 때이다. 세 번 웃는 까닭은 프랑스인이 웃는 것을 좋아하기 때문이다. 영국인은 농담을 들으면 두 번 웃는다. 첫 번째는 그것을 들을 때이고, 두 번째는 그 농담에 대한 설명을 들을 때이다. 그러나 그는 결코 그 농담을 이해하지 못한다. 너무 고지식하기 때문이다. 독일인에게 농담을 하면 그는 단 한 번 웃는다. 그 농담을 들을 때뿐이다. 그는 농담을 하는 사람에게 설명하라고 요구하지도 않는다. 왜냐하면 너무 오만해서이기도 하지만 유머 감각이 없기 때문이다. 유대인에게 농담을 말하면 그는 이야기를 중간에 가로막는다. 우선 자신은 그 얘기를 들은 적이 있다고 말한다. 두 번째로 농담을 하는 사람이 이야기를 정확하게 전달하지 않고 있다고 말한다. 그리고 세 번째로 그는 그 이야기를 결국 자신이 해버린다." [18]

유머 소화 능력에 관한 이런 이야기도 있다. "영국인은 유머를 끝까지 다 듣고 나서 웃었고, 프랑스인은 유머를 다 듣기도 전에 웃어버렸고, 독일인은 유머를 듣고 난 다음 날 아침에 웃었고, 중국인은 유머를 듣고도 못 들은 척했고, 일본인은 유머를 듣고 그대로 따라 했고, 한국인은 인터넷을 통해 그 유머를 마구 퍼뜨렸다." [19]

영국인의 유머를 가장 높게 평가하는 경향이 있지만, 그게 뭐 그렇게 자연스러운 건 아니다. 영국의 문화인류학자 케이트 폭스Kate Fox는 『영국인 발견Watching the English』에서 영국인은 '태생적인 사교불편증 환자'이며,

유머는 단지 그에 대한 '해독제'로 나온 것이라고 말한다. 진지해지는 것에 대한 두려움, 엄숙함과 과장에 대한 깊은 반감이 영국 유머의 원천이라는 것이다.[20]

독일과 한국이 비교적 유머가 없는 나라라곤 하지만, 일본을 능가할 것 같지는 않다. 특히 일본인은 외국어를 곧이곧대로 해석하길 좋아하기 때문에 외국인이 일본인에게 영어의 '말장난'에 의한 유머를 구사하기가 거의 불가능하다.[21] 이런 견해도 있다. "대체로 일본인들은 유머는 전문가들의 영역으로 남겨두고 싶어 한다. 이들은 좀처럼 농담을 하지 않는다. 농담을 한다 하더라도 아마 이런 말로 시작할 것이다. '이건 농담인데.' 말하자면 듣는 이들에게 웃을 준비를 할 시간을 주는 셈이다."[22]

태국과는 달리, 대결과 충돌을 두려워하지 않기 때문에 한국인은 미소와 유머에 인색한 걸까? 한국에서 유머가 넘치는 정치를 기대하는 건 과욕일까? 유머는 진지함과 심각함에 대한 모독일까? 공적 문제들에 대해 핏발 선 눈동자로 의분義慎을 느끼고 그걸 행동으로 옮겨야만 한국 사회가 발전할 수 있는 걸까? 이훈범은 청와대에 유머 비서관을 두자고 제안했지만, 모든 정치인이 파트타임으로나마 유머 비서관을 두는 건 어떨까? 유머의 씨가 마른 증오의 정치판, 이제 제발 확 뒤엎을 때도 되지 않았는가?

주

1 마틴 J. 개논, 최윤희 외 옮김, 『세계문화이해』(커뮤니케이션북스, 2001/2002), 59~61쪽.

2 오정환, 「Thailand: 미소의 나라 미소의 광고」, 『DAEHONG COMMUNICATIONS』, 제209호(2010년 7~8월), 54~57쪽.

3 현영복, 「태국 국왕 모독한 60대 남성에 20년형」, 『연합뉴스』, 2011년 11월 23일. 이 외신을 보면서 "설마 그런 일로 20년이나 감옥에 가둬둘까? 겁만 주곤 얼마 후에 석방하겠지 뭐"라고 생각했는데, 그게 아니었다. 5개월여 후, 암뽄 땅노빠꾼에 대해 『연합뉴스』는 다음과 같이 보도했다. "태국 왕실을 모독한 혐의로 20년형을 선고받고 복역 중이던 60대 남성이 교도소에서 숨졌다고 AFP통신이 8일 보도했다. 숨진 남성의 변호사인 아논 눔빠는 '태국 국적인 암뽄 땅노빠꾼(62)이 수감생활을 하던 교도소에서 8일 오전 숨진 채 발견됐다' 면서 '교도소 당국이 사인을 조사 중인 것으로 알고 있다' 고 밝혔다." 현영복, 「 '왕실 모독' 泰 최수 감옥서 숨져」, 『연합뉴스』, 2012년 5월 8일.

4 윤태림, 『한국인』(현암사, 1993), 265~266쪽.

5 이훈범, 「청와대에 유머비서관을…」, 『중앙일보』, 2006년 8월 22일, 30면.

6 노재현, 「너무 비장한 대선 후보들 유머도 웃음도 안 보인다 '문화 대통령' 은 꿈인가」, 『중앙일보』, 2012년 8월 3일.

7 장윤선, 「 '나꼼수' 때문에 각방 … 스마트폰 원망스러워」, 『오마이뉴스』, 2012년 7월 28일.

8 리처드 와이즈먼, 한창호 옮김, 『괴짜 심리학』(웅진지식하우스, 2007/2008), 226쪽.

9 서민, 「썰렁함에 관대해지자」, 『한겨레』, 2006년 1월 16일, 23면.

10 박상준, 「"웃으면 복이 와요" 세계 유행」, 『한국일보』, 2006년 1월 1일, A12면.

11 http://www.ilbe.com/587928774.

12 오한진, 『독일, 독일인 그리고 유럽인』(한울림, 2000), 152쪽.

13 이태광, 『영단어 인문학 산책: 이태광의 어휘로 본 영미문화』(난장이, 2010), 90쪽.

14 Do the Americans get irony?, *BBC News*, 27 January 2004; 「Humour」, *Wikipedia*.

15 리처드 루이스, 박종선 · 박대식 공역, 『지구촌 비즈니스 문화』(FKI미디어, 1999/2001), 189~190쪽.

16 마틴 J. 개논, 앞의 책, 173~174쪽.

17 Geert Hofstede, Gert Jan Hofstede & Michael Minkov, *Cultures and Organizations: Software of the Mind, 3rd ed.*(New York: McGraw-Hill, 2010), p. 390.

18 피터 콜릿(Peter Collett), 이윤식 옮김, 『습관의 역사: 습관을 알면 문화가 보인다』(추수밭, 2006), 309~310쪽에서 재인용.

19 박영만, 『지구촌 위트사전』(프리월, 2008), 57쪽.

20 케이트 폭스, 권석하 옮김, 『영국인 발견』(학고재, 2004/2010), 577~578쪽.

21 Jeanette S. Martin & Lillian H. Chaney, *Global Business Etiquette: A Guide to International Communication and Customs*(Westport, CT: Praeger, 2006), pp. 138~139.

22 사호코 가지 외, 유시민 편역, 『유시민과 함께 읽는 일본 문화 이야기』(푸른나무, 1999/2002), 134쪽.

안정진

신문방송학과 대학원 석사 과정1

유머 소통을
아십니까

세계 각국의 유머 코드

미국 유머와 영국 유머의 차이

"예술적인 감각이 뛰어난 프랑스인은 유머를 다 듣기 전에 웃어버리고, 유쾌하고 저돌적인 미국인은 유머를 들은 즉시 호탕하게 웃고, 우회적인 유머를 좋아하는 영국인은 유머를 듣고 집에 가서 웃고, 옆 사람 눈치를 잘 보는 한국인은 유머를 듣고 남들 따라 웃는다."

각 나라의 민족성에 빗대어 유머에 대한 반응을 풀어놓은 것인데 정말 그럴까? 웃음도 각 나라의 문화를 반영할 것이므로 민족성에 따라 좋아하는 유머 코드에 차이가 있을 것이란 점을 부인하긴 어렵다. 한국·미국·영국의 유머 코드를 중심으로 각 나라 사람들이 좋아하는 유머 코드를 비교 분석해보기로 하자.

흔히 미국과 영국 사람들의 민족성을 얘기할 때 정원garden을 예로 든다. 미국 사람은 집 앞 정원을 보기 좋게 넓게 꾸미고 집 뒤 정원은 좁게 하는 반면 영국 사람의 집 앞 정원은 좁은 데 반해 집 뒤 정원은 넓다고 한다. 그래서 앞 정원이 넓은 미국 사람들은 대국민으로서 진취적인 열린 자세를 보이는 반면 과시적이라 하고 영국 사람들은 앞 정원이 좁고 뒤 정원이 넓기에 뭔가를 가리는 것 같지만 깊이 있는 나라라고 말한다.

그래서일까? 영국에서는 조심스럽게 던지는 유머와 무표정한 얼굴로 하는 유머가 우세한 반면 미국에서는 과장되고 떠들썩하며 유쾌한 방식으로 던지는 유머가 우세하다고 한다.[2] 두 나라를 대표하는 슬랩스틱 코미디의 대가인 영국의 미스터 빈과 미국의 짐 캐리(영화 〈마스크〉에서의)를 떠올리면 이해가 쉬울 것이다. 우리의 바보 '영구'는 아마 그 중간 정도 되는 듯싶다.

조심스럽게 던지는 영국 유머의 특징은 역사적 연원을 갖고 있다. 영국은 섬나라여서 대륙의 다른 나라에 비해 외부의 침입이 적었다. 자연히 섬 안에서의 사람들끼리의 관계를 중요시했는데 그러다 보니 말과 행동에 있어서 서로를 의식했다고 한다. 그런 특징이 유머에도 나타나는데 『먼나라 이웃나라』에서 이원복 교수는 영국 유머는 "겉으로 들어서는 전혀 우습지 않을지도 모르지만 새겨들으면 뒤통수를 치는 야유나 비꼼이 들어 있는 우회적인 유머"라고 소개했다.[3]

실제로 영국의 서점에서 유머 책을 보면 그 순간의 빵 터지는 웃음보다는 집에 오면 웃음이 나오는 은은하게 오래 기억되는 유머가 많다고 한다. 또 그런 유머를 수준 높은 유머라고 여긴다. 그렇다면 과연 은은하게 오래 기억되는 유머는 뭘까? 그 자료를 찾기 위해 이곳저곳에서 영국 유머를 찾아봤다. 다음은 '웃음실험실'[4]을 방문했던 영국인들이 뽑은 최고의 농담이라고 한다.

"한 남자가 의사의 진찰을 받았다. 그는 의사에게 자신이 얼마나 살지 물었다. 의사가 대답했다. '10' 남자가 당황해서 다시 물었다. '10이라뇨? 10년? 10개월? 10주?' 의사가 대답했다. '9, 8, 7, 6······'"[5]

어떤가? 빵 터지기보다는 집에 가면 웃음이 나올 것 같지 않은가? 영국인은 반어법을 즐겨 쓴다. 모욕적인 의도를 상대방이 알지 못하도록 하기 위해서다. 케이트 폭스는 『영국인 발견』에서 영국인의 유머는 '진지하지 않기', '엄숙함과 과장에 대한 반감', '낮추어 말하기' 등으로 이루어지며, 유머를 통해 자신을 조롱하는 것으로 겸양을 드러낸다고 했다.[6]

이번엔 웃음실험실에 접수된 4만여 개의 농담 가운데 미국인이 선정한 최고의 농담을 감상해보자.

"행진 중인 군인들을 바라보던 대령이 소령에게 물었다. '배리 소령, 존스 중사의 소대가 도대체 왜 저러는 거야? 모두들 가만있지 못하고 이리 뛰고 저리 뛰고 난리가 아니군.' 잠시 그쪽을 바라보던 배리 소령이 말했다. '대령님, 족제비 한 마리가 이등병들을 물어대는 것 같습니다.
There seems to be a weasel chomping on his privates.'"[7]

이 유머는 privates에 '이등병들'과 더불어 '음부陰部'라는 뜻이 있는 걸 이용한 것이다.[8]

한국 유머는 '함께 하는 풍자'

한국의 유머 코드는 어떤가? 조선 시대의 광대들은 마을 잔치나 시장판에서 권력층의 부조리를 풍자하며 웃음을 자아냈다. 영화 〈왕의 남자〉에는 광대인 공길과 장생이 권력층을 풍자하는 장면이 나오는데 그 장면의 역사적 고증이 된 『조선왕조실록』을 보면 임금과 신하를 풍자한 이런 대목이 나온다.

"이보다 앞서 배우 공길이 늙은 선비 흉내를 내며 아뢰기를 전하는 요순 같은 임금이요, 저는 고요 같은 신하입니다. 요순 같은 임금은 아무 때나 있는 것이 아니지만 고요 같은 신하는 언제나 있습니다. 또한 『논어』를 인용해 아뢰기를 임금은 임금다워야 하고 신하는 신하다워야 하며 아버지는 아버지다워야 하고 자식은 자식다워야 한다. 그런데 임금이 임금답지 못하고 신하가 신하답지 못하면 아무리 곡식이 있다고 한들 제가 먹을 수가 있겠습니까."[2]

광대의 이야기뿐만 아니라 탈춤, 판소리, 김삿갓의 시집 등을 봐도 조선 시대에 풍자와 해학이 넘쳐나는 걸 볼 수 있다. 해방 후에 등장한 만담꾼이나 코미디언의 활약에도 풍자는 빠지지 않았다. KBS2의 간판 코미디 프로그램 〈개그콘서트〉의 인기 코너 대부분이 바로 이런 풍자 기법을 사용한다. '용감한 녀석들'에서는 노래로 사회 부조리와 권력층의 문제를 용감하게 풍자하고, '멘붕스쿨'에서는 별난 학생들로 골머리를 앓고 있는 학교 세태를 풍자하며, '풀하우스'에서는 집값 비싼 현실을 풍자하는 식이다. 그런가 하면 '사마귀유치원'에서 최효종은 국회의원을 풍자했다가 국회의원 모욕죄로 고소까지 당할 뻔했다. 〈개그콘서트〉

의 연출자인 서수민 PD는 이 프로그램의 인기 비결을 "슬픈 현실을 풍자해 연민의 정을 자아내는 게 주효했다"며 "그냥 웃기는 게 아니라 이 시대의 키워드를 느낄 수 있는 웃음으로 공감을 주기 위해 고민한다"고 말했다.[10]

이런 풍자 기법은 미국의 코미디 프로그램들도 즐겨 쓰는 것이지만, 한 가지 큰 차이가 있다. 사회의 부조리를 풍자하는 건 우리와 같지만 풍자를 통해 '연민의 정'까지 느낄 수 있느냐다. 물론 연민의 정이 따라붙는 건 한국의 풍자다.

왜 우리나라 사람들은 풍자를 통해 연민의 정까지 느끼는 걸까? 아직까지 권력층과 사회의 부조리에 대해 속 시원히 말 못하는 현실에서 비롯된 게 아닐까 싶다. 그리고 문제가 해결되진 않아도 함께 웃고 울고 공감하는 것만으로도 위안이 되는 한국인 특유의 정情 문화가 작용한 것 같다. 또한 우리나라 사람들은 윗사람과 잘나가는 사람들이 망가지는 걸 특히 좋아하는데 이는 미국과 영국에 비해서 위계질서와 상하 관계(권력, 돈, 외모)의 힘이 삶 속에서 더 크게 작용하기 때문인 것 같다.

신광철 한신대 교수는 "한국인의 해학은 현실을 익살스럽게 비틀어 웃음을 이끌어냄으로써 카타르시스를 느끼게 하고, 익살을 통한 풍자를 통해 '함께 웃는' 긍정 마인드를 지향한다는 점에서 서양 '유머'와는 다르다"고 말한다.[11]

실제로 우리나라 사람들은 유머를 즐겨도 함께 즐기는 걸 좋아한다. 판소리에서의 추임새, 〈개그콘서트〉의 '용감한 녀석들'에서의 후렴구 등과 같이 크고 작은 공연장, 행사장에서 함께 판을 벌이고 함께 어우러

지면서 즐기는 걸 좋아한다. 이는 논쟁을 즐겨 하는 미국인에 비해 우리는 타협을 미덕이라고 생각하고 집단에 속해서 하나 되는 걸 중요시하기에 그런 것 같다. 그래서 유머를 구사할 때도 미국 사람은 개인끼리 논쟁하는 유머, 영국 사람들은 서로 싸우는 걸 싫어해서 우회적인 표현으로 유머를 구사한다면 우리는 개인보다는 내가 속한 집단과 함께 웃는 걸 좋아한다고 볼 수 있다.

■ 유럽인·중국인·일본인의 유머 코드

그밖에 다른 나라 사람들이 좋아하는 유머 코드도 간략하게 살펴보자. 독일인의 유머는 장소와 시간에 따라 엄격하게 구분된다. 미국인이나 영국인은 회의나 발표에서 농담을 곁들여 발표를 해야 한다고 생각하고, 이탈리아인이나 프랑스인은 때때로 재치 있는 표현을 구사하지만, 독일인은 계속해서 심각하고 딱딱한 어조로 연설이나 발표를 한다고 한다. 사석에서의 농담은 대개 날카롭고 신랄하고 직설적이지만 돈이나 업무에 관한 농담이나 자기 비하적인 의미가 담긴 농담은 일절 허용되지 않는다고 한다.[12]

스페인인의 유머는 대개 사적이고 악의 없이 놀리는 경우가 많다. 타인을 헐뜯거나 비판하지 않으며, 인신공격의 도구로 사용하지 않는다. 하지만 다른 지역 사람들과 특정 계층의 사람들을 농담거리로 삼는 걸 좋아한다고 한다. 예를 들어, 마드리드 사람은 잠이 많은 안달루시아 사람에 대한 농담을 즐기고, 반대로 안달루시아 사람은 인색한 마드리드 사람에 대한 농담을 즐긴다. 그리고 개인의 위신을 중요하게 여기는 스페인인에게 자기 비하의 유머는 찾아보기 힘들다고 한다.[13]

프랑스인은 폭소를 자아내는 유머보다는 재치를 좋아한다. 또한 전반적으로 지적이고 풍자적이다. 이탈리아인은 아이러니와 비논리적인 유머를 좋아한다고 한다. 그런 유머는 자신을 비하하는 것일 수도 있고, 상대방에 대한 악의 없는 농담일 수도 있다. 그리스인이 즐겨 하는 유머는 재치 있고 풍자적이며 말속에 뼈가 들어 있는 유머라고 한다.[14]

네덜란드인은 재치보다는 우스꽝스럽고 세속적인 유머를 즐긴다. 단순 명료한 화술을 최고로 치는 네덜란드인에게 아이러니나 풍자는 오히려 반감을 살 경우가 많다고 한다. 덴마크인은 유머러스하기보다는 스스로 기분을 좋게 만들려고 노력하는 사람들이라고 한다. 빈정거림이나 자기 비하 또는 경박한 행동은 거의 하지 않고 워낙 문자 그대로 해석하는 경향이 있기 때문에 반어법은 오해를 살 가능성이 크다고 한다.[15]

중국인은 언어유희(말장난)를 즐긴다. 중국어는 한 단어에도 여러 가지 의미가 있어서 그걸 이용해 언어유희를 즐기는데, 그런 말장난을 보통 두 명이 나와서 하는 만담 형식으로 사람들을 웃긴다.[16] 2010년 당시 베이징에 많은 극단들의 코미디극 무대를 보면 전통극을 패러디한 연극, 마술을 가미한 연극, 2인극, 3인극의 만담 등이 있었으며,[17] 언어유희를 중심으로 한 패러디도 인기가 많다.

언어유희의 예를 들어보면 이런 식이다. 중국에서는 '福(복) 자' 가 뒤집혀 걸려 있는 걸 자주 볼 수 있는데 '복이 뒤집혀 있다' 는 의미의 중국어는 '福倒了' 이고 발음은 '후따오러fu dao le' 다. 근데 '복이 도착해 있다'는 의미의 중국어는 '福到了'로 가운데 글자가 다르지만 발음은 동일하게 '후따오러'여서 거꾸로 쓰여 있는 '福'을 '복이 도착해 있다'로 해석해 좋아하는 것이다. 또 숫자 '8'의 발음은 '빠ba'인데, "돈을 벌다, 재산을 모으다"는 뜻의 '發財(파 차이, fa cai)'의 앞 글자 '發(파, fa)'과 발음이 비슷하기 때문에 중국인이 8이란 숫자를 유독 좋아하는 것이라고 한다.[18]

일본인은 안면이 있는 사석에서는 재치 있는 농담을 나누고 다른 사람들을 즐겁게 해주지만 공식적인 모임이나 낯선 사람들 틈에서는 어색해하고 움츠리며 긴장을 늦추지 못한다고 한다. 그리고 경박하거나 품위를 떨어뜨리는 행위를 좋게 여기지 않으며 자기 비하 농담은 이해하지 못한다고 한다.[19]

유머 소통을 위하여

웃음에 대한 각 나라의 느낌에 대해 김열규는 『한국인의 유머』에서 이렇게 말한다. "프랑스인의 웃음은 밝고 직선적이고 가벼운 데 비해 영국인의 웃음은 진득거리고 무겁다고들 한다. 일본인의 웃음은 좋게 보면 곰살맞고 생글거리는 웃음이고 나쁘게 말하면 간사하고 교활한 웃음으로 느껴진다. 중국인의 웃음은 흐린 늪 속 같은 기분이다. 한국인의 웃음에는 유달리 욕이 많고 상소리가 많다."[20]

그리고 흔히 하는 얘기로 서양 사람들에 비해서 한국인은 웃음이 없다고 하는데 웃음이 없는 게 아니라 웃지 않는 것처럼 보일 뿐이다. 해부학적으로 보면 우리나라를 포함한 동양 사람들은 백인과 흑인에 비해서 볼 굴대(입을 웃게 하는 근육과 입 주변 근육이 모인 부위)가 입 아래쪽에 있기 때문에 똑같이 입을 벌리고 웃어도 안 웃는 것처럼 보인다고 한다. 연세대 치대 김희진 교수가 한국인 39명을 대상으로 웃을 때 얼굴 근육이 어떻게 변하는지를 조사해 『대한체질인류학회지』 2004년 12월호에 발표한 내용을 소개하면 이렇다.

일반적으로 웃음의 형태는 입술 모양에 따라 세 가지로 구분된다. 입꼬리만 위로 올라가는 '모나리자 웃음', 입꼬리와 윗입술이 함께 올라가 윗니와 잇몸이 훤히 드러나는 '송곳니 웃음' 그리고 입꼬리와 윗입술은 올라가고 아랫입술은 내려가 윗니, 아랫니가 모두 보이는 '틀니 웃음'이다.

이 가운데 모나리자형과 송곳니형은 해부학적으로 설명이 가능하다. 입꼬리 옆의 안쪽에는 얼굴 표정 근육 여덟 개가 모여 있는 볼 굴대가 있는데 거기에 연결된 근육 가운데 윗입술을 위로 당기는 데 중요한 역할을 하는 것은 광대뼈에 붙어 있는 큰광대근이다. 볼 굴대가 입꼬리 선보다 위에 있으면 큰광대근의 길이가 짧다는 말. 따라서 웃을 때 윗입술을 쉽게 당겨 올릴 수 있다(송곳니형). 이에 비해 볼 굴대가 입꼬리 선상이나 아래에 있으면 큰광대근이 상대적으로 길기 때문에 윗입술을 당기는 힘이 약하다. 그래서 웃을 때 윗입술이 잘 올라가지 않는다(모나리자형).

김 교수는 "조사 결과 볼 굴대가 입꼬리 선상이나 아래에 놓인 경우가 84.6퍼센트였고 나머지는 위에 놓여 있었다"며 "한국인이 모나리자 웃음을 잘 짓는 이유를 해부학적으로 밝힌 셈"이라고 말했다. 김 교수는 또 "사실 '틀니 웃음'은 해부학적으로 자연스럽지 않다"며 "정치인이나 연예인처럼 남에게 의식적으로 웃음을 보여야 할 때 나타나는 모습"이라

고 덧붙였다.[21]

15년 가까이 무대에 오른 행사 진행자로서 느낀 건 내가 부족해서 사람들이 웃지 않는 거지 우리나라 사람들이 웃음이 없는 건 아니라는 점이었다. 아무리 근엄한 사람도 재밌는 말과 동작에는 웃음을 터뜨리는 모습을 수없이 보고 내린 결론이다.

결론적으로 말하자면 각 나라의 민족성과 문화 그리고 역사적인 배경에 따라 좋아하는 유머 코드가 다르고 또 유머의 소재가 다르다. 또 같은 나라 안에서도 공식적인 자리와 사적인 자리에 따라서 웃음의 스타일이 달라지는 점을 봤을 때 유머 구사는 시간Time과 대상Object과 장소Place에 따라 달라야 한다는 점이다. 즉, Time, Object, Place에 맞는 유머가 TOP(최고) 유머라는 얘기다. 앞으로 각 나라 사람을 대할 때 그 나라 사람들이 좋아하는 유머로 대한다면 상대의 마음 문을 열기에 효과적일 것이다.

유머는 사랑의 또 다른 표현이고 자기를 낮추면서 오히려 자기를 빛내는 도구다. 나라마다 사람들이 좋아하는 유머 코드는 다르지만 웃음을 통해서 느끼는 재미와 행복감은 같을 것이다. 결국 유머는 전 세계를 하나로 이어주는 가장 좋은 커뮤니케이션 방식인 셈이다.

주

1 안정진은 '정진'이라는 이름으로 전북 지역에서 10년 넘게 전문 MC와 방송 진행자로 활동하면서 이제는 스피치의 다양한 연구를 위해서 한국스피치연구소의 소장으로 일하고 있다. 이 글은 유머 스피치 분야를 연구하면서 정리한 것이다.

2 한스 디터 겔페르트(Hans Dieter Gelfert), 이미옥 옮김, 『전형적인 미국인』(에코리브르, 2002/2003), 187쪽.

3 이원복, 『먼나라 이웃나라 제4권 영국』(김영사, 2000), 257쪽.

4 영국과학진흥협회가 후원한 인터넷을 기반으로 한 국제적인 실험 프로젝트로 영국 허드포드셔대학 심리학과 교수인 리처드 와이즈먼이 이끌었다. 2001~2002년에 걸쳐 약 1년간 4만 개의 농담을 웹사이트에서 올려놓고 70개국 35만 명 이상의 사람들로부터 평가를 받았다고 한다. 리처드 와이즈먼, 한창호 옮김, 『괴짜 심리학』(웅진지식하우스, 2008), 191, 231쪽.

5 리처드 와이즈먼, 『괴짜 심리학』(웅진지식하우스, 2008), 218쪽.

6 케이트 폭스, 권석하 옮김, 『영국인 발견』(학고재, 2004/2010), 277쪽.

7 리처드 와이즈먼, 한창호 옮김, 앞의 책, 231쪽.

8 '음부'라는 뜻의 privates는 private parts, external genitals라고도 하며, kick him in the privates는 "그의 국부(급소)를 차다"는 뜻이다.

9 김희, 『영상으로 읽는 한국문화』(도서출판 상, 2012), 60쪽.

10 유재혁, 「"야, 그냥 웃기는 건 안 돼~ 더 센 풍자 없어?"」, 『한국경제』, 2011년 12월 10일.

11 허윤희, 「[한국인의 문화 DNA] 해학」, 『조선일보』, 2012년 9월 18일.

12 존 몰(John Mole), 노명환 외 옮김, 『유럽의 기업문화와 이문화(異文化) 관리』(고원, 1995/2000), 78쪽.

13 존 몰, 앞의 책, 149쪽.

14 존 몰, 앞의 책, 53, 106, 216쪽.

15 존 몰, 앞의 책, 126, 196쪽.

16 나와 함께 전북대학교 신문방송대학원에서 공부하는 중국 유학생 동향의 말을 참고한 것이다.

17 박신희, 『문화산업을 알면 중국이 보인다』(차이나하우스, 2012), 203쪽.

18 http://blog.naver.com/aromatics?Redirect=Log&logNo=80161342879.

19 존 몰, 앞의 책, 264쪽.

20 김열규, 『한국인의 유머』(한국학술정보, 2011), 17쪽.

21 김훈기, 「한국인 웃음-서양인 웃음 … 성격 아닌 얼굴 구조 탓」, 『동아일보』, 2004년 12월 10일.

이승주

사학과 2007학번

유럽의 패권 경쟁은
영어에 어떤 영향을 미쳤나

영어에서 차별받는 프랑스 · 네덜란드 · 스페인

프랑스인에게 점수를 따려면 영국인을 비방하라

French kiss(프렌치 키스). 듣기만 해도 낭만적인 러브스토리가 떠오른다. 사랑하는 이와의 달콤한 입맞춤을 꿈꾸는 사람들에게는 더없이 행복한 단어일 것이다. 많은 사람이 거리낌 없이 사용하지만 왜 프렌치라는 단어가 앞에 붙는지에 대해서는 의문을 품지 않는다. 그렇게 달콤하고 낭만적인 단어라면 왜 프랑스 사람은 프렌치 키스라는 단어를 입에 올리지 않는 것일까?

프랑스에서 사용하는 단어가 아니라면 어느 나라에서 사용하는 말일까? 바로 영국이다. 영국에는 프랑스에 관련된 말이 많다. French leave, Pardon my French 등도 일상적으로 사용하는 말이다. 이런 단어에도 뭔가 낭만적인 향기가 흐르는가? 아니다. French leave는 "무단결근"을, Pardon my French는 "내 잘못을 용서해달라"는 뜻이다.

사실 프렌치 키스 또한 그리 좋은 뜻을 지니고 있진 않다. 일반적으로 진한 입맞춤으로 통용되는 이 단어는 영국에선 "야한 입맞춤"이란 뜻으로 쓰인다. 프랑스를 비하하는 의도가 다분히 드러나는 것이다. 그러나 프렌치 키스는 영국인이 더 잘하며, 프랑스인은 일반적으로 키스 행위를 자제하는 편이라고 한다.[1]

역사적으로 볼 때 영국과 프랑스는 좋은 사이가 아니었다. 가장 격렬히 싸웠을 때가 영국과 프랑스의 100년 전쟁(1337~1453) 때이며 1700년대 식민지 쟁탈전 당시에도 두 나라는 계속 충돌했다. 오죽하면 이런 말까지 나왔겠는가. "프랑스인에게 점수를 따려면 영국인을 비방하라. 굳이 편견이 없는 척 할 필요 없이 단순하게 영국인을 싫어한다는 얘기만 해도 프랑스인은 매우 즐거워한다."[2] 물론 영국인도 마찬가지였다. 그래서 영국인은 French로 시작하는 단어들에 부정적 의미를 부여함으로써 프랑스에 대한 '언어 보복'을 한 셈이다.

French arts, French culture, French way는 "오럴 섹스", French lesson은 "매춘부에게서 성행위를 배우는 것", French letter는 "콘돔", French love는 "갑작스럽게 떠나는 사람", French postcard, French prints는 "포르노 사진"을 의미한다. 또 French compliment, French fever, French goods, French malady, Frenchfield, French box는 모두 "매독"을 가리키는 말이다. 물론 프랑스에서도 '영국'이 들어간 단어들은 부정적 의미를 갖고 있다.[3]

영어에서 차별받는 프랑스·네덜란드·스페인

다음과 같은 농담에도 '프랑스 때리기' 정신이 농후하게 배어 있다. When the Ethiopian is white, the French will love the English(에티오피아 사람이 백인이 될 때 프랑스 사람이 영국 사람을 좋아하게 될 것이다), The English love, the French make love(영국인이 사랑을 할 때 프랑스인은 성관계를 한다).[4]

영국이 늘 가해자였던 것만은 아니다. 1066년 프랑스에 있던 노르만족의 왕인 윌리엄이 영국에 침입하여 색슨인을 쳐부수고 영국의 패권을 장악했던 역사의 상처는 영어 단어에까지 흔적을 남겼다. 소는 cow, bull 이지만 쇠고기는 beef, 돼지는 pig이지만 돼지고기는 pork, 양은 sheep이지만 양고기는 mutton이다. 이는 가축류는 영국인이 길렀지만 식탁에 오르는 고기는 프랑스인의 몫이었기 때문이다. beef, pork, mutton은 프랑스어인 boeuf, porc, mouton에서 나온 것이다.[5]

Dutch pay의 역사

네덜란드도 영어에서 수난을 당하는 나라다. "네덜란드의"란 뜻을 갖고 있는 Dutch라는 단어가 부정적인 의미로 쓰이는 게 그걸 잘 말해준다. Dutch pay(더치 페이)는 누군가와 비용을 나눠서 낸다는 말이다(정확하게는 go Dutch이지만 우리나라에서 두루 사용되는 Dutch pay를 대신 사용하겠다). 언뜻 듣기에는 전혀 이상한 뜻이 없어 보인다. 나눠 내는 것은 합리적인 일이니 네덜란드 사람들은 합리적이라는 느낌을 받기도 한다.

그러나 Dutch auction은 "값을 깎아 내려가는 경매", Dutch bargain은

"술자리에서 맺는 매매계약", Dutch courage는 "술김에 부리는 용기"를 의미한다. Double Dutch는 "알아들을 수 없는 말"을 뜻했고, I'll be a Dutchman은 "내가 틀렸으면 내 목을 쳐라"는 말로 통용되었다.[6] 단어만 보면 네덜란드 사람들은 술만 마시고 말도 안 되는 흥정을 하는 사람들로 보인다. 영국과 네덜란드 사이에선 무슨 일이 있었기에 이런 단어들이 등장하게 된 것일까?

네덜란드는 독립 이전부터 해상 무역이 성행하던 나라다. 독립 이후에는 점차 그 무대를 세계적으로 넓혀서 식민지 쟁탈사의 한 획을 그었다. 동인도 회사와 서인도 회사를 차린 그들은 후추와 설탕 등을 독점하기 시작했고 이는 영국의 해외 팽창에 걸림돌로 작용하여 서로 충돌하기에 이르렀다. 결국 영국과 네덜란드는 전쟁을 벌인다. 1652년에서 1674년까지 3차에 걸친 전쟁에서 패한 네덜란드는 쇠퇴하게 되고 영국은 해상권을 장악하게 되어 강대국으로 이름을 날리게 되었다.

영국인이 봤을 때 네덜란드의 독식 행위는 자신의 이득만 챙기는 걸로 보였을 것이고, 또 전쟁을 정당화하고 적국에 대한 적개심을 높이기 위해 네덜란드를 비방해야 했을 것이다. 유럽 국가들 사이에서는 네덜란드의 입지를 줄이면서 자신의 영향력을 더욱 공고히 하기 위해 네덜란드를 깎아내려야 했다. 그런 결과로 만들어진 단어가 바로 go Dutch다. 자기 것만 생각한다는 뜻이 담겨 있다. 말하자면 대인이 아닌 소인배 같은 갹출 방식을 지니고 있다는 뜻이다.

물론 곱씹어보면 기분 나쁜 단어지만 원색적인 비난이 들어 있는 것은 아니기 때문에 큰 문제가 되진 않았다. 하지만 전 세계적으로 영어가 쓰

영어에서 차별받는 프랑스·네덜란드·스페인

이게 되면서 그 배경을 잘 모르는 나라들도 네덜란드와 프랑스를 비꼬는 단어를 사용하게 된 것이다. 우리나라도 미국과 세계화의 영향으로 영어 열풍이 불고 있고, 요즘에는 음식점이나 카페에서 단골로 등장하는 말이 "더치페이 하자"이니 네덜란드 사람이 들으면 얼마나 당혹스러울지 상상만 해도 웃음이 나온다.

스페인 · 독일 · 중국은?

스페인도 16세기에는 유럽의 패권을 놓고 싸운 영국의 앙숙이었기에 스페인에 대한 반감도 영어 단어에 흔적을 남겼다. Spanish practice는 "사기", Spanish coin은 "낯 뜨거운 아첨", Spanish castle은 "백일몽", Spanish pox는 "매독"을 의미한다.[7]

Liberty cabbage는 독일에 대한 언어 보복을 증언해주는 말이다. 이 말은 제1차 세계대전 당시 반독일 감정이 팽배했던 분위기에서 독일 음식 자우어크라우트Sauerkraut: 절인 양배추를 발효시킨 독일식 김치를 미국식으로 표현한 것이기 때문이다. 독일 이름은 모두 나쁘게 느껴질 때였다. 그 때문에 German measles(풍진)는 Liberty measles로, dachshund dog(닥스훈트)은 Liberty pup으로, hamburger(햄버거)는 Liberty steak로 불리기도 했다.[8]

on the fritz(고장이 나서)와 fritz out(고장 나다)도 마찬가지다. 프리즈fritz는 독일의 흔한 이름인 프리드리히Friedrich를 줄인 말로 제1차 세계대전 때 독일군을 경멸해 부르던 말이다. 독일 패전 이후 고장 나거나 망가진 것을 패전에 비유해 프리츠라고 한 것에서 유래된 것이다. 이런 용법으로 쓰이곤 한다. We can't watch the game at my house because my TV is on the fritz(TV가 고장 나는 바람에 집에서 경기를 시청할 수 없다).[9]

아시아도 예외일 순 없었다. 한때는 비단길을 통해 선진 문물을 전해준 중국은 아편전쟁1840~1842 때부터 유럽의 먹잇감이 되었고, 아시아의 대표적인 후진국으로 낙인찍히게 되었다. 그래서 중국을 뜻하는 Chinese라는 단어도 경멸스런 의미로 쓰이게 되었다.

Chinese whispers는 "사람들을 거칠수록 전달되는 내용이 조금씩 달라지는 것", Chinese copy는 "완벽한 모조, 해적판", Chinese money는 "장난감 돈, 가짜 돈", Chinese tour는 "안내자가 보이고 싶은 곳만 안내하는 관광", Chinese homer는 "멀리까지 나가지 않는 홈런", Chinese three-point landing은 "(조종 미숙으로 인한) 비행기 추락"을 뜻한다.[10]

인터넷의 국제적 욕설 전쟁

대개 험담은 자신이 그 험담의 대상보다 낫다는 것을 인정받고 싶은 욕구에서 비롯된다.[11] 이는 심리학적 방어기제defense mechanism 가운데 하나인 '투사'의 일종으로 나타난다. 예를 들어 French로 시작하는 단어의 경우 성적으로 부정적인 뜻을 가진 단어들이 많다. 프랑스의 개방적인 성 문화를 이해하지 못한 영국인이 오히려 자신들의 보수적인 면을 방어하기 위해 프랑스의 성 문화를 비방하는 단어를 만들었다고 볼 수 있다. Dutch로 시작하는 단어의 경우도 마찬가지로 네덜란드의 거래 방식이나 문화적인 차이를 제대로 이해하지 않고 경멸적인 단어를 만들어낸 것이다.

누가 인터넷을 정보의 바다라고 했던가? 지금의 인터넷은 욕설의 바다가 되고 있다. 의미 불명이 되어버린 비방과 혐오감이 게시물과 댓글에 하나하나 물들어서 언제 터질지 모르는 인터넷 전쟁의 도화선이 되고 있다. 요 근래에 인터넷에서 다른 민족들을 비방하는 단어를 살펴보면 그 뜻을 살펴볼 필요도 없이 자체로 경멸적이며 직설적인 것이 많다. 양키, 니그로, 짱깨, 쪽발이, 조센징 등 그 한 단어만으로도 상대방에게 스트레스를 일으키는 단어들이 바로 요즘 우리가 사용하는 비방 단어들이다.

다른 민족이나 나라를 비방하는 것에는 분명 그 이유가 있다. 지금에 와서 그 이유가 희석되고 단순히 감정적인 것으로 치부되곤 하지만 그 속을 들여다보면 역사적인 반목과 문화적 충돌 등과 같은 요인이 자리 잡고 있다. 어찌 보면 상대방을 험담하는 것은 당연한 방어 수단이다. 자기 자신을 부각시키고 남을 낮춘다면 그보다 좋은 자기과시도 없을 것이다. 21세기 들어 인터넷이라는 새로운 담론의 패러다임이 등장한 후 우리는 더 넓고 한계가 없는 자기방어와 자기과시의 창이 열렸다. 남을 헐뜯어도 아무런 비난을 받지 않는 신세계 말이다.

비난받는 민족과 국가는 원망스럽겠지만 비난을 하는 민족과 국가는 그 비난과 경멸에 힘입어서 단결이 되고 민족적 정체성을 되새기게 된다. 세계적인 현상이요 추세라고 지레 포기할 게 아니라 잘못된 것을 하나씩 고쳐 나가다 보면 점차 나아지지 않겠느냐는 긍정 마인드가 필요할 것 같다. 상호 존중과 더불어 나와 너의 구분을 조금만 더 희미하게 둔다면 충분히 가능한 변화 아닐까? 먼 훗날에 "그런 단어도 쓸 때가 있었지"라고 사전에서 찾아보게 될 날을 기대해본다.

주

오한진, 『독일, 독일인 그리고 유럽인』(한울림, 2000), 162쪽.

2 리처드 루이스, 박종선 · 박대식 공역, 『지구촌 비즈니스 문화』(FKI미디어, 2001), 239~240쪽.

3 피터 콜릿, 이윤식 옮김, 『습관의 역사: 습관을 알면 문화가 보인다』(추수밭, 1993/2006), 353~354쪽.

4 임귀열, 「임귀열 영어」, 『한국일보』, 2009년 7월 1일. 이상 상당 부분은 강준만, 『교양영어사전』(인물과사상사, 2012), 300~301쪽에서 재인용.

5 고승제, 『마거릿 대처』(동지, 1994), 252~253쪽.

6 피터 콜릿, 앞의 책, 351~352쪽.

7 피터 콜릿, 앞의 책, 350~351쪽.

8 찰스 패너티(Charles Panati), 이용웅 옮김, 『문화와 유행상품의 역사 1』(자작나무, 1991/1997), 199쪽.

9 Marvin Terban, *Scholastic Dictionary of Idioms*(New York: Scholastic, 1996), p. 162; James Rogers, *The Dictionary of Cliches*(New York: Ballantine Books, 1985), p. 223.

10 네이버 사전.

11 일본 메지로대학 심리학 교수인 시부야 쇼조는 『야심만만 심리학』에서 "험담이나 소문을 말하기 좋아하는 사람은 자기가 칭찬받고 싶은 사람"이라고 했다. 시부야 쇼조, 김경인 옮김, 『야심만만 심리학』(리더북스, 2004), 39쪽.

김수린

행정학과
2008학번

왜 이탈리아인은
두 팔을 잡히면 말을 못하나

서양인과 동양인의 제스처 문화

■ 이탈리아 · 프랑스인의 화려한 제스처

"버라이어티 쇼를 보면 메인의 자리를 배당받지 못한 연예인들이 낮은 위치에서도 어떻게든 눈에 띄어보려고 온몸으로 애쓰는 모습을 볼 수 있다. 일반인들 중에도 허영심이나 자기 현시 욕구를 채우려는 사람은 온갖 몸짓 손짓을 이용해 자신을 크게 보이려는 사람이 있다."[1]

일본 심리학자 시부야 쇼조의 말이다. 동양에서 제스처를 대하는 태도를, 지나치다고 해도 좋을 정도로, 이토록 실감 나게 표현하기도 어려울 것 같다. 서양 물 좀 먹은 동양인이 서양에서 하던 대로 제스처 좀 쓰면 "자기 현시 욕구가 강한 사람"이라고 평가받을 터이니, 그런 날벼락도 없겠다.

물론 서양은 다르다. 특히 이탈리아에서는 말을 할 줄 몰라도 손짓 발짓만 알면 다 통한다는 말이 있다. 그만큼 언어보다는 몸짓으로 대화하는 국가다. 오죽하면 이탈리아인은 두 팔을 잡히면 말을 하지 못한다는 농담까지 나왔을까?

이탈리아인은 말을 할 때 대화의 무대를 장악하기 위해 손을 높이 든다. 그들이 대화를 할 때 상대의 팔에 손을 대는 것을 볼 수 있는데 친근함을 나타내기 위해서라기보다는 상대가 손을 들어 대화의 무대를 장악하는 것을 막기 위해서 그러는 것이다. 한창 떠들고 있는 이탈리아인의 말을 멈추려면 위로 들고 있는 그의 양손을 잡아 아래로 내리면 된다.

리처드 루이스는 "이탈리아인과 대화할 때는 가능한 한 이탈리아인식으로 얼굴 표정이나 다소 심한 몸동작을 사용해 이탈리아인을 편안하게 해주는 것이 좋다"며 이렇게 말한다. "이탈리아인은 상대방과 어느 정도 친해졌다고 생각하면 팔이나 어깨를 치며, 껴안기도 한다. 그리고 좋은 관계가 몇 달 지속되면 만나는 인사로 양 볼에 키스를 자연스럽게 한다. 이때 이탈리아인에게도 비슷한 식으로 인사를 해주어야 한다. 그게 쉽지 않으면 아주 반갑게 맞아주기라도 해야 한다." [2]

화려한 제스처는 남유럽의 특성인가? 그리스인과 스페인인도 이탈리아인에 가깝다. 프랑스인도 두 팔을 잡히면 말을 하지 못한다는 농담에 해당되는 나라라고 해도 좋을 정도로 대화 중에 독특한 제스처를 많이 이용한다. 몇 가지 재미있는 제스처를 감상해보자. 엄지와 검지로 동그라미를 만들고 코 위에 올려놓고 비틀면, "완전히 술 취했다"는 의미다. 플루트를 연주하는 흉내를 내면, 어떤 사람이 계속 말을 하고 있어 지겹다는 뜻이다. 또한 그 사람의 말이 진실인지 확신할 수 없다는 의미이기도 하다. 공식석상에서는 이런 제스처를 하지 않는 것이 좋다.

눈을 가리키면 "나를 속일 수 없어"라는 의미다. "정말 지루하다"고 말할 때는 손가락을 손바닥 쪽으로 감고 턱 옆을 두세 번 비빈다. 한 손의 손톱을 턱 밑에 놓고 쓸 듯이 하면서 밖으로 튕기는 턱 튕기기는 "혼란스럽다", "너 때문에 괴롭다"는 의미다. 또한 이는 남자의 턱수염을 상징하므로 "내 남성 심벌을 너에게 던진다"는 의미의 욕이 될 수 있다. 검지와 중지로 코를 위로 밀면 "이렇게 손가락으로 코를 미는 것 같이 매우 쉽다"는 뜻이다. 손바닥을 펴고 어깨를 으쓱해 보이면, "걱정할 것 없어"라는 뜻이다. 하지만 손바닥을 가슴 높이까지 올리면, "내가 어떻게 하면 좋겠냐?"는 식의 감정적인 제스처가 된다.[3]

반면에 독일인과 영국인은 말을 할 때 온몸이 마비되기라도 한 듯 꼼짝도 하지 않는다. 그래서 말을 할 때 몸짓을 많이 하는 이탈리아인이나 프랑스인과 대화를 하면 독일인이나 영국인은 좀처럼 말할 기회를 얻지 못한다. 프랑스인은 말을 할 때 팔뚝과 손을 자주 사용하고 이탈리아인은 팔 전체를 자주 사용하는 반면, 영국인과 독일인은 똑바로 차려 자세를 유지한다.[4]

세계인과 어떻게 인사할 것인가

영국인, 호주인, 뉴질랜드인, 독일인, 미국인은 일반적으로 만날 때와 헤어질 때 악수를 한다. 유럽 대륙의 대부분 국가에서는 같은 상대와도 하

왜 이탈리아인은 두 팔을 잡히면 말을 못하나

루에 몇 번씩 악수를 하고, 프랑스인 중에는 하루에 30분 이상 악수를 하는 사람도 있다. 인도, 아시아, 아랍 국가들에서는 악수가 끝나도 손을 계속 잡고 있는 경우가 많다. 독일과 프랑스에서는 한 번이나 두 번 세게 손을 흔들고 잠시 손을 잡는 반면, 영국에서는 세 번에서 다섯 번 흔들고, 미국에서는 다섯 번에서 일곱 번까지 흔든다.

이런 문화적 차이 때문에 국제회의에 참석한 사람들이 악수를 하면서 당황하는 일이 자주 벌어진다. 미국인이 보기에는 악수를 할 때 딱 한 번만 손을 흔드는 독일인이 야속하게 느껴질 것이고, 반대로 독일인이 보기에는 악수를 할 때 손을 다섯 번에서 일곱 번까지 흔드는 미국인이 마치 자기 손을 뽑아내려고 드는 것처럼 느낄 것이다.[5]

케냐, 브라질, 칠레 등 많은 국가에서는 남성이 여성에게 악수를 청한다. 인도에서는 여성의 프라이버시를 침해한다는 생각 때문에 남성이 먼저 여성에게 손을 내밀어 악수하지 않는다. 많은 아시아 문화권에서도 사람들이 악수를 하지만 선호하는 것은 아니다. 한국인과 일본인은 악수보다는 머리를 숙이는 인사를 선호한다. 타이에서는 일부 서구화된 사람들만 악수를 하고, 두 손을 모아 가슴까지 올려 기도하는 모습으로 하는 인사인 와이Wai가 더 선호된다.[6]

이 외에도 인사법에는 여러 가지가 있다. 중동 지역에서는 오른손으로 가슴과 이마를 순서대로 만지면서 손을 더 높이 바깥쪽을 향해 올리고 머리를 살짝 꾸벅하면서 "살람 알라이쿰salaam alaykum: 평화가 함께하기를"이라고 말한다. 에스키모의 경우에는 손으로 상대의 머리나 어깨를 힘 있게 치면서 인사한다. 뉴질랜드의 마오리족은 오늘날에도 친근함과 우정을 압축적으로 보여주는 제스처로 인사한다. 서로 코를 비비는 것이다. 에스키모는 아주 친한 경우에만 이와 같은 제스처를 행한다. 아주 특이한 인사 방법도 있는데, 아프리카 동부 지역의 일부 부족은 상대의 발에 침을 뱉는다. 티베트에서는 상대방을 향해 혀를 내밀어 친근감을 표시한다.[7]

한 손으로 열까지 세는 중국인

숫자를 세는 것은 손으로 표현하는 대표적인 제스처다. 1부터 10까지 세는 방식에도 나라마다 미묘한 차이가 있다. 한스 위르겐 헤링어는 나라별로 다른 숫자의 표현에 대해 숫자들은 전반적으로 구상적(아이콘)이며, 여기에는 아이콘화와 관습화의 혼용이 존재한다고 했다. 그리고 그러한 혼용에서 흥미로운 문화적 차이들이 생겨난다고 덧붙였다.

미국의 경우에는 양손을 모두 사용하여 숫자를 센다. 독일에서 1을 나타낼 때 엄지를 먼저 펼치는 것과 달리, 미국에서는 검지를 먼저 펼치는 것이 특징이다. 이 방식은 세계에서 보편적으로 사용하는 방법으로, 한손만으로 10까지 표현하는 중국, 일본과 비교했을 때 양손을 더 활발히 이용하는 것을 볼 수 있다.

중국의 경우 1부터 10까지를 한 손으로 모두 표현하는데 그 방식이 매우 독특하다. 다른 나라에서는 손가락 개수에 따라 숫자를 표현하는 것과 달리 중국에서는 숫자의 모양을 형상화한 표현이 존재한다. 여기에는 다른 아이콘 원리들이 기저에 놓여 있다. 종종 한 손으로 숫자 모양에 따라 비슷하게 만든다.[8] 이 방법은 과거 중국의 보부상들이 사용했던 방식으로, 지금까지도 시장에서 사용되고 있다고 한다.

일본 역시 숫자를 셀 때 한 손만 사용한다. 단순 기본 원리를 따른다는 점에서는 미국과 비슷하지만, 일본은 양손을 펼치지 않고 손가락을 하나씩 접어 숫자를 표현한다는 점에서 차이가 있다. 숫자 표현에 있어서도 움직임이 크지 않은 일본인 특유의 절제가 눈에 띈다.[9]

■   **세계의 모욕적인 제스처**

어느 나라에서든 모욕적 제스처는 굉장히 창의적이고 독특하다. 같은 제스처라도 문화권에 따라 모욕적인 의미로 쓰일 수 있기 때문에 문화권별로 무엇이 모욕적인 제스처인지 알아볼 필요가 있다.

가장 보편적이고 오래된 모욕적인 제스처는 주먹 사이로 중지를 내미는 '핑거the finger'다. 이 제스처는 주먹을 들어 올려 손가락 마디 부분이 밖을 향하게 한 상태에서 중지를 위로 힘 있게 내민다. 이런 손가락 하나를 사용한 제스처는 오해의 여지가 거의 없이 아주 강력한 모욕적 메시지를 전달한다.

인류학자들에 의하면 이 제스처의 역사가 2000년이 넘는다고 한다. 로마인 역시 이 제스처를 '품위 없는 손가락'이란 의미의 digitus impudicus라고 불렀다. 이 제스처를 '고속도로 손가락'이라고 부르기도 한다. 성격 급한 운전자가 다른 운전자를 욕할 때 주로 사용하기 때문이다.

아랍인은 이 제스처를 독특하게 변형했다. 이들은 손을 뻗어 손바닥을 아래로 한 상태에서 중지는 밑으로 하고 다른 손가락은 모두 밖을 향하게 한다. 러시아에도 이와 비슷한 제스처가 있다. 러시아 사람은 한 손의 검지로 다른 손 중지를 뒤로 젖힌다고 한다. 이 제스처의 이름은 '고양이 꼬리 밑을 본다'다.[10]

중지를 위로 세우건 아래로 하건, 일반적으로 중지는 남자의 성기를 상징하는 것으로 간주된다. '중지 세워 흔들기'를 더욱 확대한 것이 브라질에서 '바나나'라고 부르는 '팔뚝 흔들기forearm jerk'다. 이 제스처는 매우 강력하게 모욕적인 메시지를 전달한다.

이 제스처도 종류와 강도가 다양하다. 북미와 남미, 유럽의 많은 지역에서 두 팔을 모두 사용해 좀 더 역동적으로 표현하기도 하고, 오른팔을 구부려 들고 오른손은 주먹을 쥔 상태에서 위로 흔들며 왼손으로 오른팔의 팔꿈치 안쪽을 친다. 더 강조하기 위해 왼손으로 오른팔 어깨를 칠 수도 있다.[11]

프랑스와 벨기에에서 양손의 손가락을 꺾는 것은 상스러운 의미를 갖는다. 네덜란드에서는 손을 어루만지는 것이 '상대방이 방탕하다'는 의미이고, 앞으로 팔을 내미는 것은 영국에서 '성적 유혹'을 뜻하기도 한다. 또한 손바닥으로 주먹을 치는 것은 이탈리아, 중국 그리고 많은 다른 지역에서 상대방에 대한 위협으로 사용된다.

발로 하는 제스처 또한 손으로 하는 제스처만큼이나 모욕적 의미를 많이 가진다. 발바닥은 신체 가운데 가장 밑에 있고 더러운 부분이므로 이 부분을 이용해 욕을 하는 것은 강력한 효과를 발휘한다. 특히 사우디아라비아, 이집트, 싱가포르, 태국에서 다리와 발을 이용해 하는 제스처가

왜 이탈리아인은 두 팔을 잡히면 말을 못하나

많다. 예를 들어 태국에서 발은 가장 아래에 있는 열등한 부분으로 간주되므로 발가락으로 누군가의 머리를 가리키는 것이 가장 심한 욕이다. 또한 발을 책상이나 가구 위에 올려놓지 말아야 한다.[12]

어떤 사람이 미쳤다는 표시를 할 때 많은 나라에서는 검지를 관자놀이나 귀 근처에 대고 돌린다(아르헨티나에서 이 제스처는 '전화 왔어'라는 의미다). 네덜란드에서 검지로 관자놀이를 툭툭 치면 똑똑하다는 의미이고, 누군가가 아둔하다는 표시를 할 때는 이마를 툭툭 친다. 어디를 치느냐에 따라 그 의미가 완전히 달라지는 것이다.[13]

■ 리처드 닉슨과 조지 부시의 실수

외교는 세계의 정상들이 만나 정치, 경제, 군사 등 국가와 관련된 사안을 나누는 중요 업무다. 외교가 이루어지는 정상회담의 경우, 각국의 지도자들이 만나는 자리인 만큼 최고의 신사도를 보여줘야 하는 무대이기도 하다. 외교 무대에서의 제스처는 대통령의 손짓, 표정 하나하나에 중요한 사안들이 성사되기도 실패되기도 하기에 매우 큰 의미를 지닌다.

1950년대 리처드 닉슨이 대통령이 되기 전 갈등 관계를 해소하기 위해 남미의 어느 나라를 방문했을 때의 일이다. 닉슨은 비행기 문을 막 나서면서 자신을 환영하러 온 군중에게 미국식의 OK 사인을 했다가 그들이 야유를 퍼붓는 바람에 깜짝 놀라고 말았다.[14] 대부분의 남미 국가에서 엄지와 중지로 원을 만드는 제스처는 '우라질 놈screw you'이라는 뜻이기 때문이다. 이 일로 인해 닉슨은 많은 남미 언론의 질타를 받았다. 남미 여러 나라 신문에 실린 그 사진이 미국의 국제 관계에 결코 도움이 될 수 없었음은 자명한 일이다.

엄지와 검지로 원을 만드는 이 사인은 전 세계적으로도 사용된다. 일본과 한국에서는 '돈' 을 의미하고, 아랍인은 보통 이를 드러내면서 하는데 이는 적대감을 의미한다. 튀니지인에게는 "너를 죽일 거야"라는 의미가 된다.[15] 프랑스와 벨기에에서는 '0(영)' 이나 '형편없다' 를 뜻한다. 지중해 연안 일부 국가에서는 '구멍' 을 뜻하고, 남성 동성애자를 가리키는 말로도 자주 쓰인다. 그리스 남자한테 이 손짓을 해보이면 그는 자신 또는 여러분을 동성애자라고 말하는 것으로 받아들일 것이다.[16] 닉슨이 남미가 아닌 튀니지나 그리스에 방문해서 똑같은 사인을 했다면 과연 국제적으로 어떤 해프닝이 벌어졌을까?

조지 H. W. 부시 대통령의 에피소드도 제스처의 오해에서 비롯된 유명한 사건이다. 1993년 부시 대통령이 호주를 국빈 방문했을 때, 리무진 뒷좌석에 앉아 승리의 V 표시를 해보였다. 다음 날 호주 신문들은 "호주 국민을 모욕한 대통령" 이라는 헤드라인과 함께 그 장면을 포착한 사진을 실었다. 불행히도 손등이 다른 사람을 향하고 있었다. 영국과 마찬가지로 호주에서도 V 표시를 할 때 손등이 상대방에게 보이면 굉장한 욕이 된다는 사실을 모르고 무심코 범한 실수였다.

영국에서 이 제스처가 욕이 된 유래는 다음과 같다. 500여 년 전 프랑스와의 전쟁에서 영국의 중수는 커다란 위력을 발휘했다. 따라서 프랑스군은 영국의 궁수를 잡으면 활을 쏘는 검지와 중지를 잘랐다고 한다. 프랑스 군대가 영국 궁수의 공격으로 대패한 아쟁쿠르 전투와 크레시 전투

후 살아남은 프랑스군은 승리한 영국군의 조롱을 받으며 전장을 떠났는데, 이때 영국군은 검지와 중지를 똑바로 세운 상태로 안쪽으로 하여 두 손가락이 무사함을 보여줌으로써 프랑스군을 조롱했다고 한다.[17] 이처럼 이 손짓은 나라별로 평화와 승리, 조롱의 의미를 모두 갖고 있기 때문에 공식석상에서 사용할 때 더욱 주의해야 한다.

조지 W. 부시와 미셸 오바마의 실수

최고 지도자나 외교관의 제스처는 협상 및 회담에서 더 큰 영향력을 발휘한다. 1938년 영국의 아서 네빌 체임벌린 총리는 회담 때 독일 아돌프 히틀러의 거짓말과 거짓 표정에 속아 히틀러의 군대가 체코를 침공하는 것을 막지 못했다. 그는 결국 '히틀러의 급부상을 도운 정치인'이라는 오명을 썼다. 협상이나 회담에서 상대편의 표정을 제대로 읽지 못하면 이처럼 역사의 흐름도 바뀐다.

최근 세계 리더들의 제스처는 나라에 따라, 때에 따라 외교 결례로 평가받기도 하고 훌륭한 제스처로 평가받기도 한다. 그중에서도 2007년 봄, 조지 W. 부시 대통령이 미국을 방문한 영국 여왕에게 윙크를 한 것은 대표적인 외교 결례로 꼽힌다. 영국 여왕 엘리자베스 2세에게 존경을 표하는 연설 도중, 부시 대통령은 그녀가 200세가 넘었다고 실언을 했다. 그것도 모자라 자신의 무례함을 숨기기 위해 "말실수를 해서 죄송해요. 하지만 그냥 우리 둘 사이의 농담이었던 것처럼 행동합시다"라는 의미를 전하기 위해 예의에 맞지 않는 윙크까지 하는 실수를 범했다.[18]

그로부터 2년 후에는 버락 오바마 대통령의 부인 미셸이 버킹엄 궁에서 열린 리셉션 도중 영국 여왕의 어깨에 손을 얹어 한 팔로 껴안은 모습을 연출해 왕실 예법을 어겼다는 논란에 휘말렸다. 여왕은 미셸의 이러한 행동에 언짢은 표정을 짓지 않고 오히려 오른팔로 미셸의 허리를 가볍게 감는 것으로 어색한 분위기를 피해갔다.

　　그러나 주변에 있던 왕실 관계자들은 자신의 눈을 의심했다고 한다. 재위 57년을 맞은 여왕의 몸에 아무렇게나 손을 갖다 대거나 여왕이 다른 사람의 허리를 감싸는 모습을 보인 적이 없었기 때문이다. 영국 신문들은 "미셸이 왕실의 예법을 깬 것"이라고 일제히 보도했으며 여왕이 옆사람의 허리에 손을 감는 제스처를 보인 것도 극히 이례적인 모습이라고 전했다. 실제로 영국에서는 여왕의 몸에 함부로 손을 대는 것은 예법을 어기는 행위다. 만약 여왕이 허리를 감싸는 것으로 상황을 넘기지 않았다면 미셸 역시 영국 언론의 질타를 받았을 것이다.[19] 이런 미국 특유의 스킨십은 의도된 외교술일까, 무지로 인한 실수일까?

　　외교적 결례는 이처럼 지나친 스킨십에서 비롯되기도 하지만 무관심의 제스처에서 비롯되기도 한다. 폴란드 대통령의 사례를 보자. 2011년 2월 7일 폴란드 바르샤바에서 '바이마르 3국 정상회담'이 열렸다. 이 자리에는 브로니스와프 코모로프스키 폴란드 대통령, 앙겔라 메르켈 독일 총리, 니콜라 사르코지 프랑스 대통령이 참가했다. 정상회담은 폴란드의 빌라누프 궁전에서 열렸는데 폴란드 대통령의 외교 결례가 논란을 빚었다. 비가 내리는 가운데 3국 정상이 나란히 걷고 있었는데 폴란드 대통령을 보좌하는 사람이 독일 총리와 폴란드 대통령에게만 우산을 씌워 프랑스 대통령은 비를 다 맞았기 때문이다.

이뿐만 아니다. 회담장에 들어온 후 폴란드 대통령은 망설임 없이 의자에 먼저 앉았다. 비공식 석상에서도 손님이 오면 먼저 자리 앉기를 권하는 것이 기본 예절이다. 그런데 각 국의 정상들 앞에서 무례를 범했으니, 이는 자국 국민들도 창피해할 일이다. 이처럼 나라의 지도자들의 경우에는 작은 제스처도 국가 이미지에 큰 타격을 미칠 수 있기에 늘 주의를 요한다.[20]

제임스 스타인버그와 매들린 올브라이트

폴란드 대통령의 사례처럼 공식 석상에서의 무례는 많은 국가들에게 질타를 받을 만하다. 하지만 특정한 제스처의 경우 그 나라의 정서에 따라 결례냐, 아니냐를 판단한다. 지난 2009년 방한한 미 국무부 부장관 제임스 스타인버그의 일화가 그 예다. 당시 스타인버그는 왼손을 바지 호주머니에 넣은 채 김성환 외교통상부 장관과 악수해 "외교적 결례가 아니냐"는 지적을 받았다.

한 전직 고위 외교관은 "스타인버그 부장관은 악의 없이 무심결에 손을 넣고 악수한 게 분명해 보이지만 방문국인 한국의 정서를 고려하지 못한 점에서 외교적 결례가 분명하다"고 지적했다. 그는 "버락 오바 미대통령이 2009년 11월 일본 국빈 방문 당시 아키히토 일왕에게 허리를 90도로 숙여 악수하면서 미국인으로부터 저자세 외교라는 비판을 받았지만 일본인에겐 좋은 인상을 심는 데 성공한 것과 대조된다"고 말했다.

다른 외교 소식통도 "스타인버그 부장관은 클린턴 행정부 시절 백악관 안보 담당 부보좌관과 브루킹스연구소 부소장을 지내면서 외교 의전에 지식과 경험을 쌓은 인사"라며 "그런 그가 예의를 중시하는 한국을 찾은 자리에서 그같이 행동한 점은 방문국에 대한 배려가 부족했다는 지적을 받을 만하다"고 말했다. 또 다른 전직 고위 외교관은 "스타인버그 부장관은 거만하지 않고 소탈한 인품의 소유자이지만 외교 파트너들을 만날 때 종종 한 손을 호주머니에 넣고 악수하는 버릇이 있다"고 소개했다.[21]

특정 제스처로 외교적 결례를 범한 사례 외에 특정 소품을 이용해 효과적인 외교술을 발휘한 긍정적 사례도 있다. 미국 최초의 여성 국무부 장관이었던 매들린 올브라이트의 '브로치 외교'가 그 예다. 올브라이트는 브로치라는 비언어 커뮤니케이션 수단을 통해 외교 과정에서 전달하고자 하는 숨은 의미를 효과적으로 전달했다.

협상이 잘 진행될 때는 풍선 모양의 브로치를 자주 사용했으며, 눈에 시계가 박힌 스테인리스로 만든 자유의 여신상 브로치는 협상에 참여하는 당사자들이 시간을 염두에 두고 체크해야 할 때에 사용했다. 벌 모양의 브로치는 언짢은 의중을 내보일 때 사용했다. 유엔 대사로 근무하던 1994년, 유엔을 앞세워 이라크의 숨통을 바짝 조이자 이라크 언론은 그녀를 '독사'로 묘사했다. 이후 이라크 각료를 만날 때면 그녀는 똬리를 튼 뱀 모양의 브로치를 달고 나왔다. 김대중 대통령을 존경한다는 올브라이트는 작열하는 태양 모양의 브로치로 햇볕 정책에 대한 지지를 나타내기도 했다. 중동 평화 협상이 엉킨 실타래처럼 꼬였을 때는 거미줄 문

왜 이탈리아인은 두 팔을 잡히면 말을 못하나

양 브로치를 달았다. '센스'를 아는 외교관이었다.[22]

이처럼 외교 무대에서의 제스처는 큰 위험성과 큰 가능성 모두를 지니고 있다. 연구 결과에 따르면 비언어 메시지와 언어 메시지가 서로 상충될 때 사람들은 언어 메시지보다는 비언어 메시지를 믿게 된다고 한다. 아무리 유창한 말로 외교술을 펼친다 한들 문화적 이해 없이 던진 제스처 앞에 화려한 언변이 무슨 소용이랴.

■ **개인주의 문화와 집단주의 문화**

지금까지 살펴본 것처럼 서양이 동양에 비해 제스처가 크게 발달했는데, 그 이유는 과연 무엇일까? 우선 언어 구조의 차이를 들 수 있겠다. '한국말은 끝까지 들어봐야 안다'는 말이 있다. 그만큼 우리나라는 문장의 핵심인 동사, 즉 결론이 뒤에 나오기 때문에 말을 하는 데에 있어서 주어와 동사 사이의 호흡이 길다. 이는 곧 주어에서 동사까지 도달하는 사이에 자기가 표현하고 싶었던 범위 내에서 문장의 형식을 만들어 나간다는 것을 뜻한다.

이 때문에 주어, 목적어, 동사 순서의 문장 구조를 가진 우리나라와 일본의 경우, 말을 할 때 결론에 문제없이 도달할 수 있도록 일관성을 잃지 않도록 집중해야 한다. 이는 말하는 사람뿐만 아니라 듣는 사람도 마찬가지다. 따라서 핵심이 뒤에 나오는 동양 문화권은 집중도를 높이기 위해 과장된 제스처의 사용을 자제하는 경향이 있다.

반면에 영어권 국가의 경우, 결론이 주어 뒤에 따라오면서 뒤따라 나오는 표현들이 앞의 상황을 묘사하고 풍부하게 한다. 말의 첫머리에 주어와 동사까지 말하고 나면 뒤에서 꾸미는 일만 남기 때문에, 제스처와 표정 등으로 대화를 맛깔나게 하는 데에 더 집중할 수 있는 것이다. 주어, 동사, 목적어의 문장 구조를 가진 미국, 프랑스, 이탈리아, 스페인 등에서 제스처를 활발히 사용하는 것을 근거로 들 수 있다.

서양의 개인주의적 문화와 동양의 집단주의적 문화는 표현의 적극성에 있어서 차이를 가져온다는 점도 중요한 의미를 갖는다. 한국이나 일본, 중국처럼 공동 사회를 기반으로 하는 문화권에서는 상호 의존적인 자아를 존중한다. 어렸을 때부터 집단주의적 가치관에 의해 교육받아온 한국 사람들은 우리 엄마, 우리 아빠 등 '우리' 라는 표현을 자주 사용한다. 이는 의사를 표현할 때 적극성이 제한적이라는 것을 의미한다.

반면에 개인주의적 문화권인 서양의 경우 엄마, 아빠를 표현할 때 'Our mother, our father' 라고 말하지 않는다. 'My mother, my father' 라고 말한다. '우리' 가 아닌 '나' 가 표현의 중심이 되는 것이다. 이는 표현의 소유를 자기 자신이 가진다는 것을 의미한다. 그만큼 말을 할 때 제한적 요소가 적고 적극적인 표현이 가능한 것이다.

감정을 절제하는 동양의 문화적 가치관은 체면과 조화를 중시한 유교의 영향으로 볼 수 있다. 유교에서는 칠정(희, 로, 애, 락, 애, 오, 욕)에 해당하는 감정의 표현에 대해 억제를 강조했으므로 이러한 영향으로 사람들은 슬픔, 기쁨 등의 감정을 표정으로 드러내지 않으며 생활했다.

이로 인해 한국인은 '미소' 또는 '침묵' 이라는 비언어로 억제해야 할 일곱 감정을 중의적으로 표현함으로써 이런 비언어를 복합적인 의미가

왜 이탈리아인은 두 팔을 잡히면 말을 못하나

함축된 의사소통 방식으로 사용한다. 또한 유교의 영향으로 한국인의 의사소통 방식에 감정 표현이 억제되므로 자신의 의견을 드러내기보다 의사소통 상황, 즉 분위기 파악을 위한 '눈치'가 한국인의 의사소통에서 중요한 능력으로 여겨진다.[23]

중국인도 문화적 가치와 관련된 이유로 감정을 잘 드러내지 않는데, 여기서의 가치는 체면의 개념이다. 중국인에게는 너무 많은 감정을 드러내는 행위는 조화를 깨뜨리고 갈등을 유발하기 때문에 체면의 규범을 범하는 것이다.[24]

이런 집단주의적 문화권에서는 자신의 이익보다 집단의 이익과 인간관계 그 자체를 중시하는 경향이 강하다. 하지만 서구 문화권과 같은 개인주의 성향의 문화권에서는 독립된 개인이 서로 자신의 의견과 감정을 확실하게 표현하고 자신의 이익을 최대화하려고 한다.[25] 따라서 감정의 절제를 통해 맥락을 파악하기보다는 풍부한 제스처의 사용과 비언어적 표현을 사용함으로써 본인의 감정을 확실히 전달하고자 하는 것이다.

주

1 시부야 쇼조, 김경인 옮김, 『야심만만 심리학』(리더북스, 2004), 189쪽.

2 리처드 루이스, 박종선 · 박대식 공역, 『지구촌 비즈니스 문화』(FKI미디어, 1999/2001), 244~245쪽.

3 로저 E. 액스텔, 김세중 옮김, 『숨겨진 파워, 제스처』(직녀성, 2002); http://cavman.egloos.com/2160817; 테렌스 브레이크(Terence Brake) 외, 정우찬 감역, 『국제협상 문화를 알아야 성공한다』(21세기북스, 1995/1997), 188쪽.

4 앨런 피즈 · 바바라 피즈, 서현정 옮김, 『BODY LANGUAGE: 상대의 마음을 읽는 비결』(북스캔, 2005), 118쪽.

5 앨런 피즈 · 바바라 피즈, 앞의 책, 117쪽.

6 최윤희, 『비언어 커뮤니케이션』(커뮤니케이션북스, 1999), 63쪽.

7 김우룡 · 장소원, 『비언어적 커뮤니케이션론』(나남출판, 2004), 159~161쪽.

8 한스 위르겐 헤링어, 최명원 옮김, 『언어, 문화 그리고 커뮤니케이션』(유로서적, 2009), 141쪽.

9 한스 위르겐 헤링어, 앞의 책, 142쪽.

10 김우룡 · 장소원, 앞의 책, 163쪽.

11 김우룡 · 장소원, 앞의 책, 163쪽.

12 김우룡 · 장소원, 앞의 책, 175쪽.

13 김우룡 · 장소원, 앞의 책, 165쪽.

14 앨런 피즈 · 바바라 피즈, 앞의 책, 123쪽.

15 래리 사모바(Larry A. Samovar) & 리처드 포터(Richard E. Porter), 정현숙 외 옮김, 『문화간 커뮤니케이션』(커뮤니케이션북스, 2004/2007), 248쪽.

16 앨런 피즈 · 바바라 피즈, 앞의 책, 122쪽.

17 김우룡 · 장소원, 앞의 책, 167쪽.

18 토니야 레이맨, 박지숙 옮김, 『왜 그녀는 다리를 꼬았을까』(21세기북스, 2009), 76쪽.

19 「여왕 껴안은 미셸 '결례' 논란 … G20 회담, 영국에선」, 『미주 중앙일보』, 2009년 4월 2일; 「英여왕 껴안은 미셸, '결례' 논란」, 『연합뉴스』, 2009년 4월 3일; 「오바마 여사, 감히 여왕님께 손을 대다니」, 『세계일보』, 2009년 4월 3일.

20 「폴란드 대통령의 외교결례 논란」, 블로그 '초유스의 동유럽'; http://blog.chojus.com/2528.

21 「주머니 손 찌르고 … 스타인버그 '결례 외교'」, 『중앙일보』, 2011년 1월 29일.

22 이기우, 『매혹과 환멸의 20세기 인물 이야기』(황금가지, 2006), 95쪽.

23 김정은, 『한국인의 문화간 의사소통』(한국문화사, 2011), 23~24쪽.

24 래리 사모바 · 리처드 포터, 앞의 책, 250쪽.

25 김정은, 앞의 책, 29~30쪽.

2부

성과 남녀
관계

intercultural
communication

강준만

신문방송학과 교수

왜 미국인은
섹스 스캔들에 집착하나

정치인의 섹스 스캔들에 대한 문화적 차이

■   **섹스 스캔들의 산업화**

2012년 8월 6일 새누리당 대선 경선 후보 박근혜는 서울 지역 합동 연설
회에서 "내가 네거티브에 너무 시달려서 '멘붕'(멘탈 붕괴: 어처구니가 없
고 당혹스럽다는 뜻의 신조어)이 올 지경"이라고 말했다. 도대체 어떤 네거
티브 때문에 멘붕이 올 지경이란 말인가?

"대표적인 경우가 박 후보의 '출산설'이다. 이미 5년 전 대선 경선 때
'박 후보를 목욕탕에서 본 여성이 있는데, 박 후보가 출산 경험을 한 몸
이었다고 하더라', '경남 어딘가에 가면 박 후보를 빼닮은 딸아이가 있
다더라'는 괴소문이 나돌았고, 박 후보는 당시 '그 아이를 데려오면 내
가 (친자 확인을 위해) DNA 검사를 해주겠다'고 했었다. 하지만 출산설은

요즘 들어와서 더 '변형 발전' 됐다. '서른 살쯤 된 박 후보의 딸이 일본에 산다더라', '알고 보니 딸이 아니라 아들이라고 하더라' 는 소문이 이어지고 있다. 최근엔 박 후보의 5촌 조카인 가수 출신 방송인 은지원 씨가 박 후보의 아들이란 괴소문이 인터넷을 통해 퍼지기도 했다. …… 박근혜 캠프의 한 관계자는 '이런 음해성 유언비어를 다 종합하면 박 후보한테 자녀가 3~4명은 돼야 한다' 며 '어쩔 수 없이 법적 대응으로 맞설 수밖에 없는 상황' 이라고 했다. 실제로 박 후보 측은 김영삼 전 대통령의 차남 김현철 씨가 지난달 『월간중앙』 인터뷰에서 '박근혜 30년 전 출산설' 을 언급한 것으로 보도된 데 대해 명예훼손 혐의로 김 씨를 고소하는 방안을 검토하고 있다."[1]

2012년 8월 7일자 『조선일보』의 이 기사를 접하면서 유력 정치인의 '성性 문제' 가 다뤄지는 방식의 국가별 차이에 새삼 관심을 갖게 되었다. 한국은 묘한 나라다. 남성 정치인의 '섹스 스캔들' 이 큰 이슈로 다뤄지는 적은 거의 없다. 유언비어에 속하는 '사생아 논란' 만 몇 차례 가볍게 불거졌을 뿐이다.

세계에서 정치인의 섹스 스캔들이 가장 자주, 그것도 매우 큰 이슈로 부각되곤 하는 대표적인 나라는 단연 미국이다. 유력 정치인의 섹스 스캔들이 일어나면 언론과 출판이 '올인' 하면서 수십억 달러 규모에 이르는 시장이 형성된다. 하나의 큰 산업인 셈이다. 국민의 알 권리를 빙자한, 합법적인 '연성 포르노 산업' 이라고 해도 좋을 정도다.

빌 클린턴Bill Clinton 대통령의 섹스 스캔들, 즉 '지퍼 게이트' 가 불거졌을 때인 1997년 말 일본의 『아사히신문』은 미국 여론조사 기관인 해리스

왜 미국인은 섹스 스캔들에 집착하나

사의 도움을 얻어 미―일 양국 국민의 남녀 관계를 테마로 공동 조사를 실시했다. 이 조사에서 '결혼한 사람이 배우자 이외의 상대와 연애하는 것에 대해 어떻게 생각하는가' 라는 질문에 대해 일본인은 48퍼센트가 '어떤 경우에도 용납할 수 없다', 45퍼센트가 '용납할 수 있다' 고 답한 반면, 미국인은 75퍼센트가 '용납할 수 없다' 고 답했다. 또 '호감이 가는 사람에게 불륜의 유혹을 받는다면 어떻게 하겠느냐' 는 물음에 대해서는 일본인의 34퍼센트가 '마음이 움직일 것', 56퍼센트가 '흔들리지 않는다' 고 했으나, 미국인은 67퍼센트가 '전혀 응하지 않을 것' 이라고 했다.[2]

　미국인이 그런 보수적인 섹스관을 갖고 있는 만큼 더더욱 구경거리로서의 섹스에 대해 탐닉하는 건 당연하지 않을까? 아닌 게 아니라 시카고 대학의 한 조사기관이 조사한 바에 따르면, 미국인은 전 세계에서 가장 '말로만' 섹스하기를 좋아하며, 침대에서 섹스를 하는 것보다는 텔레비전을 보며 남의 섹스를 감상하는 것을 선호하는 국민이라고 한다.

　이에 대해 한 미국인은 "미국이 완벽한 체형을 가져야 성적 매력이 있다는 심리를 조장하는 사회이다 보니 배우들을 보며 대리 만족을 얻는 것 같다" 고 말했다. 미국인이 전 세계에서 가장 말로만 섹스하기를 좋아하는 게 사실이라면, 대통령의 섹스 스캔들이야말로 미국인이 절대 놓치고 싶어 하지 않는 스펙터클이었음이 틀림없다고 할 수 있겠다.

미국의 '섹스 중독' 대통령들

그런데 과연 그런 걸까? 미국사를 자세히 살펴보면 한 가지 놀라운 사실이 발견되는데, 그건 역대 대통령 가운데 섹스 스캔들을 저지르지 않은 대통령이 거의 없다는 점이다. 물론 당시엔 스캔들로 비화되지 않은 채, 훗날 알려진 사건들이다.

특히 존 F. 케네디John F. Kennedy는 클린턴을 능가하는 '섹스 중독자'였다. 독신 때부터 바람둥이로 유명했던 그는 재키와의 결혼 생활 중에도 끊임없이 여자를 찾았다. 그 수가 너무 많아 그들의 이름조차 기억하지 못할 정도였는데, 수백 명에 이르는 것으로 추산된다. 케네디는 백악관에 밀회 장소를 만들어놓고 섹스 파티를 벌여서 경호원들에게 굴욕감을 주는 것도 아랑곳하지 않았다. 대통령의 신분임에도 유명한 마피아 갱의 여자 친구와 섹스를 해 협박을 받을 정도로 무모했다.[3]

케네디도 자신이 섹스 중독이라는 걸 알고 있었던 것 같다. 그는 영국 수상 해럴드 맥밀런Harold Macmillan에게 사흘 이상 섹스를 하지 않으면 두통이 생긴다는 말을 스스럼없이 할 정도였으니 말이다.[4] 상원의원인 조지 스매서스George Smathers는 "케네디는 여자 뒤를 쫓는 일이라면 물 위를 걸어갈 수도 있다고 생각했다"고 회고했다.[5] 케네디의 고문이던 시어도어 소렌슨Theodore Sorenson은 "이 정부는 아이젠하워 정부가 골프에 미쳐 있던 것보다 더 심하게 섹스에 미쳐 있다"고 말했다.[6]

케네디보다 횟수는 적었을지 몰라도 그의 후임자인 린든 존슨Lyndon Johnson 역시 못 말리는 색골이었다. 대통령 집무실은 물론 심지어 대통령 전용기 안에서도 여비서와 섹스를 했다고 한다. 『월스트리트저널』과 『워싱턴포스트』의 기자 출신인 로널드 케슬러Ronald Kessler의 다음과 같은 말을 믿어야 할지 모르겠다.

"존슨은 자신의 섹스 파트너를 모두 손수 백악관 직원 중에서 직접 간택했다. 이렇게 해서 뽑은 8명의 여비서 중 5명이 결국 그의 '애첩'이 됐다. 여기엔 어느 날 갑자기 공보 담당의 비서에서 대통령 여비서로 발탁된 케이스도 포함돼 있다. 지금은 문을 닫은 『워싱턴스타』지의 여기자는 다른 기자들과는 달리 대통령 집무실인 오벌 오피스로의 출입이 허용됐다. 백악관 직원들은 '그녀가 굳게 잠겼던 집무실 문을 열고 나오기 직전에는 늘 화장실에서 물 내리는 소리가 났다'고 말했다."[7]

대담한 정도를 넘어 무모한 섹스 파티였다. 그런 '배짱'이 있어야 대통령을 할 수 있는 건가? 정도의 차이일 뿐 '섹스 스캔들'이 없는 대통령은 거의 없잖은가. 그런 게 지도자의 속성인가? 아니면 미국 대통령들의 섹스 탐욕은 일반적인 미국인의 성 생활을 말해주는 것인가?

■ 개신교 문화와 가톨릭 문화의 차이 때문인가

공인의 섹스 스캔들에 관대한 문화를 갖고 있는 프랑스 언론은 "클린턴이 성희롱의 희생양이 되고 있다"며 미국 언론을 비난했다지만, 나라마다 즐기는 스펙터클의 종류가 다를 뿐 프랑스엔 스펙터클에 굶주린 대중의 광기가 없겠는가?

프랑스의 『르몽드』는 클린턴의 섹스 스캔들을 조사한 '스타 보고서'가 공개되기 이전부터 '지퍼 게이트'를 "역겹고 우스꽝스러운 정치·사법적 서사극"이라고 비판했으며, "소위 특별검사는 행정부에 대한 수사 집행권을 가짐으로써 집권 권력과 견제 권력 사이의 균형을 이루어 미국민주주의의 토대를 다져왔던 것"이지만 "스타 검사의 스캔들 조사는 사법부 독립성을 과시했다기보다 광신적 파당적 사법 절차를 생각나게 한다"고 했다. 『르몽드』는 1998년 9월 11일 '스타 보고서'가 공개된 이후에도 '역사의 회귀'란 사설에서 "지금까지 패권적 양상으로 세계를 석권해온 미국식 자본주의 경제와 맥도날드 햄버거로 대표되는 미국식 문화가 지난 수개월 동안 스스로 종지부를 찍고 있다"고 주장했다.

그러나 그런 『르몽드』마저 '스타 보고서'를 요약해 16쪽에 달하는 별쇄 증보판을 발행했다. 『르몽드』는 일주일간 독자 항의에 시달린 끝에 그것이 '상업적 계산'이었다는 걸 실토했다. 보고서가 공개되기를 기다렸다가 기자 및 번역가 25명을 동원, 밤샘 작업 끝에 이튿날 증보면을 낼 수 있었다고 털어놓은 것이다. 그러나 『르몽드』에 돌을 던질 사람도 그리 많진 않았을 것이다. 『르몽드』의 그날치 유가 판매 부수는 평소보다 20.8퍼센트 늘어난 64만 6,000부를 기록했고, 『르몽드』웹사이트는 모두 15만 6,000건의 방문을 기록했기 때문이다. 이는 프랑스가 월드컵에서 우승했던 같은 해 7월 13일의 기록을 능가한 것이었다. '지퍼 게이트'는 세계인들이 "미국은 참 이상한 나라야!" 하고 손가락질하면서도 미국의 그 이상한 짓을 몹시 즐기는 세계적인, 그리고 세기말적인 이벤트였던 셈이다.[8]

그런 이중성을 보였을망정 프랑스 언론은 미국에서 정치인의 섹스 스캔들이 벌어질 때마다 일관되게 그걸 비웃는 논조를 보여왔다. 이를 종교·문화적 차이에서 비롯된 것으로 보는 시각이 있다. "개신교 문화권인 미국과 영국에서 정치인은 공적인 영역에서만큼이나 사생활에서도 숨길 게 없는 것을 이상으로 삼는다. 정치인이 잡지에 등장해 '인간적인 모습'을 보여주면 유권자로부터 더 큰 신뢰를 얻을 수 있다는 생각도 강하다. 그러나 가톨릭 문화권으로 공사를 엄밀히 구분하는 프랑스에서는 최근까지 정치인의 사생활이 뉴스의 대상이 되지 못했다. 프랑수아 미테랑 전 대통령에게 숨겨놓은 딸이 있다는 사실이 임기 말에 드러났지만 당시엔 그 같은 사실을 다루는 것 자체가 비판을 받았다."[9]

언론 상업주의 차이 때문인가

그런 프랑스에도 변화의 바람이 불고 있다. 2008년경부터 정치인의 사생활이 새롭게 뉴스의 초점이 되면서 유명인celebrity을 다루는 잡지가 급성장세를 보인 것이다. 영어 피플People에서 나온 피폴리자시옹pipolisation이란 신조어까지 생겼고 이 새로운 현상에 대한 분석 기사도 심심찮게 등장했다. '정치인 사생활 관심' 붐의 결정적인 계기는 니콜라 사르코지 대통령 주변에서 나왔다.

2005년 8월 당시 그의 부인이던 세실리아가 새 애인과 함께 있는 모습을 찍은 파파라치의 사진이 『파리 마치』에 실렸는데, 이는 '언론이 처음으로 당사자의 허가를 받지 않고 정치인 주변의 사생활을 드러낸 사건'으로 기록됐다. 매달 약 47만 부를 찍는 『클로저』라는 잡지는 2007년 당시 사회당 당수 프랑수아 올랑드Franois Hollande와 그의 새 애인을 찍은 사진을 실으면서 70만 부를 찍어 이 분야의 최고 인쇄 부수 기록을 세우기도 했다.[10]

왜 그렇게 바뀐 걸까? 프랑스 언론의 위기가 그 어떤 임계점에 이르러 일종의 돌파구로 그런 변화가 나타나게 되었다는 가설이 가능하다. 프랑스 신문은 구조적으로 매우 취약하다. 최대 전국지인『르몽드』의 1일 발행 부수가 35만 9,000부(2007년 기준), 프랑스 내 전국지의 발행 부수는 다 합쳐도 800만 부에 불과해 영국(1,650만 부)과 독일(2,400만 부)에 비할 바가 못 된다. 당연히 전국지의 광고 시장 규모도 영국의 4분의 1 수준에 불과하다. 반면 신문 발행 비용은 제일 비싸다. 공산주의 계열의 인쇄노조가 전국지 인쇄를 장악해 잡지나 다른 매체보다 두 배 비싼 비용으로 신문을 만들어내기 때문이다. 또 시내 가판대는 오후 6~7시면 문을 닫아 사르코지 대통령이 "시내에서도 신문 사기가 참 힘들다"고 불평할 정도였다. 사르코지가 "강력한 언론의 출현을 돕겠다"며 발 벗고 나설 지경이었는데,[11] 바로 그런 상황에서 '섹스'를 판매하는 상업주의도 서서히 고개를 쳐들게 된 건 아닐까?

이 가설이 타당하다면, 미국과 프랑스의 차이는 종교 · 문화적인 것이라기보다는 언론의 상업주의가 얼마나 더 치열한가 하는 데서 나타나는 것으로 보아야 할 것이다. 앞으로 프랑스 언론이 계속 미국 언론의 사생활 보도 양식을 따라갈 것인지는 더 두고 볼 일이지만, 최근 일어난 프랑스 의회에서의 성희롱 사건은 프랑스 문화가 꼭 좋은 것만은 아니라는 걸 말해주기에 족하다. 이 사건의 전말은 이렇다.

2012년 7월 17일 프랑스 의회 본회의장에서 푸른 꽃무늬가 새겨진 하얀 원피스를 입은 세실 뒤플로(37세) 주택부 장관이 업무 보고를 하기 위해 단상에 서자 갑자기 휘파람과 야유가 쏟아졌다. 남성 의원들이 내는

왜 미국인은 섹스 스캔들에 집착하나

소리였다. 잠시 머뭇거리던 뒤플로는 이내 목소리를 가다듬고 준비한 도시 개발 프로젝트에 대한 설명을 이어갔지만 발언 내내 휘파람 소리는 멈추지 않았다. 방송을 통해 이 장면이 생중계되고 프랑스 언론들이 이를 헤드라인 뉴스로 다루자 남성 의원들의 부적절한 처신에 대한 비판이 일었다. 그러자 휘파람을 분 남성 의원들은 오히려 "아름다운 여성에게 경의를 표한 것", "야유가 아니라 찬사였을 뿐" 등의 뻔뻔한 대답을 내놨다나.[12]

베를루스코니의 섹스 스캔들

이탈리아 총리를 세 번 지낸 실비오 베를루스코니Silvio Berlusconi의 섹스 스캔들은 전 세계 현대 정치 지도자들의 섹스 스캔들 가운데 최악의 것이었지만, 그게 그에게 별 타격을 미치지 않은 것 같아 흥미롭다.

베를루스코니의 섹스 스캔들은 한두 건이 아니어서 무엇부터 말해야 할지 헷갈리지만, 가장 충격적인 사건은 아마도 2011년 9월 19일 그가 '뚜쟁이' 타란티니와 주고받은 적나라한 전화 통화 내용 기록이 공개돼 일어난 파문일 것이다.

통화 내용 중에는 2009년 1월 베를루스코니 총리가 타란티니에게 "어젯밤에 11명이 문 밖에서 기다리고 있었지만……. 하는 수 없이 8명하고만 했지"라고 말한 내용이 포함됐다. 비교적 단신인 그는 "키 큰 여성은 사절"이라고 타란티니에게 부탁하거나 29세 매춘부에 대해서는 "나이가 들었다"고 말한 내용도 고스란히 담겼다. 베를루스코니는 "공적 임무 때문에 나를 흠모하는 여성들과 더 시간을 보내지 못해 불만"이라며 "나는 남는 시간에 취미로 총리직을 한다"는 말도 서슴없이 했다.

이와 함께 자신의 사저에 40명의 여성이 묵고 있다고 자랑하는가 하면, 타란티니에게 다음번에는 누구를 데려다줄 것인지 묻는 내용도 담겨 있었다. 통화 기록에 언급된 여성들은 성 상납을 대가로 주목을 받고 싶어 하는 신인 배우나 기상 캐스터, 모델들로 대부분 그가 벌인 '환락 파티'에 참석했다. 이 같은 통화 내용이 밝혀지자 이탈리아 야당 지도부는 총리의 '권력 남용' 여부에 대한 긴급 조사를 촉구했다.[13]

그러나 베를루스코니에게 닥친 정치적 위기의 문제는 '섹스 스캔들'이나 '권력 남용'이 아니라 경제였다. 유로존 위기가 이탈리아까지 덮친 것이다. 그래서 그는 결국 2011년 11월에 총리직에서 물러나긴 했지만, 다시 총리가 되겠다고 벼르고 있다. 2012년 7월 16일 베를루스코니는 독일 일간지 『빌트』와의 인터뷰에서 "다시 정치권으로 돌아와달라는 단호한 요청이 자주 들어오고 있다"며 "(내가 이끌던) 자유국민당의 기대를 저버리지 않을 것"이라고 말했다.[14]

베를루스코니가 다시 총리가 될 수 있을지 모르겠지만, 그가 총리가 되는 데엔 섹스 스캔들이 치명적인 결격 사유가 못 된다는 건 분명한 것 같다. 2009년 5월 베를루스코니가 총리로서 75퍼센트라는 매우 높은 지지도를 누리고 있을 때, 이탈리아 칼럼니스트이며 『이탈리아인의 마음』의 저자인 베페 세베르니니Beppe Severgnini는 베를루스코니가 수많은 실언과 기행에도 불구하고 그렇게 높은 지지도를 누리는 이유에 대해 "'책임'이란 단어는 이탈리아어로 번역하기가 어렵다The word 'accountability' doesn't translate well into Italian"고 비꼬았다.

세베르니니는 "총리는 축구를 사랑하고, 밤에는 예쁜 여자들과 데이트도 한다"며 "대부분의 이탈리아인이 총리를 '우리 중 한 명'으로 여긴다"고 말했다. 영국의 『가디언』도 "예쁜 여성을 노골적으로 좋아하고, 규칙을 지키지 않고, 뻔뻔하고 냉소적인 면을 보이는 총리에서 많은 이탈리아인은 바로 자신의 모습을 본다"고 분석했다.[15]

일본과 한국의 이중성

어느 나라의 성 문화든 다 이중성을 갖기 마련이지만, 이에 관한 한 일본은 그 어느 나라 못지않다. 클린턴의 '지퍼 게이트' 당시 섹스에 밝은 일본 언론도 흥분했다. 저널리스트 모리소노 미루쿠는 "클린턴 대통령이 일본을 방문하면 일본 정부는 '밤 접대'를 하는 것이 좋겠다. 빈곤한 플레이밖에 하지 못하는 클린턴 대통령을 요정에 안내해주면 대단히 좋아할 것이다. 아마 그렇게 하면 미일 수뇌회담도 순조롭게 풀릴 것이다"고 주장했다. 일본 작가 마루시게 준은 "한마디로 클린턴 대통령은 테크닉이 부족하다. 애무는 항상 한 가지 패턴뿐이고 손을 대는 곳도 가슴과 성기뿐이다. 게다가 르윈스키의 그곳에 시가를 넣었다가 '맛있군'이라는 말을 하다니 웃음밖에 나오지 않는다"고 말했다.[16]

이렇게 말을 함부로 해대는 나라이니, 정치인의 섹스 스캔들을 이슈로 삼을 리 만무하다. 일본은 프랑스 이상으로 미국의 섹스 스캔들을 비웃는 나라지만, 그 이유는 프랑스와는 좀 다른 것 같다. 1990년 『니혼게이

자이』는 미국에서 유력 정치인이 섹스 스캔들로 곤욕을 치르는 걸 거론하면서 "술과 여자와 정치를 신중하게 융합하는 능력이 여기서는 사내다운 주변머리의 상징이 되고 있다. 바람둥이 정치가도 너무 무분별하게 하지 않는 한 사회의 지탄을 면할 수 있다"며 다음과 같이 말했다.

"미국의 정치가나 관료는 공사를 불문하고 그 사생활에 있어서 민중의 신뢰를 받을 만한 인간이라는 것을 입증해야 한다. 지위가 높으면 높을수록 그러한 기준은 엄하게 된다. 그러나 일본인은 전혀 다른 위치에 서서 행동해왔다. 미국의 파워 엘리트가 허황 속에서 살고 있다면 일본의 그들은 알몸이 서로 보이는 대중탕에 살고 있는 셈이다."[17]

중국은 어떨까? 스캔들이라고 할 것도 없다. 부패 혐의로 처벌받은 중국 관리의 95퍼센트가 정부情婦를 뒀다고 하니 더 말해 무엇하랴. 낙마한 대다수 부패 관리는 첩과 관련된 추문醜聞이 인터넷 등에서 먼저 불거지고 이어 사정 당국의 조사로 숨겨놓은 재산이 들통 나는 수순을 밟았는데, 현재 중국에선 첩이 없으면 '폐물廢物', 첩이 2~3명이면 '인물人物', 첩이 5~6명이면 '동물動物'이란 소리를 듣는다고 한다. 특히 최근 첩들은 과거처럼 얼굴을 숨기지 않고 관리와 사이가 틀어지면 부패 사실을 인터넷에 올리거나 심지어 관리의 아이를 안고 근무지에 나타난다나.[18]

한국은 일본형에 가깝다고 보아야 할 것이다. 사실 한국에선 섹스 스캔들 운운할 것도 없이, 그 이전에 룸살롱 문화가 문제다. 한국은 '룸살롱 공화국'이라고 해도 과언이 아닐 정도로 룸살롱이 문화의 한 원형으로 자리 잡은 나라다.[19] 예컨대 많은 정치적 밀담이 룸살롱에서 이루어지는데, 언론이 이 문화에 관대한 것은 고위 언론인들 역시 룸살롱을 너무도 사랑하는 '공범'이기 때문일 것이다.

주

1 김봉기, 「박근혜, 이틀째 "네거티브에 너무 시달려 멘붕"」, 『조선일보』, 2012년 8월 7일.

2 이진, 「'불륜은 최악의 배신'」, 『뉴스플러스』, 1998년 2월 19일, 58~59면.

3 윌리엄 라이딩스 2세(William J. Ridings, Jr.)·스튜어트 매기버(Stuart B. McIver), 김형곤 옮김, 『위대한 대통령 끔찍한 대통령』(한언, 2000); 리처드 솅크먼(Richard Shenkman), 이종인 옮김, 『미국사의 전설, 거짓말, 날조된 신화』(미래M&B, 2003).

4 데이비드 거겐(David Gergen), 서율택 옮김, 『CEO 대통령의 7가지 리더십: 리처드 닉슨에서부터 빌 클린턴까지』(스테디북, 2002).

5 앤터니 서머스(Anthony Summers), 정형근 옮김, 『조작된 신화: 존 에드거 후버(전 2권)』(고려원, 1995).

6 피터 해리 브라운(Peter Harry Brown)·패트 B. 바햄(Patte B. Barham), 김순하·김재윤 옮김, 『마릴린 먼로의 마지막 14주(전 2권)』(한언, 1994).

7 로널드 케슬러, 임홍빈 옮김, 『벌거벗은 대통령 각하』(문학사상사, 1997); 이철민, 「미 역대 대통령들의 스캔들: 베일 뒤에 가려진 사생활 파헤친 '백악관의 내부'」, 『주간조선』, 1995년 6월 22일, 42~46면.

8 정동선, 「소문난 변강쇠 테크닉은 수준 이하: 섹스왕국 일본 성전문가가 본 클린턴 섹스」, 『일요신문』, 1998년 10월 18일, 42면.

9 송평인, 「"정치인 사생활이 궁금해": 佛 유명인 다루는 잡지 급성장세」, 『동아일보』, 2008년 7월 17일.

10 송평인, 앞의 기사.

11 강경희, 「佛 사르코지 "강력한 언론의 출현 돕겠다": '신문 재정위기 타개' 합동토론회 제안」, 『조선일보』, 2008년 8월 7일.

12 유지혜, 「두 얼굴의 프랑스 의회」, 『중앙일보』, 2012년 7월 26일.

13 장원수, 「伊 베를루스코니 총리 "하룻밤에 여자 8명과 잤다"」, 『한국아이닷컴』, 2011년 9월 19일.

14 유지혜, 「정계 복귀 '찔러보는' 베를루스코니」, 『중앙일보』, 2012년 7월 18일.

15 Beppe Severgnini, An Italian Mirror, *Time*, May 11, 2009, p. 15; 김연주, 「"이탈리아인들은 베를루스코니 총리를 부러워한다"」, 『조선일보』, 2009년 5월 5일.

16 정동선, 앞의 기사.

17 프리드맨 바투(Friedemann Bartu), 김순호 옮김, 『추악한 일본인』(이목, 1993/1995), 272쪽.

18 안용현, 「특파원 저널] 中관리 애첩은 '부패 척결 의용군'?」, 『조선일보』, 2013년 1월 18일.

19 강준만, 『룸살롱공화국: 부패와 향락, 패거리의 요새 밀실접대 65년의 기록』(인물과사상사, 2011).

강찬구

신문방송학과 대학원 박사 과정1

왜 한국 남성 관광객은
성인클럽에 열광하나

세계 각국의 성인클럽 문화

호기심은 행복과 아이디어의 근원

검은 장막으로 가려진 공간에 작은 문이 달려 있고, 그 옆에 '절대 들여다보지 마시오'라는 문구까지 적혀 있다면 당신은 그냥 지나칠 수 있겠는가? 아무리 무심한 사람이라도 잠시 발걸음을 멈추거나 한 번쯤 시선을 주기 마련이다. 문을 살짝 열어 들여다보고 싶은 충동까지 거부할 수는 없을 것이다. 우리의 호기심이 그냥 지나치게 내버려 두지 않는다.

호기심은 우리의 행복과 밀접한 관련을 갖고 있다는 것이 정설로 통한다. 미국 조지메이슨대 심리학과 교수이며 긍정심리학 운동의 대표주자로 손꼽히는 토드 카시단Todd Kashdan은 호기심이 충만한 사람은 새로운 일을 시도하거나 신념에 어긋나는 사실에 직면할 때 상당히 유연한 태도를 보인다고 말한다. 역사적으로 사업과 학문 분야에서 큰 업적을 이룬 사람들이 대부분 호기심이 많은 사람들이라는 건 결코 우연이 아니다.[2] 카시단은 다음과 같이 말한다.

"호기심의 혜택은 우리의 삶 곳곳에 영향을 미친다. 우선 남다른 호기심을 발휘하면서 얻는 혜택들 중 과학적으로 입증된 큰 혜택 다섯 가지에 주목해보자. 이 다섯 가지 큰 혜택은 어디서, 어떤 삶을 살든, 인생의 목표가 무엇이든 우리의 삶에 좋은 영향을 미친다. 호기심 많은 사람이 건강하다, 호기심이 높으면 더 똑똑해진다, 삶의 의미로 통하는 진입점이 된다, 사회적 관계를 더 풍요롭게 만들어준다, 행복을 만들고 오래도록 유지하게 해준다."[3]

미국의 경영 전문가 매튜 메이Matthew E. May는 호기심을 자극해야 아이디어를 얻을 수 있다고 조언한다. 아이디어를 얻기 위해서는 호기심이 발동해야 한다는 것이다. 그는 이렇게 말한다. "사람들은 지배적인 정보와 일치하지 않은 정보를 접하는 순간, 불편함을 느낀다. 그리고 이러한 불편은 호기심으로 이어진다. 호기심이란 불편함을 느끼게 하는 차이를 좁히려는 욕망이다."[4]

서론이 다소 장황해졌지만, 한국인끼리, 특히 장년층의 한국 남성들이 단체로 외국을 여행할 경우 이 왕성한 호기심은 엉뚱한 곳으로 발현되기도 한다. 여행은 본래 호기심에서 시작된다. 단순하게 보자면 내가 모르는 것들을 알고 싶고, 보고 싶다는 목적에서 출발한다. 한국 사람들은 공항을 떠날 때부터 많은 것을 배워오겠다는 학구열을 불태우고, 또 지나치게 왕성한 호기심을 발휘해 외국에서 이따금 문제를 일으키기도 한다.

세계 각국의 성인클럽 문화

여행길에서는 보이는 것만으로 성이 차지 않는다. 보지 말라는 것을 보아야만 본전을 뽑았다는 만족감을 가질 수 있다.

이 같은 호기심이 외국인들 눈에도 신기하게 보이는 모양이다. 한국인의 호기심과 관련해 『동아일보』 허엽 기자는 "출장 중 비행기에서 만난 한 호주인은 '공항에서 두리번거리는 이들은 거의 한국인들'이라며 '소란스럽긴 해도 그 에너지와 호기심이 한국의 동력'이라고 말했다. 두리번거리는 한국인을 꼴불견이라고 여겼던 기자는 그의 말에서 발상의 전환을 실감했다"고 밝혔다.[5]

허리띠로 표시되는 경계의 미학

여행지에서 호기심에 가득 차 장막을 들추고 들여다보는 곳 가운데 하나가 성인쇼다. 성인클럽은 남성이 있는 곳에 존재한다. 특히 중장년층의 남성들이 호기심을 발산하는 곳이다. 내용이야 조금씩 차이를 보이지만 인간이 가지고 있는 본능적인 호기심을 염두에 둔 것이며, 호기심의 발현이라고 볼 수 있는 '엿보기', '훔쳐보기'가 작동한 것임을 부정할 수는 없을 것이다.

들여다보지 말라는 그 장막 안에는 무엇이 있을까? 그곳에서는 금기시된 일들이 펼쳐질 것이 분명하다. 드러내지 못할 일들이 벌어지고 있다는 상상을 하면서 장막을 들춰보게 되는 것이다. 물론 경제적 부담을 감수해야만 한다. 들춰보지 말라는 경고를 통해 호기심을 자극하고, '엿보기' 심리를 충동질하는 일종의 상술도 포함돼 있다. 내용의 차이는 민족성이나 성 풍속과도 밀접한 관련이 있을 것으로 보인다. 대부분 누드로 이뤄지지만 지역과 나라에 따라 차이를 갖고 있다.

성인쇼가 남성을 대상으로 한 것은 물론 관객이 남성이라는 기본적인 수요와 공급에 따른 것이겠지만 좀 더 의미 있는 해석을 붙일 수도 있겠다. 이 방면의 대가라 할 조르주 바타유George Bataille의 말을 들어보자. "성적 제한은 시대와 장소에 따라 크게 다르다. 모든 민족들이 성기를 숨길 필요성을 같은 정도로 느끼지는 않는다. 그러나 발기된 남성의 성기를 보이지 않는 것은 일반적인 것이다. 그리고 대개 남녀가 결합할 때는 숨는다. 서구 문명에서, 나체는 아주 중대하고도 보편적인 금기 대상이 되었다. 옛날에는 별것 아니던 것이 오늘날에는 문제시된다."[6]

'허리띠를 푼다'는 말에 대한 피에르 부르디외Pierre Bourdieu의 해석도 흥미롭다. 그는 허리띠를 '성행위의 인식을 구조화하는 표상들은 상체와 하체로 나뉜다'는 전제 아래, "허리띠로 표시되는 경계는 닫힘의 기호이자 적어도 여자에 있어서 순수와 불순 사이의 상징적인 한계"라고 정의한다.[7] 이어 부르디외는 그 '경계'는 오늘날 남자 산부인과 의사가 여성의 질 검사를 하는 방식에서도 나타난다며, 다음과 같이 말한다.

"상징적으로 또한 실제적으로 산부인과 검진이 갖는 잠재적으로 성적인 모든 내포 의미를 중화하는 것이 문제인 만큼, 의사는 결코 동시에 처다볼 수 없도록 허리띠로 상징되는 공공적 인물과 질 사이의 경계를 유지하려 드는 진정한 제식에 따른다. 그래서 우선 의사는 환자와 대면하여 말하고, 그다음 검진할 환자가 간호사가 있는 앞에서 옷을 벗고 난 후, 의사는 간호사의 참관하에 그에게 지적 사항을 건네면서 상체를 천으로 가리고 누운 환자의 몸을 진찰하는데, 환자와 분리된 것처럼 그래서 사물의 상태로 축소되어진 질을 간호사가 있는 데서 검진하며, 간호사에게 환자에 대하여 제3인칭으로 말하면서 검진 사항을 전달한다. 마침내 제3단계에서 의사는 옷을 다시 입은 여자에게 간호사가 동석하지 않은 채로 다시금 말을 건넨다."[8]

이 미묘하고도 섬세한 문제는 전혀 다른 곳에서 전복된 형태로 새로운 '경계의 미학'을 드러내며 나타난다. 바로 성인클럽이다. 성인클럽은 성적 금기가 풀린 곳이다. 서구권에서는 대부분 여성의 몸을 보여주는 형태가 일반적이지만 동양권은 남녀의 행위를 보여주는 클럽도 적지 않다. '19금'으로 돼 있는 쇼는 대부분 누드로 이뤄진다. 누드는 단순한 알몸과 달리 보여주기 위한 알몸이다. 이런 곳들은 일체의 사진 촬영이 금지돼 있다. 그래서 안을 들여다보아야만 알 수 있다. 들춰보지 말라는 장막 안은, 특히 한국인에게는 '호기심 천국'인 것이다.

하와이 성인클럽의 추억

하와이는 천혜의 환경 덕분에 사시사철 관광객이 몰린다. 연중 내내 우리나라의 초여름 같은 기후가 계속된다. 햇살은 따갑지만 나무 그늘은 선선하다. 무역풍이 섬 중앙의 숲을 거쳐 해안으로 내려오기 때문에 바람도 상쾌하다. 하와이의 낭만과 망망대해 태평양이 주는 설렘. 그리고 시내 길거리에서도 마주치는 세계 각국 인종들의 초미니 비키니에 눈만 호사한 터라 마음이 부풀어 오르게 된다.

와이키키 해변에 어둠이 깔리면 주변 상가는 쇼핑 천국이 된다. 세계적인 명품 매장들이 조명을 밝히고, 길거리는 관광객으로 가득 찬다. 돈이 있는 곳에는 여자도 몰리는 법이다. 쇼핑가를 걷다 보면 다양한 인종의 길거리 여인들이 관광객을 유혹한다. 몸이 달아오를 만도 하다.

그렇다고 그 여성들을 따라갈 용기도 없는 사람들이 객고를 풀기 위해 가이드를 조르고, 그래서 가게 되는 곳이 바로 성인클럽이다. 호기심은 넘치지만 문 안으로 들어가는 것은 겁이 나고, 대신 구멍을 들여다보는 것으로 위안을 삼는 그런 부류의 소심한 행위다.

그 장막 안은 현실과 유리된 상상의 세계다. 들어가기 전에 '절대로 사진을 찍으면 안 되고, 여성에게 손을 대면 안 된다. 쇼가 끝나면 1달러를 팁으로 줘라. 규칙을 어기면 쫓겨나게 되므로 조심해야 한다. 쑥스럽다고 웃지 말고 마음 편안하게 즐겨라' 라는 설명을 들어야 하는 세계다. 입장료와 별도로, 입장하기 전에 개인별로 1달러짜리로 20~30달러를 준비했다. 궁금증은 더 커지기 마련이다.

클럽 내부는 외부와는 완전히 격리된 별천지다. 그리 넓지 않은 실내에 'ㄹ'자 형태의 무대가 설치돼 있고, 10여 명의 무희가 흩어져 춤을 추고 있다. 무대는 폭 1.5미터 정도로 패션쇼의 런웨이를 연상하게 한다. 무대 바닥에서는 푸른 형광등 빛이 환하다. 그 무대 위에서 실오라기 하나 걸치지 않은 여성들이 춤을 추고 있다. 인종도 다양하다. 아프리카 흑인과 남미, 동양계를 비롯해 금발의 서구 여성까지……

손님들은 맥주 한 잔을 들고 런웨이 옆에 자리를 잡는다. 손님은 일본과 한국에서 온 남성 관광객이 대부분이다. 자리를 잡고 앉으면 무희가 런웨이를 걸어 앞으로 오고, 흘러나오는 음악에 맞춰 노래 한 곡이 끝날 때까지 한 사람을 위한 쇼를 한다. 춤은 거칠 것이 없다. 적나라하다. 그녀의 몸과 손님 사이는 30센티미터도 안 된다. 쑥스럽고 가슴이 떨려서 바로 보기 어려울 지경이다. 그녀는 스스로 즐기면서 최선을 다해 춤을 춘다.

한 곡이 끝나면 그녀는 자신의 허벅지에 찬 밴드를 손가락으로 살짝 치켜든다. 당신을 위한 무대가 끝났다는 사인이다. 그곳엔 이미 많은 1달러 지폐가 끼워져 있다. 미리 준비한 1달러의 용도를 깨닫는 순간이다. 1달러를 찔러주면, 그녀는 미소를 남기고 옆자리 손님 앞으로 이동한다. 곧바로 다른 여성이 나타난다. 자신만의 쇼가 시작되고, 다시 1달러를 찔러주면서 끝이 나는 것이다. 그녀들은 밀물처럼 밀려온다.

동행자 가운데 한 사람이 1달러를 준다는 것이 얼떨결에 10달러짜리를 찔러주고 말았다. 그가 10달러임을 알고 다시 집으려 할 때 그녀는 살짝 몸을 돌려 그의 손을 피해갔다. 그녀는 돈 많은 동양 아저씨라고 생각했을지 모르지만 당사자는 10명분을 1명에게 털렸으니 서운했을 법했다. 이 일은 두고두고 얘깃거리가 되기도 했다.

준비한 1달러짜리가 바닥나면 일어나게 된다. 적응이 될 만하면 일어서게 되지만 더 이상 보고 싶다는 생각이 크지는 않다. 들여다보지 말라는 구멍 속을 이미 다 보아버린 느낌. 그래서 크게 미련도 없다. 호기심이 충족됐다는 듯 툴툴 털고 일어선다. 들춰보지 말라는 장막 안을 훔쳐본 멋쩍음으로 다들 얼굴엔 어색한 미소가 흐른다. 아쉬움이 남은 사람들은 밤새 와이키키 해변의 길거리를 방황할지도 모를 일이다.

왜 한국 남성 관광객은 성인클럽에 열광하나

라스베이거스의 주빌리 쇼

호기심에서 비롯된 일탈과 그 야릇한 충격으로 나는 외국에 나갈 때면 으레 성인클럽을 찾게 됐다. 문화적 흥미를 충족시키기도 하고, 먼 여행지에서 객고를 푸는 방편이기도 하지만 본능적인 '엿보기' 심리가 이끌었음을 부정할 수는 없다. 또 하나 있다. 직업이 기자로서, 늘 경험을 축적해야 한다는 욕심에 사로잡혀 있는 탓이기도 하다. 어린 기자 시절에 국장님은 늘 말씀하셨다. "기자는 보이지 않는 곳을 봐야 한다. 보이는 것은 껍데기다. 보이지 않는 곳을 파헤쳐 세상에 밝히는 게 진정한 기자다." 그 가르침이 내 몸에 배어 있다.

라스베이거스는 하와이와 같은 미국이지만 조금 다르다. 라스베이거스는 밤의 도시다. 낮은 오히려 어두운 밤과 같다. 뜨거운 열기 때문인지 모두 잠들어 있다. 건물의 외양도 보잘것없다. 뜨거운 태양의 열기가 식어갈 즈음 밤의 화려한 불빛과 열기가 되살아난다. 마천루처럼 들어선 호텔마다 조명이 들어오고, '잭팟' 음향과 조명이 도시를 뒤덮으면서 라스베이거스는 잠에서 깨어난다.

낮의 라스베이거스가 지치고 늘어지는 뜨거움이었다면 밤의 라스베이거스는 생동감이 넘치는 환락의 도시다. 라스베이거스의 밤은 도박과 오락, 성으로 달아오른다. 호텔마다 로비를 중심으로 지하층과 저층은 모두 카지노다. 시저스 팰리스, 룩소, MGM, 스핑크스, 윈 호텔 등 세계 최고 수준의 호텔이 이 사막 한가운데 건설된 인공 도시를 가득 메우고 있다.

유명 호텔의 옥외에는 관광객을 위한 매머드 공연들이 펼쳐진다. 대

규모 분수 쇼와 화산 쇼, 네온사인 쇼가 눈을 즐겁게 한다. 이 도시의 나이트 투어 자체가 볼거리다. 호텔마다 안에서는 별도의 공연이 열린다. 노골적인 쇼보다는 품위 있는 공연이다. 셀린 디온 등 세계 유명 가수의 콘서트와 태양의 서커스, 또 라스베이거스의 성인쇼를 대표하는 주빌리 쇼 등이 도박에 지친 관광객들의 머리를 식혀준다.

라스베이거스 쇼 가운데서도 성인쇼로 가장 호평을 받는 것이 주빌리 쇼다. 주빌리 쇼는 발리스 호텔에서 여는 18세 이상 입장이 가능한 '토플리스' 쇼다. 1981년에 첫 선을 보인 뒤 30년 동안 롱런하면서 오늘날까지 명성을 이어오고 있다. 입장료는 자리 위치에 따라 70~90달러 수준이다. 휘황찬란한 무대 위에서 100여 명의 무희가 최소한만 가린 몸에 갖가지 치장을 한 채 무대를 누빈다. 상반신을 드러내는 무대도 많다.

삼손과 데릴라, 타이타닉의 침몰 등 몇 개의 테마로 이어지며, 새로운 테마마다 무희들이 의상을 갈아입고 나온다. 미끈미끈한 몸매에 쭉쭉 뻗은 각선미, 조명 아래 드러난 속살은 눈부시게 희고 맑다. 무희들은 관광객의 눈을 사로잡는다. 그 규모와 무대 장치, 무희들의 자태는 말로 표현하기 어려울 정도로 아름답고 환상적이다. 무대는 삽시간에 아이스링크로 바뀌어 아이스 쇼가 펼쳐지기도 한다. 타이타닉이 침몰하는 장면에서는 무대가 바다로 바뀌면서 2,000갤런의 물이 무대에 쏟아진다. 영화 이전에 만들어졌지만 영화보다 실감 난다는 평을 듣고 있다.

세계 최상급의 호텔이 즐비한 라스베이거스에서도 최고의 호텔로 꼽히는 벨라지오 호텔에서는 세계적으로 유명한 '태양의 서커스'가 매일 밤 'O-SHOW(오쇼)'를 무대에 올린다.[2] 오쇼는 태양의 서커스의 프로그램 가운데 물 위에서 펼쳐지는 공연이다. 일반 공연 무대가 삽시간에 물로 채워지고, 싱크로나이즈와 서커스를 결합한 쇼로 관광객들을 탄성을 자아낸다. 태양의 서커스는 라스베이거스에서만 일곱 개 호텔에서 상설 공연을 갖는다. 매출액만도 연간 9,000억 원이 넘는다고 한다. 국내에서도 유일하게 2007년 3월 서울 잠실운동장에서 '퀴담'을 공연한 바 있다.

■ 멕시코시티에서 만난 미녀들

아리스토텔레스는 "사람들은 원래 알고자 하는 욕망을 가지고 있다"고 말했고, 영국의 새뮤얼 존슨은 호기심을 "처음이자 마지막 열정"이라고 표현했다. 하와이와 라스베이거스에서 불붙은 호기심은 이후에도 계속됐다. 여행을 떠날 때부터 설렘을 갖기도 했다. 호기심은 욕망이자 열정이었으며, 기자인 내겐 새로운 정보이기도 했다. 그래서 멕시코시티를 방문했을 때도 호텔 인근의 성인클럽을 찾았다.[10]

호텔에서 그리 멀지 않은 곳이었지만 이곳은 입장하는 데 절차가 복잡했다. 입장을 원하는 사람들은 입구에 줄을 서고, 입구에서는 코끼리처럼 큰 메스티소 종업원이 일일이 몸을 수색한다. 가이드는 권총이나 흉기, 마약 등의 반입을 막기 위한 조치라고 했다. 이곳에서도 사진 촬영은 철저히 금지돼 있다.

클럽 내부는 규모가 제법 컸다. 천장이 아주 높고, 사방에 설치된 무대에서 전라의 무희들이 춤을 추고 있다. 무대는 객석에 비해 아주 높았다. 전체적으로 파란색 조명이 강렬하고, 스포트라이트는 춤추는 무희에게 맞춰져 있다. 귀를 찢을 듯 음악이 울려 퍼지고, 무희들은 음악에 맞춰 꺾일 듯한 몸짓을 이어간다. 아직은 어린 '틴에이저' 일 것이다. 중남미의 어린 여성은 몸매나 얼굴이 정말 조각처럼 아름답다. 16세 전후가 미모의 전성기이며, 그러다 20대를 넘어서면 몸이 불기 시작해 환상이 사라지는 것이다.

이곳에서는 고객이 원하는 무희와 단 둘만의 시간을 가질 수도 있다. 어떤 무희가 마음에 들면 웨이터를 불러 그녀를 지명할 수 있다. 웨이터에게 15달러를 건네주면 방금 무대에서 가슴을 휘젓던 그림 같은 미녀가 눈앞에 나타난다. 까무잡잡한 피부에 한 손에 잡힐 듯한 가는 허리, 주먹만 한 얼굴, 조각한 듯 반듯한 이목구비. 미스 유니버스가 부럽지 않은 자태다. 세계 미인대회는 베네수엘라 등 라틴아메리카에서 독식하고 있는 판이다.

그녀는 15달러의 대가로 노래 한 곡이 이어지는 동안 고객에게 몸을 맡긴다. 이때는 스킨십도 허용된다. 관광객들은 무릎 위에 그녀를 앉혀 놓고, 노래 한 곡이 흘러가는 4분여 동안 그 어린 몸을 쓰다듬는다. 노래가 끝남과 동시에 라틴의 작은 천사는 기계적으로 몸을 뺀다. 그리고 다시 무대로 향한다.

■ **일본 · 태국 · 필리핀의 성인쇼**

성인클럽과 '엿보기' 문화를 얘기하면서 일본을 언급하지 않을 순 없다. 일본은 성의 천국이기도 하거니와 클럽 공연도 워낙 다양하기 때문이다.

대표적인 것이 노조키방이라고 얘기하는 노골적인 구멍 속 들여다보기 공연이다. 노조키のぞき란 무언가를 '엿본다'는 뜻이다. 무엇인가를 엿보는 방이 있는 유흥업소다.

도쿄의 이케부쿠로나 신주쿠 등에서 많이 볼 수 있으며 보통 지하에 있는 업소가 많다. 내부로 들어가면 밀실들이 있고, 그 밀실에는 손님 한 사람씩 들어가게 된다. 밀실 속에는 특수 유리로 된 조그만 창이 있다. 특수 유리는 반대편에서 거울처럼 보이는 것이다. 이쪽이 전혀 보이지 않는 구조다. 방 안에는 여자가 들어가 있다. 여자가 가운데서 쇼를 하고 그것을 몰래 숨어 보는 것이다.

노조키에서 보게 되는 것은 주로 여자의 자위쇼다. 음악이 흐르면서 속옷 바람의 여자가 한 명 나와 은근한 춤을 추다가 천천히 속옷을 하나둘씩 벗기 시작한다. 클라이맥스에서 쇼가 끝나고, 돈을 더 내면 또 다른 서비스로 이어지기도 한다.

동남아 지역의 성인쇼는 트랜스젠더의 무대가 주축을 이룬다. 태국의 알카자 쇼와 필리핀의 어메이징 쇼가 대표적이다. 알몸을 노골적으로 드러내는 것은 아니지만 트랜스젠더들의 쇼라는 것만으로도 신기하다. 쭉쭉 뻗은 미녀들의 춤과 노래, 연기가 이어지면서 그들이 태생은 남자였다는 것을 까맣게 잊게 된다. 두 쇼는 프로그램이 유사하다. 모두 10여 개 정도의 테마를 중심으로 이어진다. 각 나라 관광객을 의식해 일본이나 한국의 전통 공연을 하는 것도 주요 테마다. 쇼의 수위는 높지 않지만 풍물 기행 차원에서 관광객들에게는 단골 메뉴다.

남녀가 함께 출연하는 강도 높은 쇼도 있지만 가이드에게 특별히 부탁을 해야 한다. 외부와는 차단된 창고형 공연장에서 벌어지는 라이브 쇼다. 그리 크지 않은 무대를 중심으로 관람객들이 둘러싸고, 무대 위에서는 남녀가 뒤엉켜 교성을 내지른다. 남녀들이 5~6명 단위로 나와 포르노에서나 보던 장면들을 실연한다.

객석은 쥐죽은 듯 조용하다. 멋쩍어서 눈길을 주지 못하던 여성들도 잠시만 지나면 눈을 떼지 못한다. 침 삼키는 소리만이 객석의 정적을 깬다. 아쉬운 것은 맛보기라는 것이다. 쇼는 단지 쇼라는 것. 충격도 크지만 아쉬움도 크다. 투계 경기장 같은 구조에 한바탕 닭싸움을 보고 나온 것 같은, 개운치 않은 뒷맛이 남는다.

성인클럽은 욕망의 분출구다. 그래서 욕망이 억제되는 사회에서 더욱 자극적으로 발달해왔는지도 모른다. 성에 개방적인 서구보다는 동양인을 상대로 한 클럽이 더욱 노골적인 이유다. 성을 금기시하는 문화에서는 분출하고자 하는 욕구가 더욱 절실한 모양이다.

이 같은 문화는 성인영화에서도 찾아볼 수 있다. 유럽 쪽의 성인영화는 대부분 스토리를 갖고 전개된다. 노골적인 장면을 억지로 삽입하지는 않는다. 나름 예술적 품위를 유지한다. 미국에서 나오는 성인영화는 포르노를 표방한다. 남성들의 로망인 볼륨 있는 몸매의 여성과 근육질의 남성이 등장해 행위에만 집중한다.

반면 일본의 포르노는 '엿보기' 심리가 크게 반영된다. 주로 몰카나 목격자 형식으로 나오는 것이 많고, 이런 종류가 인기도 좋다고 한다. 그러나 일본은 법이라는 굴레를 통해 성의 비도덕성을 위장한다. 성기의 직접적인 노출은 공적으로 금지돼 있다. 모자이크 처리가 사람을 더욱 달아오르게 할 수도 있을 것이다.

유럽의 밤 문화와 한국의 밤 문화

한국은 어떤가? 성 문제에 관한 한 어느 나라든 겉과 속이 다르기 마련이지만, 한국처럼 그 격차가 큰 나라도 찾기 어려울 것이다. 법·도덕적 규제와 실제 사이에 큰 괴리가 있다는 뜻이다. 이와 관련, 「한국 밤 문화가 유럽보다 음성적인 이유」라는 한 블로거의 글이 가슴에 와 닿는다.

이 블로거는 "유럽을 여행 나오신 많은 분들과 대화를 나누다 보면 그 중 빠지지 않는 테마가 있는데 그것이 바로 유럽의 싱거운 밤 문화입니다. 어디를 나가도 놀 곳 하나 없고 지루하기만 한 유럽의 밤거리에 대해 많은 한국분이 의아해하시는데요. 유럽의 밤 문화를 보는 시각에 따라 다르게 느낄 수 있겠지만 대부분 많은 사람들의 얘기는 유럽만큼 밤 문화가 재미없는 곳은 없다는 걸로 결론을 내리는 것이 사실입니다"라고 말한다.

이어 이 블로거는 "특이한 것은 유럽의 밤 문화를 체험하신 분들은 밤 문화가 가장 발달된 곳을 꼽으라면 많은 사람들은 이제 주저 않고 한국을 꼽는다는 데 있습니다. 어떤 이들은 유럽의 밤 문화가 그렇게까지 싱거운 이유에 대해 공창 제도가 들어서고 성개방적인 곳은 오히려 밤 문화가 음성적으로 발달하지 못한다는 것으로 주장합니다. 근데 이런 일부의 주장에 대해 수긍할 수 있는 몇 가지 이론적 근거가 있습니다"라면서 다음과 같이 말한다.

"그 이론을 제시한 것은 심리학자 빌헬름 라이히로, 그는 1945년 '성 혁명'이라는 단어를 쓰며 인간 사회에 성 해방을 주장하며 새로운 세계관을 선보이게 됩니다. 그의 관심은 인간 해방이었습니다. 위선적인 성적 도덕심에 대해 거침없이 비난을 쏟아내며 인간의 관습으로 구속된 규율로부터 해방되어야 한다는 것이 그의 주장이었습니다. …… 실제로 유럽은 6·8운동을 통해 인간에 대한 재조명을 시도하며 성에 대한 억압과 규제를 풀어주며 성 해방 운동에 적극 참여하게 됩니다. …… 아직까지 한국은 성 윤리에 대해 지나칠 정도로 엄격한 기준을 내세우고 있습니다. 문제는 그런 엄격한 기준이 위선적인 성 윤리에 지배를 받고 있다는 사실입니다. 실제로 한국 사회는 그런 엄격한 성 윤리를 따를 의향이 없으면서 말이죠. 이런 위선적인 여러 도덕적 기준이 한국 사회를 규제하고 있기 때문에 더욱 음성적으로 변해가는 것이 아닌가 하는 생각이 듭니다."[11]

바로 그런 이유 때문에 한국엔 합법적 차원에선 이렇다 할 성인클럽이 존재하지 않는다고 해도 과언이 아니다. 2009년 6월 서울 논현동의 한 번화가에 등장한 '커플 테마 클럽'이 이런 괴리를 잘 시사해주는 사례일 것이다.

이 클럽엔 주로 연인·부부 등이 쌍을 지어 찾았다. 고객들은 클럽 안에서 실제 성행위 등 적나라한 애정 행각을 벌인다. 그룹 섹스나 스와핑 swapping: 서로 상대를 바꿔 성관계를 하는 것 하는 모습도 볼 수 있었다고 한다. 클럽 측은 "미국·유럽·일본 등지에서 성행하는 '보이어리즘(voyeurism: 관음 증)& 엑시비셔니즘exhibitionism: 노출증 클럽'을 국내 최초로 도입했다"며 "성에 대한 어떤 금기도 금기시하고 있다"고 선전했다. 클럽 운영자는 "변호사에게 자문한 결과 현행 실정법에 위반되지 않는다는 결론을 얻었다"고 주장했다. "밀폐된 공간인 데다 성행위 주체가 고용한 종업원이 아니라는 점에서 제재를 가할 수는 없다"는 것이 업소 측의 말이었다. 강남경찰서 관계자는 "인허가 관련법이나 식품위생법 등 다른 법 조항을 검토해 단속하는 방법을 찾겠다"고 밝혔다.[12]

물론 이 클럽의 영업은 지속되지 못했지만, 합법을 주장하지만 않으면 그 어떤 유형의 클럽이라도 존재하는 게 한국의 현실이다. 압력이 클수록 반발력도 크기 마련이다. 성에 대한 금기가 많을수록 밀실은 더욱 많아지고 밀실 안의 행각은 더욱 노골적이다. 우리나라에서도 룸살롱 등 밀폐된 술집에서 주책을 부리는 소위 '진상 손님'은 인텔리 직종의 남성들이라고 하는 점도 그런 이치를 잘 말해준다 하겠다.

룸살롱 최악의 손님 1위는 검사

룸살롱 종업원들이 꼽는 진상 손님에는 교수와 의사, 변호사 등 엘리트 인사들이 수위에 오른다. 이들이 다른 직종의 손님들보다 종업원들에게 무리한 서비스를 요구한다는 것이다. 『법률저널』 취재진은 유흥가 정보 전문 사이트인 나가요www.nagayo.co.kr에 게재된 글을 빌려 진상 손님을 묘사한 바 있다. 특정 직업을 훼손하려는 의도는 없다는 단서를 붙여 소개한 바로는 검사, 기자, 연예인, 교수, 의사 순이다. 그 이유가 재미있다. 억지스러운 면도 있지만 근거 없는 소리라고 묻어버리기에는 아쉬움도 있어 소개한다.

<u>최악의 손님 1위 검사</u>: 맥주 기본 20병에 밴드 기본 3시간이라고 한다. 들어올 때부터 나갈 때까지 목에 힘주고 째려보는 눈길로 폼만 잡는다. 조폭 때려잡은 이야기 빼면 시체다. 양은이파, 칠성파 전부 지 동생들이고 온갖 잡스러운 술은 혼자 다 만들어 먹는다. 밴드 할 때 술에 침을 뱉어 놓기도 한다. 다른 놈들은 다 부정부패 썩은 놈들이고 혼자만 깨끗한 척 한다. 하지만 결정적으로 계산은 함께 온 변호사가 한다. 입이 쓰레기다.

<u>최악의 손님 2위 기자</u>: 넥타이 맨 놈은커녕 옷 빨아 입은 놈도 없다. 주머니에서 10원 한 장 나오는 꼴 못 봤다. 얻어먹는 주제에 술값, 팁은 자기가 나서서 깎는다. 다른 집보다 비싸네 어쩌구저쩌구 하면서 나서는 꼴은 정말 가관이다. 술 취하면 눈빛이 제일 음흉하다. 남들 다 집에 가도 혼자 2차 나간다고 방방 뜬다.

<u>최악의 손님 3위 연예인</u>: 룸살롱에 있는 여자들은 다 자기 여자인 줄 안다. 연예인이랑 섹스를 못해서 환장한 줄 알고 착각 속에 빠져 있다. '오빠 너무 멋있어' 등등 하면서 분위기 안 잡아주면 무지하게 삐친다. 연예계 여자 가수, 여자 탤런트는 다 자기한테 매달리는 척 허풍을 떤다. PD나 감독, 기획사 사장한테는 아부의 왕이다. 섹스하고 용돈 주는 놈 없다.

<u>최악의 손님 4위 교수</u>: 호구 조사부터 한다. 쌍팔년도식 썰렁한 개그를 하며 자기가 얘기하고 자기가 웃는다. 이때 안 웃어주면 삐친다. 옷 잘 입는 놈 없다. 비듬도 멋인 줄 안다. 무지하게 짜다. 웨이터 팁 받아본 적 없다. 발음도 후지면서 꼭 말하는 사이사이마다 영어를 섞어 쓴다. 대놓고 만지

지도 못하고 뒤로 꼼지락대면서 만진다."

<u>최악의 손님 5위 의사</u>: 세상의 처녀는 다 자기들한테 시집 못 가서 환장하는 줄 안다. 공짜로 건강 상담 해주는 척하면서 별 지저분한 것들도 다 물어본다. 예를 들면 섹스나 성병, 생리에 대한 이야기까지. 90퍼센트는 전부 성형외과라고 뻥치고 가슴을 마구 만져댄다. 비뇨기과라는 놈을 본 적이 없다. 한의사는 한약 냄새 무지하게 난다. 돈 많이 번다고 자랑하면서 진짜 짜다.[13]

밀실은 익명성이 보장되고, 그래서 위선의 옷을 벗어던지는 공간이다. 안쓰러운 면도 없지 않다. 이들은 사회적으로 높은 도덕성을 요구받는 부류들이다. 남의 시선에서 자유로울 수 없는 사람들이다. 넥타이가 그들의 상징이다. 남의 눈을 의식하면서 낮을 보낸 그 스트레스를 밀폐된 술집에서, 넥타이 풀어 머리에 동여매고서 자신을 억누르는 우리 사회의 윤리에 분풀이를 하는 것이다. 사회적으로 높은 도덕성을 요구받고, 남들 앞에서는 드러내지 못하는 악의 욕망을 밀실 안에서 분출하는 것이다.

현실이 막혀 있을수록 꿈은 커진다. 성을 자유롭게 표현하지 못하는 사회일수록 장막 안에서 분출되는 욕구와 호기심은 커질 것이다. 그 사회의 성 표현의 정도를 반영하는 것이다. 어찌 보면 익명성이 보장되는 장막 안은 호기심의 발현이기도 하지만 묶어둔 욕망을 풀어내는 해방구도 되는 셈이다.

세계 각국의 성인클럽 문화

1 강찬구는 전북 지역에서 20년 이상 기자 생활을 해온 50세의 만학도다. 1988년 기자 생활을 시작해 현재는 지역 신문의 논설위원으로 일하고 있다. 이 글은 기자 생활 중 취재나 여행을 통해 경험한 것들을 사실에 근거해 정리한 것이다.

2 토드 카시단, 『행복은 호기심을 타고 온다』(청림출판, 2011), 207쪽.

3 토드 카시단, 방영호 옮김, 앞의 책, 67쪽.

4 매튜 메이, 박세연 옮김, 『우아한 아이디어가 세상을 지배한다』(살림Biz, 2010), 139쪽.

5 허엽, 「한류에서 신바람을 찾자」, 『동아일보』, 2005년 1월 3일; 강준만, 『세계문화의 겉과 속』(인물과사상사, 2012), 282쪽에서 재인용.

6 조르주 바타유, 조한경 옮김, 『에로티즘』(민음사, 1989), 54쪽.

7 피에르 부르디외, 김용숙·주경미 옮김, 『남성 지배』(동문선, 1998/2000), 27쪽.

8 피에르 부르디외, 앞의 책, 28쪽.

9 1984년 창단한 '태양의 서커스'는 사양길에 있던 서커스에 음악과 조명을 입혀 무대 예술로 재탄생시킨 공연 단체다. 서커스에 음악과 무대, 오페라, 코미디 등을 결합해 만든 새로운 대중예술 분야로 평가된다. '퀴담', '알레그리아', '오쇼', '카' 등의 대표작이 있다.

10 필자가 멕시코를 방문한 시기는 1999년이다.

11 http://blog.daum.net/greenhirte/15318933.

12 이충형, 「교묘하게 법망 피한 '라이브 섹스 클럽'」, 『중앙일보』, 2009년 7월 1일.

13 남아존 기획취재팀, 「룸살롱 최악의 손님 1위는 검사」, 『법률저널』, 2004년 7월 15일; http://news.lec.co.kr/gnuboard4/bbs/board.php?bo_table=sasi&wr_id=2289.

김종훈
임정은

신문방송학과 2007학번

신문방송학과 2009학번

왜 한국인은
동성애에 적대적인가

한국 · 미국 · 필리핀의 게이 문화

I'm straight!

I'm straight. 직역을 하자면 "나는 곧다", "나는 정직하다" 정도로 해석 되지만, 영어권 문화에서는 "나는 동성애자가 아니다"를 의미하는 말이 다. 혹 필리핀 여행을 갈 기회가 생기면 알아두는 게 좋을 표현이다.

필리핀 여행을 갔을 때 현지에서 여장을 한 동성애자들에게 유혹을 많 이 당했다. 그들의 동북아시아인 선호 경향과, 또 내가 상대적으로 마른 체형에 피부가 하얀 탓에 더욱 그러했던 것으로 여겨진다. 솔직히 이성 애자의 심정으로는 썩 유쾌하지는 않았지만 적어도 누군가에게는 호감 을 준다는 좋은 의미로 해석하며 정중히 거절했다.

사실 처음 트랜스젠더들이 접근할 때는 정말 예쁜 여자처럼 보이는 사람도 많아서 구분하기가 쉽지 않았다. 그러나 그들을 유심히 살펴보니 몇 가지 독특한 특징이 있었다. 대표적인 것은 흔히 목젖으로 알려진 갑상연골을 가린 손수건이다. 그리고 가슴 부분에는 정체를 알 수 없는 물건을 집어넣어 부풀어 오른 흉상을 지닌다. 또한 아무리 얼굴이 예쁘다고 해도 목소리는 어쩔 수 없는 것 같다.

함께 필리핀에 갔던 친구는 웃지 못할 에피소드를 겪기도 했다. 당시 주체할 수 없이 혈기왕성했던 나와 친구는 필리핀에서 유명하다는 클럽을 찾아 그곳의 문화를 즐겼다. 나는 정신없이 몸을 흔들고 있었는데 한참이 지났을까 내 옆에 수줍게 리듬을 타고 있던 친구가 사라졌다. 주위를 둘러보니 평소 여자에게 인기가 없고 단 한 번도 연애 경험이 없어 농담 삼아 국제결혼을 적극 추천받던 동료가 좀 떨어진 곳에서 너무나도 아름다운 여성과 춤을 추며 입을 맞추고 있는 게 아닌가!

친구는 그 아름다운 여성과 전화번호를 교환하며 다음에 만나기를 기약했다고 한다. 숙소로 향하던 택시 안에서 친구의 그런 자랑을 들을 때 나는 부러움에 몸을 떨었지만, 그로부터 채 24시간이 지나지 않아 기가 막힌 반전이 일어났다. 우연히 친구의 방에 들렀을 때 친구가 핸드폰을 꼭 쥔 채 반쯤 넋이 나간 표정을 하고 있는 것을 목격했다. 벌써 그 여성에게 차인 걸까? 그게 아니었다. 친구의 휴대폰을 보았더니, 이런 문자가 와 있는 게 아닌가. "I'm not a woman, sorry." 그날 밤, 친구는 무어라 형용하기 어려운 감정에 북받쳐 뜨거운 눈물을 쏟아야 했다.

게이에 너그러운 필리핀과 태국

필리핀의 동성애자는 상대적으로 트랜스젠더의 비율이 많은데 남자의 물건을 지니고 있는 경우가 태반이다. 다름과 틀림의 문화 차이를 인정하지 못하는 한국과 다양성을 존중해주는 필리핀은 게이 문화에 대해 큰 차이를 보인다. 자신의 가치관과 다른 것을 틀린 것으로 치부해버리는 한국 사회는 낯선 것에 대해 불안해하는 정도를 의미하는 '불확실성 회피uncertainty avoidance' 성향이 매우 강하다. 불확실성 회피 문화가 강한 문화에서는 어떤 것이 더럽고 위험한지에 관한 분류가 엄격하고 절대적이다.

세계 53개국의 불확실성 회피 지수를 조사한 자료에 의하면 한국은 53개국 가운데 16위를 차지했고, 미국은 43위를 차지했고, 필리핀은 44위를 차지했다. 이는 한국이 상대적으로 다름에 대해 너그럽지 못하고 삶에서의 여유가 없어 관용의 미덕이나 포용력이 부족하다는 것을 암묵적으로 드러낸다.[1]

필리핀에서는 이따금 한 무리의 여자 사이에 청일점처럼 남자 한 명이 어울리는 광경을 목격할 수 있다. 그런 경우, 그 남성은 커밍아웃을 선언한 동성애자일 가능성이 높다. 우리와는 달리 필리핀 여성들은 그런 성향을 가진 친구들과 이야기가 더 잘 통하며 주위에 게이 친구가 있다는 것을 자랑스럽게 여긴다. 그들은 게이에 대해 경계심이나 거부감이 없고 오히려 익숙하게 받아들인다.

필리핀 학생들에게 한국어를 가르치는 봉사 활동을 했을 당시 나는 그런 모습이 익숙지 않았고 거부감이 든 것도 사실이다. 한국어를 배우러 온 동성애자 남학생의, 권투로 다져지고 용 문신이 새겨진 우람한 팔뚝을 보았을 때는 일종의 문화 충격까지 겪었다. 애초에 동성애자에 거부감을 지니고 있었기에 그는 우리와 다른 생각을 지녔으며 상식이 통하지 않을 것이라고 생각해서 수업은 형식적이었고 늘 보이지 않는 거리를 유지했다.

시간이 지날수록 다른 관점에서 그를 바라보지 않으면 더 이상의 유대감은 형성되지 않을 것이라 느껴졌다. 그래서 다음 수업부터는 선입견을 버리고 그 친구에게 다가갔다. 그 친구도 나의 달라진 모습에 더욱 열성적인 태도를 보였으며, 사적인 이야기까지도 서슴없이 나누는 친구가 되었다.

동성을 선호하는 경향만 제외하면 우리와 다를 바 없는 똑같은 사람이었다. 그들을 안타까운 시선으로 바라보거나 동정할 필요도 없었다. 이성애자들이 세상의 모든 이성에게 끌리지 않듯이 동성애자들도 각자 이상형에 맞는 동성에게만 끌린다. 다시 말해 남자들은 게이들이 자신이 남자라는 이유만으로 자신을 좋아할 거라는 편견을 좀 버리라는 것이다. 여자에게 인기 없는 남자는 게이가 봐도 전혀 매력이 없다.

필리핀은 사회적으로 동성애자를 인정하면서 다문화 사회를 지향하는 관용의 미덕을 보인다. 여기서 관용을 측정하는 '게이 지수Gay Index'가 우리의 눈길을 끈다. 게이 지수는 게이들의 밀집 정도를 근거로 지역의 순위를 매기는데, 이는 한 지역의 하이테크 산업 밀집도를 나타내는 아주 강력한 예측 자료다. 미국 경제학자 리처드 플로리다Richard Florida는 게이 지수는 또한 '다양성을 재는 훌륭한 척도'라며 다음과 같이 말한다.

"한 집단으로서 게이들은 특히 심한 차별을 받아왔다. 사회의 주류에 통합되려는 게이들의 시도는 상당한 반발을 일으켰다. 어느 정도 동성애는 우리 사회에서 다양성의 마지막 전선을 나타낸다. 따라서 게이 공동체를 기꺼이 받아들이는 지역은 모든 종류의 사람들을 환영한다. …… 이러한 이유 때문에 게이 공동체에 대한 개방은 창조성을 자극하고 하이테크 성장을 생성하는 데 매우 중요한 인간 자본의 낮은 진입 장벽을 나타내는 훌륭한 지표다.” [2]

즉, 특정 지역에 게이가 많다는 것은 그 사회의 포용성과 다양성이 높다는 뜻이고, 그 다양성은 창조 도시의 기반과 생산성의 토대가 된다는 것이다. 관용이 베풀어지는 사회, 게이가 용납되는 사회, 다양성이 허용되는 사회, 새 시대는 다양한 인재를 포용하는 관용과 열린 마인드를 갖출 때 경쟁력이 생긴다는 논리다. [3]

필리핀에서는 게이 문화 자체를 포용하여 상업적으로 경제적인 효과마저 창출해낸다. 그 중심에는 최대의 규모를 자랑하는 '어메이징 쇼'가 있다. 필리핀의 수도인 마닐라와 주요 관광 도시인 세부에서 하루에 1~2회 진행하는 쇼다. 이는 2001년부터 필리핀 관광 산업을 활성화하기 위해 필리핀 전역에 있는 게이들을 국가적 차원에서 양성하여 문화 사업에 투입시킨 결과물이다.

어메이징 쇼는 성인들을 위한 단순한 상업적 호스트바가 아닌 가족 공연의 선구자 역할을 하며 각종 뮤지컬, 각국의 전통춤부터 코미디까지 다양한 공연을 연출한다. 주요 관광객인 한국인이나 일본인을 대상으로 하기에 한복이나 기모노 등을 입고 한국과 일본의 전통적인 춤사위를 보이기도 한다. 대중에 잘 알려져 있고 세계 3대 희귀 쇼라고 불리는 태국의 알카자 쇼와 비교하자면 규모나 질 면에서 떨어지는 것은 사실이지만 어메이징 쇼는 그들만의 독특함을 살려 계속해서 발전하고 있다.

태국 역시 필리핀과 비슷한 행태의 게이 문화가 있다. 태국은 유난히 성소수자가 많은 나라이며 트랜스젠더나 게이가 필리핀보다도 더 보편화되어 있다. 태국의 사회구조나 배경이 그것에 일조한 영향도 있다는 해석도 있다.

흔히 300년 전쟁이라 알려진 버마─타이 전쟁 때문에 젊은 남성이 계속해서 차출되었다. 그 과정에서 수많은 남성이 희생되고 점차 차출되는 나이 기준이 낮아져 급기야 아이들마저 전쟁터로 끌려 나가게 되었다. 남자아이가 태어나면 가차 없이 전쟁터에 끌려가는데 그것을 막기 위해 여장을 시켜 남자임을 숨기고 길러졌다. 그로 인해 태국은 전체 인구에서 여성이 과반수를 차지하고 여성의 힘이 강한 모계 중심 사회로 발전했다. 이런 배경 속에서 자연스럽게 게이 문화가 사회의 역사성과 더해져 자연스럽게 보편화되었다는 해석이 태국 게이 문화의 정당성에 힘을 실어주고 있다.

미국과 캐나다의 게이 문화

미국은 넓은 땅덩이만큼이나 다양한 인종, 다양한 사람들이 어우러져 살고 있다. 그러니 동성애자들도 함께한다. 그러나 미국의 게이 문화는 필리핀과는 약간 다른 양상을 띤다. 군이 분류하자면 필리핀이 완전 개방형이고 한국이 폐쇄형이라고 한다면 미국은 그 중간쯤에 있는 것 같다.

현재 추산되는 미국의 동성애자의 숫자는 1,500만 명으로, 이는 미국 내 아시안계 인구 1,200만 명을 넘는 수치다. 미국에서 2012년 7월 현재 동성 결혼이 합법화된 주는 미국의 50개 주 가운데 코네티컷·아이오와·매사추세츠·뉴햄프셔·뉴욕·버몬트 등 6개 주와 수도인 워싱턴 DC다. 이외에도 캘리포니아, 델라웨어 등 미국의 12개 주에선 동성 결혼 합법화의 과도기적 단계인 동성 결합civil union 또는 가정 파트너domestic partnership라는 제도를 두어 결혼과 유사한 동성 간의 법률상 결연을 허용하고 있다.[4]

미국 뉴욕에서는 'NYC 프라이드'라는 게이 축제가 매년 열리고 있다. 세계 각지에서 열리는 게이 퍼레이드의 대부분은 동성애자들을 탄압하고 학대하는 경찰이나 호모포비아들에 대항하기 위한 저항 의식이었는데, NYC Pride 역시 과거 경찰들의 동성애자 체포에 대한 대항 차원에서 시작한 것이다. 현재는 그 규모도 커지고 동성애자뿐 아니라 이성애자들 그리고 과거 그들을 탄압하던 뉴욕 경찰들도 함께 참여해 행진하면서 그들의 축제를 함께 축하해주는 화합의 장으로 변하고 있다.

미국에서 게이 문화가 자연스럽게 일반인의 일상에 스며들 수 있었던 데엔 미디어의 영향도 한몫했다. 예컨대, 미국 드라마 〈퀴어 애즈 포크 Queer as Folk〉는 2000년 시즌 1을 시작으로 하여 큰 인기를 끌어 2005년 시즌 5까지 제작된 성공한 드라마다. 이 드라마는 영국의 원작을 미국에서 재해석해 만든 것인데, 제목처럼 동성애자queer들의 이야기를 현실적이고 사실감 있게 그려내어 동성애자뿐만 아니라 이성애자에게도 많은 관심을 받았다.[5]

이 드라마에선 동성애자를 게이나 레즈비언이라 지칭하는 것 자체가 편견이고 차별이라 생각될 만큼 일반인의 삶과 다르지 않다. 동성애자라서 받는 편견과 차별을 견디기 위해 더욱 생활력과 명예, 돈을 가져야 하고 성공을 거두어야만 그나마 인정받을 수 있기 때문에 누구보다 열심히 살아가는 보통 사람이라는 것을 알 수 있다. 논란이 있을 법한 이와 같은 드라마가 방영될 수 있던 것은 미국인이 동성애를 이해의 대상으로 받아들일 마음의 준비가 되어 있었기에 가능했다.

텍사스가 고향이고 현재 한국에서 원어민 강사를 하는 미국 친구에게 동성애자에 대한 인식을 알아보기 위해 물은 기억이 있다. 그 친구는 자신은 친한 동성애 커플 친구가 있다고 말하면서 그들에 대해 이렇다 저렇다 생각해본 적이 없고 다만 특이한 커플일 뿐이라는 쿨한 대답을 내놓았다. 여기서 특이하다는 말은 동성애가 특이하다는 게 아니라 이 두 커플이 유별나게 스킨십이 많은 게 특이하다는 뜻이었다.

캐나다로 어학연수를 다녀온 친구의 페이스북에 한 남자가 상대 남자의 허리에 손을 얹고 상대 남자는 그 남자의 뒷주머니에 손을 꽂고 나란히 걸어가는 사진이 올라온 적이 있다. 사진의 제목은 '간지 커플'이었다. 배경은 번화가 한복판 횡단보도 앞이었고 사진에서만 보면 그 둘을 의식하는 사람은 아무도 없었다. 친구 역시 그 광경을 신기해하는 건 자기뿐이었던 것 같다고 말했다. 공원에서 태닝을 하는 사람들 사이에서도 동성 커플은 흔하게 볼 수 있는 광경이라고 했다.

확실히 개인주의 성향이 강한 나라이기에 가능한 일이라는 생각이 들기도 한다. 그러나 우리나라와의 큰 차이는 동성애자를 바라보는 일반인들에 있는 것이 아니라 바로 당사자인 동성애자들의 태도에 있다. 그들은 군이 자신을 숨기려 하지 않고 오히려 더 당당하게 자신들이 커플이며 서로 사랑한다는 것을 과시한다. 이렇게만 보면 서양에는 굉장히 많은 동성 커플이 존재하는데 '왜 우리 주위엔 하나도 없지?' 라는 의문이 들 수 있지만 사실은 없는 것이 아니라 숨어 있는 것이다. 생각해보자. 강남 한복판에서 남남 커플이 서로의 주머니에 손을 꽂고 귓속말을 하고 가볍게 뽀뽀를 한다면 어쩌면 돌이 날아오는 극단적인 상황이 연출될지도 모른다. 그러니 당연히 자연스레 아무도 보지 않는 곳, 누구의 관심도 닿지 않는 곳에서 사랑을 나눌 수밖에 없는 것이다. 그래서 우리 주변에는 동성애자가 없는 것처럼 느껴지는 것이다.

소수이기에 더욱 특별한 그들

2012년 9월 6일 케이블 채널 KBS Joy에서 트랜스젠더 토크쇼 〈XY그녀〉라는 프로그램이 처음 방송되었다. 프로그램 제목에서부터 얼마나 논란이 되었을지 짐작 가능할 것이다. 예상대로 9월 12일 KBS Joy를 운영하는 사업자 KBSN 측은 홈페이지를 통해 "지난 6일 첫 방송되었던 KBS Joy의 자체 제작 프로그램 〈XY그녀〉에 대한 시청자 여러분의 의견을 수용하여 추후 방영을 보류키로 결정하였습니다"고 공지했다.

결국 이 프로그램은 종교계, 교육계, 시민단체의 반발과 엄청난 악플만을 남긴 채 쓸쓸히 퇴장했다. 성소수자에 의한 방송이 동성애와 트랜스젠더 현상을 부추기고 청소년에게 나쁜 영향을 준다는 이유에서다. 정말로 우스운 일이 아닐 수 없다. 한 SNS 유저의 말을 빌려 그들의 논리를 따지면 〈동물의 왕국〉은 수간을 야기하며 시청자가 개가 되는 걸 부추기는 것과 다를 게 없다는 지적이다.[6]

나는 방영 보류가 결정되고 난 이후의 반응에서 우리나라의 성소수자의 위치가 어느 정도인지를 잘 짐작할 수 있었다. 방영 보류 이후 〈XY그녀〉를 제작한 KBSN 측은 "일간지에 전면 광고를 실을 정도로 자금력, 조직력을 갖춘 단체라면 앞으로 위해 강도를 높일 가능성이 높아 프로그램 진행자와 출연자들을 보호하기 위해 '방송 보류'라는 쉽지 않은 결단을 내렸다"라며 방송 중단의 이유를 보수 단체에 떠넘기는 변명을 늘어놓았다. 이에 보수 단체는 "국민연합을 마치 동성애 혐오 범죄 집단으로 매도하는 것은 악의적, 불공정 행위"라는 변명만 내놓았을 뿐 그 어디에도 성적 소수자들의 인권에 대한 이야기나 사과의 말은 찾아볼 수 없었다.

2년 전에도 이와 유사한 사건이 있었다. 2010년 참교육 어머니 전국 모임과 바른 성문화를 위한 전국 연합은 일간지에 "SBS 드라마 〈인생은 아름다워〉 보고 게이 된 내 아들 AIDS로 죽으면 SBS 책임져라!"라는 문구가 있는 광고를 기재했다. 참교육과 바른 성 문화를 위해 앞장선다지만 두 단체의 편협한 시각을 그대로 드러낸 원색적인 광고가 아닐 수 없었다. 그 결과 〈인생은 아름다워〉에서 파격적으로 등장한 동성 커플은 매회 등장 신마다 시청률이 하락하는 결과를 얻어야 했고, 드라마 내용 중 동성 커플 언약식 장면은 통 편집되는 수모를 겪어야 했다. 방송 직후 김수현 작가는 "더러운 젖은 걸레로 얼굴을 닦인 기분"이라며 강하게 불만을 표시했고 시청자 게시판에는 항의 글이 폭주했다.

문제의 일간지 광고는 동성애를 단지 육체적 성관계로만 치부해버리는 전형적인 '호모포비아(동성애 혐오증)' 적 관념을 보여주었다. 퀴어 문화 축제 조직위원장 강정현은 "동성애자들이 사람을 만나는 이유도 이성애자들이 사람을 만나는 이유와 같다. 섹스를 위해 사람을 만나는 게 아닌데 이런 편견들 때문에 상처를 받는다"고 말했다.[7]

한국은 오랜 세월 누려온 사회·문화적 동질성으로 불확실성 회피 욕구가 강한 동시에 '에스노센트리즘ethnocentrism' 이 강한 나라다. 자민족 중심주의, 자문화 중심주의, 자기 집단 중심주의 등으로 번역할 수 있는 이 말은 자신의 문화가 다른 문화에 비해 우월하다고 여기며 다른 것에 대한 편견은 강하지만 인내심이 약한 성향을 가리킬 때에 자주 쓰이는 말이다. 예컨대, 에스노센트리즘이 강한 사람일수록 동성애 혐오증이 강하다. 한국인이 일반적으로 동성애자, 미혼모, 외국인 노동자, 혼혈인 등을 어떻게 생각하는지 살펴보면 쉽게 이해될 것이다.[8]

그러나 이젠 발상의 전환이 필요하다. 우리는 어렸을 적 안데르센의 동화를 한 번쯤 읽으며 컸을 것이고 좀 더 커서는 나이팅게일의 전기를 읽고 간호사를 꿈꿔본 아이도 있을 것이다. 차이코프스키의 〈백조의 호수〉 의 멜로디를 한 번쯤은 흥얼거려봤을 것이며 또 누군가는 그의 음악을 사랑할 것이다. 고등학교 윤리 시간에는 플라톤과 소크라테스의 철학에 대해 배우고 그들의 명언을 외웠을 것이다. 많은 사람들의 존경을 받는 이들은 모두 동성애자였다. 동성애자에 대해 좀 달리 생각해볼 만하지 않은가?

세상이 계속해서 변해감에 따라 사람들은 삶에서의 다양성을 추구하고 우리는 그 다양성을 존중해주려 노력한다. 성소수자들은 대중에 따뜻한 시선과 같은 것을 바라지 않는다. 그들은 단지 차갑지 않은 최소한의 '중립적' 시선만을 원할 뿐이다. 더 이상 동성애가 옳고 그른지에 대한 소모적인 논쟁은 시간 낭비일 뿐이다. 물론 누구에게나 살아온 방식과 가치관에 따라 입장이 다르기에 그걸 인정하고 존중해야겠지만, 적어도 잘못된 편견을 바로잡을 수 있을 만큼 관용의 미덕을 발휘해보는 게 어떨까?

1 강준만, 「왜 한국인은 "다르다"를 "틀리다"라고 말하나」, 『세계 문화의 겉과 속』(인물과사상사, 2012), 65~67쪽.
2 리처드 플로리다, 이길태 옮김, 『창조적 변화를 주도하는 사람들』(전자신문사, 2002), 388쪽.
3 정문섭, 「창조 도시와 게이 지수」, 『중부매일』, 2008년 10월 1일.
4 「미국의 동성결혼제도」, 네이버지식백과.
5 퀴어의 사전적 의미는 "기묘한, 기분 나쁜"이란 뜻이다. 처음에는 동성애자를 비하하는 뜻으로 사용되다 1980년대 이후 미국에서 동성애 운동가들이 적극 수용하기 시작했다. 동성애자의 권익을 보호하거나 동성애를 주제로 다룬 영화를 '퀴어 시네마'라고 부른다. 한애란, 「"사회와 소통하고 싶다": 서울대 학생들 동성애 잡지 '퀴어플라이' 창간」, 『중앙일보』, 2006년 8월 26일, 9면.
6 최성진, 「1회 만에 … 방송서 트랜스젠더 쫓겨난 까닭」, 『한겨레』, 2012년 9월 14일.
7 김원효, 「동성애는 불쾌한 게 아닌 다른 것」, 『스포츠서울』, 2012년 5월 8일.
8 강준만, 앞의 책, 74~75쪽.

한영실

신문방송학과 2009학번, 중국 유학생

북방 남자와
남방 남자는 어떻게 다른가

중국 여자가 본 중국 남자 이야기

김제동, "연애를 하라"

한국으로 유학 오기 전까지만 해도 한국에 대한 인상은 그저 중국보다 잘사는 나라에 불과했다. 하지만 직접 와서 보니 이 나라 사람들이 굉장히 치열하게 살고 있음을 피부로 느낄 수 있었다. 물론 그랬기 때문에 짧은 시간에 이처럼 눈부신 성과를 이뤄냈을 것이다. 지금도 한국에 대해 하나둘씩 알아가는 게 재미있다.

20여 년을 오직 부모님이나 선생님들의 "공부 열심히 해서 좋은 대학 들어가라"는 '어명'만 받들고 살다가 드디어 대학 졸업을 앞두고 취업이라는 또 다른 잔혹한 현실에 대면하게 되었다. 대학 다니기 전까지만 해도 부모님은 늘 대학만 붙으면 만사가 다 해결될 것처럼 말씀하시곤 했지만, 그게 아니라는 게 너무도 분명해진 것이다.

취업 스트레스가 이만저만이 아니지만, 그래도 자기계발만은 소홀히 할 수 없기에 여기저기 기웃거리고 있다. 취업지원본부도 자주 들르고, 특강도 들으러 다니고, 취업박람회도 열심히 찾아다니고 있다. 최근엔 연예인 김제동의 특강을 들은 적이 있다. 막연하고 허황한 우리의 삶을 잘 안다는 듯 그는 전체적으로 이래라저래라 하는 조언을 하기보다는 웃음으로 강의를 했다. 강의 주제는 바로 "연애를 하라"였다. 물론 이는 그저 표피에 불과할 뿐 그 속에 숨은 뜻은 단지 연애만 하고 놀라는 뜻이 아님을 잘 알고 있다. 그러나 문득 이런 생각이 드는 건 어쩔 수 없었다. "나의 연애는 어떻게 된 거지?"

연애에 대해서는 아무도 가르쳐주지 않는다. 사춘기가 찾아옴과 동시에 오로지 혼자서 누군가를 좋아하거나 고백하거나 거절당하거나 혹은 몰래 연애하다가 이별하고 그 나이에 태어나 처음으로 세상 모든 것을 잃은 듯한 감정을 겪게 된다. 그렇게 나이를 먹으면서 몇 번의 시련을 딛고 가슴 시린 상처를 몇 겹 겪고 나면 그제야 조금이나마 감이 잡힌다.

연애는 혼자서 책 보고 배운다거나 누구의 가르침으로 되는 일이 아니다. 그렇다고 부모님이나 어른들에게 물어보는 것도 선뜻 내키지 않는다. 아마 적지 않은 사람들이 그렇게 살고 있지 않을까 싶다. 그러다 때되면 괜찮은 사람 만나 결혼을 해서 행복한 가정을 이루겠지 하고 생각하는 게 아닌지 모르겠다.

이혼률은 기름 값만큼이나 날로 치솟고 있다고 하는데 결혼에 대해 너무 쉽게만 생각하는 게 아닌가 하는 생각이 든다. 평생 함께할 소울메이트를 찾는 일을 소홀히 한다는 것은 단지 외적인 조건이 맞는 사람을 만나서 결혼한다는 뜻이 아닐까? 서로 조건이 맞으면 좋은 점도 있겠지만 그런 외적인 조건보다는 내적인 조건도 눈여겨봐야 한다고 생각한다.

북방 남자와 남방 남자의 차이

요즘 중국에서는 남녀가 결혼하면 남자는 집을 마련해야 하고 여자는 차를 마련해야 한다는 말이 있다. 그리고 아직도 산골 마을에서는 여자를 시집보낼 때 남자 집에서 채례彩礼라고 하는 예물을 받는 것을 아주 중요한 예식 중의 하나로 간주한다. 지역마다 조금씩 차이는 있겠으나 보통 시골에서는 한국 돈으로 1,000만 원을 채례비로 받는다고 한다. 같은 마을에 사는 두 남녀가 결혼하면 별 문제가 없는데, 만약에 시골 여자와 도시 남자가 결혼을 하게 되면 문제가 생기게 된다. 왜냐면 도시 사는 남자의 부모 측에서는 아직도 그런 관례가 행해지고 있다는 것에 동의하지 않기 때문이다. 실제로 주변에서 채례비 때문에 결혼을 못하는 경우를 보기도 했다.

중국은 땅이 넓기 때문에 지역에 따라 기후에서 음식에 이르기까지 모든 게 크게 차이 난다. 중국은 크게 보아 남방과 북방으로 나뉘는데, 남방은 1년 사계절 기후가 따뜻하고 다모작이 가능하기에 쌀로 만든 음식을 많이 먹으며 사람들의 성격 또한 온화한 편이다. 반면 북방은 사계절이 뚜렷하고 주로 밀가루 음식을 많이 먹는 편이며 사람들은 대부분 활발하고 시원시원한 것을 좋아한다.

내가 나서 자란 곳은 북방이라 남방보다는 북방의 문화에 더욱 익숙한 편이다. 북방 남자들은 남자다움을 아주 중요하게 여기기 때문에 남자는 밖에 나가서 돈을 벌어야 되고 가족을 먹여 살려야 한다. 어느 개그 프로그램의 유행어처럼 "남자가 남자다워야 남자지"라는 말이 북방 남자들을 잘 표현하는 것 같다. 그래서 남자는 연애할 때 데이트 비용을 부담하는 것을 자랑스럽게 생각한다. 또 시시콜콜한 일들은 여자가 결정하고 큰일의 결정권은 남자에게 있어야 한다고 생각한다. 이 점에서는 한국 남자의 가치관과 비슷한 것 같다. 단점은 남성성을 너무 강조하기 때문에 가부장적이라는 것이다. 여자는 무조건 남자에게 복종해야 하며 남자의 체면을 낮추는 말이나 행위를 해서는 안 된다.

반면 남방 남자는 상대적으로 북방 남자보다 친절하며 표현을 많이 하는 편이다. 성격도 세심한 편이라 여자들의 변화를 잘 읽어내는 것 같다. 일례로 작년에 친척 언니가 쑤저우에 취직되어서 1년 동안 살았었는데 그때 쑤저우 남자를 만났다. 그 사람 얘기를 들어보니 남방 남자들은 일단 여자를 좋아하게 돼 결혼까지 하게 되면 매일매일 남자가 밥 하고 여자의 발까지 씻겨줄 정도로 자상하다고 한다. 그의 아버지도 그러셨고 그의 친구네 아버지도 그러셨고 어렸을 때부터 집에서나 주위에서 당연하다는 듯이 그런 문화를 봐오면서 컸다고 한다.

언어 습관에서도 북방 남자는 거친 언어를 서슴없이 사용하는 편이지만 남방 남자는 그렇지 않다. 북방 남자는 쾌활하고 무슨 일이든지 마음속에 담아두지 않고 그때그때 풀며 설령 주먹다짐을 하더라도 제때 푸는 것이 남자다운 방식이라고 생각하지만 남방 남자는 그걸 문명하지 못한 행위로 생각한다.

그래서 북방 사람은 남방 사람에 대해 "불만스러운 일이 생기면 마음속 깊이 담아두고 오래오래 기억하는 소심한 사람"이라고 말한다. 이런 문제로 남방과 북방 사람들이 온라인에서도 자주 싸우는 편이다. 남방 사람들은 싸움할 때도 입으로만 하지 절대로 폭력을 쓰지 않는다. 폭력을 쓰는 사람이 전혀 없진 않겠지만, 그런 경우는 매우 드물다. 2010년에 남방으로 여행을 간 적이 있는데 하필이면 그때가 장마철이라 비행기가 목적지에 도착하지 못하고 중간 지점에 임시로 착륙하게 되었다. 나는 태어나 처음으로 혼자서 먼 여행을 떠난 터라 호텔에 가기도 무서웠다. 그래서 공항의 의자에 쪼그리고 누웠다.

그런데 공항 관계자들과 밤새 담판을 한 아저씨가 계셨는데 상대방의 면전에 손가락질까지 하면서도 절대 손을 대지는 않았다. 북방 남자가 만약 그런 상황이었다면 손이 올라간 지가 한참 됐을 거라고 생각된다. 사실 따지고 보면 기후 탓이라 모두 공항 측의 잘못이라고 하기에는 무리가 있었다. 그러나 이튿날 아침 나는 태어나 처음으로 내 주머니에서 나간 돈이 도로 들어오는 경험을 했다. 현금으로 비행기 값의 7분의 2를 돌려받은 것이다. 승객들은 모두 그 아저씨의 주도하에 싸움에 나선 아저씨들에게 박수를 보냈다. 그때 남방 사람은 뭐든 포기를 모르는, 그러나 절대 폭력은 쓰지 않는 사람들이라는 강렬한 인상을 받았다.

상하이 남자와 하얼빈 남자

남방의 대표적인 도시라고 할 수 있는 상하이는 개혁개방 이후 급격히 발전하면서 자국 국민의 이주도 쉽게 허락하지 않을 만큼 '도도한 도시'가 됐다. 이런 이미지에 맞게 상하이 시민들도 스스로를 아주 자랑스럽게 여긴다.

상하이 여성은 애교가 많고 남자에게 많이 의지하는 여성상이 강조된 여성이라고 생각하는 사람들이 많다. 어디서나 그렇듯 여자들의 애교는 이성한테는 강력한 무기로 사용되지만 동성한테는 여러모로 "여우 짓"으로 여겨지기 마련이다.

상하이 여성의 남자 보는 기준 또한 대단히 높다. 데이트할 때도 모든 걸 에스코트해주는 자상한 남자여야 하고 북방에서 온 남자라면 잘 쳐다보지도 않는다. 북방이라 하면 상하이보다는 많이 못사는 곳이고, 그래서 문화나 의식 같은 것이 자신들보다 떨어진다고 생각하는 것 같다. 여자들보다는 덜하나 상하이 남자들도 외지에서 온 사람들을 자신보다 낮은 수준으로 보는 편견을 갖고 있다.

일례로 고향이 북방인 내 친구(남자)가 한 학기 동안 상하이 남자와 같은 방을 썼는데 그는 항상 자신이 내 친구와 '같은 급'으로 보이는 걸 아주 싫어했다. 뭐든지 앞서가는, 보통 시민들과는 한 단계 높은 차원의 시민이라고 생각하는 듯한 '잘난 척'이 그의 행동과 말투에서 자주 드러났다고 한다. 그러나 상하이 남자들은 연애할 땐 매우 검소한 편이다. 첫 데이트 때마저 '더치페이'를 제안하는 사람들이 많다.

한국 드라마에서는 잘생기고 젠틀하고 돈 많은 남자들이 많이 나오는

데, 한류에 가장 쉽게 그리고 가장 많이 영향을 받는 상하이에서 이런 드라마가 여자들에게 미친 영향이 적지 않다. 드라마와 현실의 차이를 착각하는 여자들에게 상하이 남자들은 결혼할 여자가 아니라면, 즉 미래가 불투명한 관계에서는 어떻게든 데이트 비용을 아껴보려고 한다. 그래서 상하이 사람들을 제외한 타 지역 사람들은 "쪼잔한 상하이인"이라고 비아냥거리기도 한다.

중국의 대표적인 북방 도시인 하얼빈은 한국 사람들에게 안중근 의사가 활동하던 도시로도 잘 알려져 있다. 지형적으로 동북쪽에 자리 잡고 있어 시짱(티베트)이나 간쑤성 같은 서부 도시들보다는 괜찮은 편이나 남방보다는 경제가 발달되지 못했다. 하지만 그들의 씀씀이가 결코 검소하지는 않다. 하얼빈 사람들은 직선적으로 표현하는 방식을 많이 취한다. 남자들은 그게 남자다움이자 대인배답다고 생각하고 여자들은 성격이 좋은 사람이라고 생각한다.

하얼빈 여자들은 여름에 등이 파이거나 배꼽이 훤히 드러나는 옷을 잘 입는다. 몹시 추운 겨울에도 아름다움을 위해 레깅스만 입는 여자들도 적지 않다. 그뿐만 아니라 그들은 다른 사람들의 시선에 전혀 신경 쓰지 않는다. 보통 내키지 않는 남자에게 사랑 고백을 받았을 때 다른 지역 여자들은 돌려서 좋게 거절하는 경우가 많지만 하얼빈 여자는 면전에서 거절한다. 상대방이 잠깐은 충격받을 수 있겠지만 그게 궁극적으론 그 사람에게도 좋은 일이라는 생각이 든다.

닮은 듯 다른 중국인과 한국인

그렇다면 중국의 이웃 나라인 한국은 어떨까? 한국은 중국과 거리도 가깝고 '빨리빨리' 문화도 비슷한 것 같고 여러 면에서 비슷한 점이 많은데 의외로 다른 부분도 적지 않다. 그런데 내가 느낀 이 두 나라의 공통점은 서로 자신들의 장점만 들여다보고 서로의 단점만 들춰내려 하는 문제점이 있다는 것이다.

이 문제 때문에 예전에는 어디 가도 미운 소리만 하는 미운 오리 새끼가 된 적이 있었다. 내가 중국에 있을 때 친구들이 한류에 대해 굉장히 부러워하고 또 좋아하면서도 가끔 자격지심인지 좋지 않게 얘기할 때면 나는 늘 그렇지 않다고 해명하곤 했다. 그러면 그 친구들은 '가재는 게 편'이라는 식으로 내 말을 무시하곤 했다.

반대로 한국에 와서는 아직까지도 중국이 못살고 지저분하고 후진 나라라는 생각을 하는 어른들을 적지 않게 봤다. 특히 지방으로 내려오면 더 그랬다. 그래서 빈부격차가 크긴 하지만 예전처럼 그렇지는 않다고 현재 상황에 대해서 설명하곤 했는데, 사람들은 내가 중국인이어서 중국 편을 든다고 생각하는 것 같았다. 내가 많이 얘기하면 할수록 점점 변명만 하는 사람으로 보인 것이다. 그래서 요즘에는 그런 일에 크게 신경 쓰지 않으려고 한다. 어쨌든 내가 하고 싶은 얘기는 닮은 듯 다른 두 나라 사람들이라는 것이다.

지금까지 얘기한 것은 그동안 살아오면서 느꼈던 것들이기 때문에 내 개인의 생각이지 전체가 다 나처럼 생각하는 것은 아니다. 나라나 민족이야 다르지만 서로 다들 잘살고 싶은 마음은 똑같을 것이다. 사실 인종,

국적, 민족, 나이, 성별을 불문하고 사랑하는 연인에게 관심받고 싶고, 인정받고 싶고, 사랑받고 싶은 마음은 다 똑같다. 누군들 원수를 만나기 위해서 연애를 하고 싶을까. 생각의 차이가 있고 문화의 차이가 조금씩 있겠으나 기본적인 속성은 비슷할 것이다. 나아가서 서로 더 나은 삶의 질을 위해 자신이 할 수 있는 모든 최선을 다해서 살고 싶을 것이다.

어쨌든 나는 두 나라 사람들이 전쟁 같은 삶 속에서 지치고 힘들더라도 희망을 잃지 말고 서로 이해하고 평화롭게 살았으면 좋겠다. 문화가 다르다는 것이 잘못된 일은 아니기 때문에 당연히 존중해줘야 된다고 생각한다. 요즘 들어서 동북아시아의 여러 나라들이 영토권 문제 때문에 서로 갈등을 빚고 있는데 역지사지의 미덕을 발휘해 다들 잘 풀어갔으면 좋겠다.

3부

패션의
사회학

intercultural
communication

배수빈

신문방송학과 2009학번

왜 한국 여성은
하의 실종 · 기저귀 패션에 강한가

한국과 미국의 노출 의상에 대한 인식 차이

하의 실종, 하의가 사라졌다!

2010년 말부터 대한민국에는 '하의 실종' 이라는 단어가 마치 마른 들판에 불붙듯 번져나갔다. 인터넷에서 시작하여 텔레비전을 비롯한 각종 매체에서도 하의 실종이라는 단어가 빈번하게 사용되었고, 실생활에서 또한 마찬가지였다.

하의 실종이란, 여성이 하의를 입지 않은 것처럼 보일 정도로 짧은 팬츠나 스커트를 입거나 거의 티셔츠처럼 보이는 길이의 원피스 등을 입었을 때의 패션을 일컫는 말이다(하의 실종과 비슷한 의미로 노출이 과한 상의를 입었을 때의 패션을 상의 실종이라고 부르기도 한다). 쇼트팬츠가 핫팬츠라 불리는 것을 넘어서 마이크로팬츠라고까지 이름 붙이는 것을 보면 하의 실종이라는 단어가 등장하는 것도 무리는 아니다.

여성의 신체 노출과 관련해 하의 실종이라는 단어의 등장에 앞서 '꿀벅지' 라는 단어가 2009년 말쯤 등장했는데, 꿀벅지에 대해 위키피디어는 "네티즌 사이에서 주로 '마른 허벅지가 아니라 탄탄하고 건강미 있는 굵은 허벅지' 를 지칭하는 의미"라며, "한편 꿀벅지라는 단어가 주목을 받은 배경으로, 시대의 변화에 따른 미의 기준 변화가 반영되어 있다는 분석이 나오기도 하였다"라고 설명한다.[1]

하의 실종이라는 단어는 연예인들이 다리를 한껏 드러낸 의상을 입고 등장하면서 누군가에 의해 인터넷에서 쓰이기 시작했고, 그것이 각종 연예 기사에까지 쓰이면서 더욱 보편화되었다. 하의 실종 패션의 범위는 단어 사용뿐 아니라 대중의 옷차림에도 직접적으로 적용되기 시작했다.

특히 방송이나 각종 공적 영역에서의 연예인들의 옷차림뿐만 아니라 사적인 활동을 할 때의 옷차림까지 주목받기 시작하면서 그들의 하의 실종 패션은 대중의 옷차림에도 영향을 주었다. 최근 연예인들이 공항을 통해 입·출국할 때의 옷차림이 공항 패션으로 명명되어 인기 검색어에 오르내리는 일이 잦아졌고, 이는 연예인의 옷차림에 대한 주목도가 높아진 것을 실제로 보여주는 사례다.

이와 관련해 이주리는 "많은 사람들에게 사랑을 받는 대중음악은 모든 사람들이 즐기는 가장 보편적인 문화로 당시의 사회상을 반영하면서 사회, 문화 전반에 큰 영향을 미치게 되었으며, 특히 대중에게 노출되는 대중음악 가수의 패션은 스타일, 이미지를 산출하여 대중에게 독창적인 패션을 소개하는 역할을 수행하는 대중문화의 코드로 상징되기도 한다"

며 다음과 같이 말한다.

"스타는 시대적, 사회적 환경에 따라 변화하기 때문에 대중매체 속 스타는 한 시대의 미의식을 상징하는 인물로서 중요한 시각적 표현 역할을 해왔다. 매체에 자주 노출됨으로써 대중의 동경과 열망의 대상이 되어 스타의 외모와 패션 스타일은 대중들이 그 시대에 갈망하는 이상적인 이미지를 구성하고 그 이미지를 획득하기 위해 대중은 그들의 패션 스타일을 모방하게 된다. …… 현재 아이돌 스타들의 옷차림은 기존 아이돌 스타들이 입었던 제작된 의상이 아닌 이 순간의 패션 트렌드에 흐름을 읽어 세련된 스타일링, 협찬이나 제작이 아닌 자신들의 평상시 옷차림을 보여주는 리얼 스타일 등을 보여주고 있다. 이렇듯 21세기 트렌드를 주도하고 있는 아이돌 스타들의 패션을 분석하는 것은 현 시대의 트렌드를 빠르게 읽을 수 있다고 고려된다."[2]

■ ## 기저귀 패션과 상의 실종

많은 아이돌 걸 그룹들이 데뷔 시점에 10대 소녀들인 경우가 일반적이다 (물론, 20대 성인 여성이 포함되어 있는 경우도 있다). 이런 걸 그룹들이 대중 앞에 입고 등장하는 의상들을 보면 말 그대로 '핫' 하다. 하의가 짧다 못해 여성의 원피스 수영복이 연상될 정도로 짧은 길이의 의상을 입는 경우가 허다하다. 맨다리가 가려지는 부분이 거의 없이 그대로 노출되는 것이다.

그 때문에 미성년자에게 과한 노출 의상을 입히는 것은 적절치 않다는 논란이 이따금씩 벌어지기도 한다. 모 걸 그룹이 겪었던 논란에 대해 살펴보자. 2011년 당시, 이 걸 그룹이 한 공연에서 짧은 치마를 입고 무대에 올랐는데 치마 안에 입은, 레이스가 달린 풍성한 부피감의 하얀색 속바지가 적나라하게 드러났다. 당시 속바지가 기저귀를 떠오르게 한다고 하여 그들의 패션이 일명 '기저귀 패션'이라고 불리며 큰 논란이 일었다. 이에 해당 가수의 소속사는 의상을 수정하겠다는 의견을 표명하며 사태를 일단락 지었다.

이외에도 여러 걸 그룹이 짧은 길이의 야한 의상으로 이슈가 되거나 논란을 일으키고는 한다. 인기를 얻어야 하고 또 대중의 관심을 받는 것으로 돈벌이를 삼는 연예인이라는 직업 때문에 이처럼 노출을 통해 관심을 끌고자 하는 점이 분명히 있을 것이다.

그런데 이렇게 걸 그룹이 화끈한 하반신 노출로 논란을 일으키는 데 비해 상반신 노출로 화제가 되는 경우는 드문 편이다. 물론 여성 가수의 의도적이지 않은(혹은 의도적이지 않을 것이라 생각되는) 가슴 노출 사고가 몇 번 일어나긴 했으나, 그것이 의상 자체가 과도하게 노출되어 일어난 일이라고 보기는 어렵다.

이렇게 여성의 신체 노출과 관련된 신조어들이 등장하고 이러한 단어들의 사용이 빈번해지는 것, 그리고 미디어에 여성의 과감한 노출 의상이 나타나는 것 등은 우리 사회에서 미의 기준과 노출에 대한 인식이 변화하고 있다는 것을 보여주는 징후라고 할 수 있겠다.

앞서 지적했듯이, 길거리에 나가보면 하의 실종이라는 단어의 유행에 걸맞은 여성들의 옷차림을 볼 수 있다. 간혹 하의가 짧다 못해 움직일 때마다 엉덩이 아래쪽이 살짝 살짝 보이는 경우도 있다. 보는 이의 마음이 좁혀지고 아슬아슬함을 느낄 정도로. 반면, 하반신 노출 의상에 비해 상반신을 과감히 노출한 패션은 찾아보기 힘들다.

10대 소녀들이 속한 걸 그룹이 기저귀 패션이라 불릴 정도로 짧은 의상을 입고 나오고, 여고생들의 교복 치마 길이가 성인 여성들의 짧은 미니스커트마냥 짧아지는 것처럼 하반신 노출이 비교적 너그럽게 받아들여지는 것에 비해 상반신 노출 패션은 이 사회에서 금기시되는 면이 있는 것은 아닐까?

실제로 상반신을 노출한 이른바 상의 실종 패션은 하의 실종 패션에 비해 찾아보기 어렵다. 간혹 상의 실종 패션을 하고 거리로 나온 여성의 경우 사람들의 시선을 느끼게 된다. 내 주변에도 비슷한 경우가 있었다. 8개월 정도 미국에 다녀온 친구를 오랜만에 만나는 날이었다. 나는 친구를 보자마자 "어이쿠, 옷이 화끈하네"라고 외쳤다. 나는 나도 모르게 튀어나온 말에 당황해서, 아마 친구는 몇 개월 만에 만난 친구의 입에서 튀어나온 옷차림이 화끈하다는 표현이 황당해서 서로 소리 내어 웃기부터 했다. 친구의 표현으로는 '니가 미쳤구나'라는 뉘앙스였다고 한다.

친구는 어깨가 그대로 드러나는 튜브톱 원피스를 입고 그 위에 카디건을 걸치고 나왔다. 나는 친구가 입은 튜브톱 원피스에 생소함을 느꼈다. 위에 카디건을 걸쳤음에도. 더운 여름에도 우리나라에서는 튜브톱 차림을 한 여성들이 많지는 않다. 그렇기에 어색함 혹은 낯설음을 느꼈던 것이다. 내 표현대로 우리는 '화끈한' 길이의 핫팬츠나 미니스커트에는 분명 익숙하지만 상의를 드러낸 옷차림에는 그렇지 못하다. 친구는 미국에서는 아무렇지도 않게 튜브톱 원피스만 입고 돌아다녔다는 이야기를 했다. 그런데 한국에 오니 사람들의 시선 때문에 더워도 원피스 위에 카디건을 걸치게 된다는 것이었다.

노출 패션에 대한 한국과 미국의 차이

"패션은 영국에서 탄생하고 프랑스에서 미화되었으며 이탈리아에서 품위가 생겼다. 그러나 패션의 유통은 단연 미국이다"라는 말이 있다.[3] 미국이 기성복 대국임을 보여주는 표현이다. 덧붙여 사회적으로 몇 가지부분에서 미국 지향적인 성향을 가지고 있는 대한민국에서는 옷차림 또한 미국에서 유행하는 패션이 2~3년 뒤에 유행한다는 이야기도 종종 들을 수 있다.

한 예로 몇 년 전 인터넷 게시판에 할리우드 스타가 스키니진을 입은 사진이 올라온 것을 보고 '저렇게 딱 달라붙는 바지를 민망해서 어찌 입나' 싶던 적이 있다. 그러나 시간이 흐르자 한국에서도 스키니진이 유행하기 시작했고 이제 남녀를 가리지 않고 아무렇지도 않게 스키니진을 즐겨 입게 되었다. 스키니진을 입었다고 해서 민망하다거나 이상하다고 생각하는 사람은 이전에 비해 거의 없을 것이다. 나 또한 마찬가지다.

그런데 대한민국과 미국 간에 좁히기 힘든 인식 차이가 존재하는 것이 하나 있다. 바로 하의 실종과 상의 실종 패션에 관한 것이다. 블로거 'My Fair Lady'는 미국에서 생활하던 당시에 겪은 일화를 소개하며 "우리나라에서는 상체가 많이 드러나는 옷이 야한 옷인 반면, 미국에서는 하체가 많이 드러나는 옷이 야한 옷인 것 같다"며 다음과 같이 말한다.

"우리나라에서 민소매 옷을 입고 다니거나, 가슴골이 좀 파인 옷을 잘 안 입게 되는데, 한번 민소매 옷 입었다가 어떤 남자가 오토바이 타고 지나가면서 내 옷차림을 보고 천박한 욕을 하고 지나가서 그때 내가 이런 희롱을 받다니 넘 충격받았고 기분이 정말 더러웠다. 게다가 상의 입을 때 브라 끈이 보인다든가 하면 더더욱 '어머 야해' 이런 반응이다."

즉, 우리나라에서는 하체를 드러낸 것에 비해 상체를 드러낸 것을 더욱 민감하게 받아들인다는 것이다. 이어 그 블로거는 "그치만 미국에서는 내가 한국에서 입던 치마 입으면 애들이 오늘 왜 이렇게 꾸미고 왔냐고, 옷 되게 야하다고 코멘트한다"면서 자신의 눈에는 별로 야해 보이지 않던 의상이 미국인의 눈에는 민감하게 받아들여진 상황에 대해 설명했다. 또한 "미국에서는 민소매 옷이나 깊게 파인 옷, 브라가 보이는 옷은 애들이 쳐다보지도 않고 코멘트도 안 할 정도로 socially acceptable(사회적으로 용납되다)하다"고 표현했다. 그는 또 한국에 다녀온 미국 애들이 늘 하는 말도 소개했다. "한국에서 옷차림에 대해서 되게 보수적이라면서, 막상 가보니 여자들 다 짧은 치마/바지 입고 다니던데? 미국보다 더 개방적이야."[4]

블로거 '별'도 미국을 포함한 서양 국가들과 한국 간의 노출에 대한 생각의 차이를 느낄 수 있는 경험을 이야기한다. 한 여성의 상체 노출 패션을 보며 가슴과 등이 다 보일 수 있는 패션이 더 야해 보인다는 블로거 본인과 아무것도 입지 않은 것 같고 엉덩이가 보일 수 있기 때문에 반바지가 더 야하다는 호주인 친구가 나눈 대화를 소개했다. 호주인 친구는 다음과 같이 말했다고 한다.

"그래도 가슴보단 아래쪽 노출이 더 야하다고 생각해. 남자들은 별 생각을 다 한다고! 특히 저렇게 큰 윗도리를 입고 그 아래 저런 짧은 걸 입으면 입은 줄도 모르잖아. 저건 해변에서나 입을 패션이라고 생각해. 뭐 지금은 낮이고 사람도 많으니까 괜찮지만, 밤에 만약 혼자 저렇게 입고 집에 돌아가야 한다면······. 어이쿠, 상상도 하기 싫다고." [5]

이처럼 한국과 미국·호주 사이에는 신체를 노출하는 옷차림에 대한 인식의 차이가 존재한다. 상대적으로 한국은 하체 노출에 너그러운 편이고, 미국·호주는 상체 노출에 덜 민감한 부분이 있는 것이 그 차이라고 할 수 있겠다.

■ 레깅스, 바지일까 스타킹일까

한국과 미국 간에는 단지 길이가 짧은 하의에 대한 인식 차이뿐 아니라 '레깅스'라는 의상에 대한 인식 차이도 존재한다. 위키피디어에서는 레깅스에 대하여 "레깅스leggings는 사람의 신체 하부에 입는 옷으로 바지와 비슷하다. 13세기 중반 유럽에서 유래하였으며, 팬티스타킹과 거의 모든 면에서 동일하지만 팬티스타킹과 차이점은 팬티스타킹은 발 부분까지 모두 덮지만 레깅스는 발 부분은 덮지 않아 바지처럼 입을 수 있다는 점이다" [6]라고 소개하고 있는데, 여기에서 두 국가 간 인식 차이의 기초를 찾아낼 수 있다.

레깅스는 바지와 비슷하지만 팬티스타킹과 거의 모든 면에서 동일하다고 소개하고 있는데, 미국에서는 레깅스를 바지와 같은 역할로 받아들이며 착용하고, 한국에서는 거의 대부분 레깅스를 스타킹처럼 짧은 바지나 치마 안에 입는 속옷의 개념으로 받아들인다. 그래서 한국에서는 레깅스를 입을 때 반바지 혹은 치마 안에 입거나 둔부를 덮는 긴 상의와 입는 것이 일반적이다. 우리에게는 익숙한 패션이지만 거의 한국에서만 볼 수 있는 독특한 패션이라고 한다.

반면 미국에서는 레깅스를 바지처럼 착용하는데, 한국인은 치마 같은 다른 하의를 입지 않고 레깅스만 입은 패션을 보면 민망하다고 느끼는 경우가 대부분이다(이처럼 민망함을 느끼는 이들을 위해 레깅스의 착용감을 가지지만 일반 진이나 면바지와 비슷한 느낌을 주는, 즉 레깅스와 바지의 중간적 위치의 레깅스 팬츠도 등장했다).

별다른 가릴 것 없이 허리까지 오는 보통 길이의 상의와 함께 레깅스만 입는 경우에는 하체의 실루엣이 그대로 노출된다. 그러나 하의 실종 패션의 경우는 하의의 길이 자체는 짧지만 상의를 넉넉하게 입는 일이 많고, 레깅스가 스타킹처럼 몸에 착 달라붙는 것과는 달리 진이나 면 소재를 이용한 의상인 점에서 둔부의 실루엣이 그대로 보이는 정도가 덜하다.

사실 레깅스만 입는 패션과 짧은 하의를 입는 패션을 비교해보자면, 실루엣이 드러나는 정도에 차이가 있기는 하지만 가리는 것 없이 그대로의 신체가 더 노출되는 것은 길이가 짧은 하의를 입는 것인데 왜 레깅스만 입는 것을 더 민망하거나 야하다고 느끼는 것일까? 또 레깅스와 비슷하게 쫙 달라붙는 스키니진은 아무렇지도 않게 착용하면서 소재만 차이 나는 레깅스는 왜 민망하게 여기는 것일까? 아이러니가 아닐 수 없다.

한국인과 미국인(혹은 서양인)의 하의 실종에 대한 생각 차이는 어디에서 비롯된 것일까? 미국에도 큰 영향을 미쳤을 19세기 프랑스 여성 복식을 살펴보면, 코르셋으로 허리를 조이고 가슴은 부각하는 반면 다리를 가리는 형태가 나타난다. 하지만 그 과정에서 하체 또한 부풀려 표현하고 둔부를 강조해 여성의 출산 능력을 드러낸다. 모성성의 직접적인 강조인 것이다. 그러나 실체는 하체를 가리며 그에 대한 대조적 효과로 가슴이 강조되어 관능성을 드러냈다. 가슴은 여성의 상징이자 인체미를 과시하는 수단이었고 패션을 뽐내는 디자인적인 요소로 여겨져왔던 것이다.[7]

하체를 가린 것은 출산과 직접 관련된 자궁이라는 신체 기관이 존재하는 곳을 소중히 여김과 동시에 부피를 부풀려서 모성 기능을 강조했고 또 다른 측면으로는 가림을 통해 드러낸 곳을 더욱 강조했다고 볼 수 있다. 서양에서 패션은 자신의 개성을 드러내고 뽐내는 수단으로의 의미를 지니기 때문에 가슴의 강조는 여성성을 드러내고 뽐내는 하나의 수단으로 작용했으리라는 추론이 가능하다. 결론적으로 가슴은 관능성이나 아름다움에 의미가 있고 하체는 출산이나 모성성에서의 의미가 있다는 것이다.

즉, 서양 여성들은 과거부터 가슴 노출에는 유연했으며 출산과 직접 관련된 하체는 소중히 하면서도 가슴을 더욱 강조하기 위해 상대적으로 가리게 된 것이 아닐까 추측해본다.

한국의 경우 전통적으로 보수적인 가치관이 주류를 이뤄온 것에 연관되어 상반신 노출을 하반신 노출에 비해 민감하게 여기는 것은 납득이

간다. 그런데 왜 상대적으로 하반신 노출에 더 유연한 태도를 보이는 것인가? 여러 이유가 있겠지만, 서양과 동양의 신체적 특성 차이가 가장 큰 이유였을 것으로 보인다.

근대화 이후 서양적인 외모가 한국 사회의 미의 기준이 되었다. 얼굴을 두고 보자면 쌍꺼풀이 진 눈, 높은 콧대 등이 있어야 미인의 반열에 오를 수 있다. 쌍꺼풀이 없는 눈을 가진 여성에게 쌍꺼풀 성형 수술이 기본 옵션처럼 여겨지게 된 것을 보면 쉽게 알 수 있다. 그뿐만 아니라 풍만한 가슴이나 볼륨감 있는 엉덩이, 길고 날씬한 다리 등은 한국 여성들이 원하는 이상적 몸매가 되었다(풍만한 가슴의 경우 모성성의 신앙화가 이루어지던 조선 시대에도 미덕처럼 여겨졌다고 한다).

그렇기에 여성들은 브래지어에 소위 '뽕'을 집어넣어 가슴을 커보이게 만들고, 가슴을 모아주는 브래지어에 열광한다. 심지어 뽕의 범위는 엉덩이로까지 확장되어 볼륨감 있는 엉덩이를 연출해주는 '엉덩이 뽕'을 애용하는 여성도 있다. 이렇게 가슴이 커 보이고 싶은 여성들의 열망과 연관 지어 가슴이 서구적 몸매의 기준에 비해 작다고 느껴지기 때문에 가리게 되는 경향이 문화로 자리 잡았을 가능성이 높다.

반면 서구적인 몸매를 추구하는 가운데 하의 실종 패션은 다리가 좀더 길고 날씬하게 보이는 데에 도움을 준다. 실제로 하의 실종 패션을 유행시킨 연예인 중에는 작은 키지만 하의 실종 패션을 활용하면서부터 다리가 길어 보이고 몸매가 좋아져 보인다는 평을 들은 연예인이 있다. 보통 여성들도 하의 실종 패션을 하는 이유로 다리가 길어 보이고 늘씬해 보인다는 것을 꼽는 경우도 심심찮게 볼 수 있다. 즉, 미를 추구하던 한국 여성들은 전통적으로 가슴 노출 경향에 있어 은근한 관능성을 추구해 왔는데 미적 추구의 방향이 서양의 기준과 동일시되는 과정에서 가슴은 가리거나 덜 노출하게 되고 다리는 드러내게 되었다는 것이다.

앞으로 더 검증해볼 필요가 있는 가설이지만, 만약 신체 조건이 비슷한 아시아권 여성들이 한류 등의 영향을 받아 한국 여성의 '하의 실종'을 추종한다면,[8] 좀 더 설득력을 갖지 않을까?

1 「꿀벅지」, 위키피디어.

2 이주리, 「국내 대중음악 가수 걸 그룹에 나타난 패션 경향」, 건국대학교 대학원 의류학과 석사 학위 논문. 2011년 2월, 1~3쪽.

3 「패션과 명품 미국」, 네이버 지식백과: http://terms.naver.com/entry.nhn?docId=1394869&mobile&categoryId=703#.

4 My Fair Lady, 「미국과 한국의 문화 차이 - 옷차림이 야하다는 기준」, 블로그 '소소한 박사과정 일기'; http://mypinktutu.egloos.com/250842.

5 별, 「유럽에서의 '야한 옷'의 기준은 한국과 달라요.」, 블로그 '—ㅅ—'; http://ciaaao.egloos.com/2627946.

6 「레깅스」, 위키피디어.

7 오유진, 「여성복식에 표현된 가슴의 패션 정체성」, 동덕여자대학교 디자인대학원 의상디자인학과 의상디자인전공 석사 학위 논문, 2004년.

8 예컨대 다음 기사를 참고할 필요가 있겠다. "한류가 확산되며 미얀마에서 한국 제품과 한국 연예인의 스타일에 대한 선호도도 높아지고 있다. 우선 한국 드라마에 나오는 여배우들의 모습은 미얀마 젊은 여성들의 화장법을 바꿔놓았다. 미얀마 여성들은 전통적으로 타나카 나무를 갈아서 만든 천연 화장품을 사용했지만 최근 한국 드라마가 인기를 끌며 색조 화장품과 비비크림 등 한국산 화장품이 높은 인기를 얻고 있다. 한국 연예인의 스타일을 따라잡기 위해 전통 의상인 론지 대신 청바지와 짧은 치마, 핫팬츠 등을 입은 젊은이들도 거리 곳곳에서 눈에 띈다." 이재용, 「"한국 따라하자" 여성들 핫팬츠 입고…」, 「서울경제」, 2013년 1월 8일.

채승아

경영학과 2011학번

왜 한국 주부는
밖에 나갈 때만 꾸미나
한국 주부와 프랑스 주부의 꾸미기 문화

■

집에 있는데 무엇하러 꾸며!

"한국 주부들은 밖에 나갈 때만 꾸미지만 프랑스 주부들은 남편을 위해 꾸민다. 오히려 밖에 나갈 땐 검소하게 하고 다닌다." 몇 년 전에 들은 이 야기지만 아직도 생생하게 기억하는 이유는 한국 주부들은 정말 그렇다고 절감하기 때문이다. 우리 엄마만 보아도 알 수 있다. 아빠가 엄마에게 집에서도 어느 정도는 꾸미라고 말하곤 했다. 그럴 때마다 엄마는 당당하게 되받아 쳤다. "집에 있는데 무엇하러 꾸며!" 헉, 그렇다. 뻔히 아는, 지금까지 같이 살아왔던 사람인데 꾸밀 필요가 있느냐는 것이다. 지극히 실용주의적인 관점이다. 하지만 여기서 이런 궁금증이 든다.

왜 한국 주부는 집에 남편이 있는데도 예쁜 모습을 보이려는 성의를 보이지 않는가? 반대로 프랑스 주부는 왜 남편을 위해서 더욱더 꾸밀까? 똑같은 주부인데 어째서 이렇게 다른 것일까? 똑같은 연애를 거쳐 똑같이 사랑하고 똑같이 결혼해서 자식을 낳고 살아가는 한국과 프랑스의 주부들, 그들의 차이는 무엇일까? 또한 한국 여성은 왜 밖에 나갈 때만 화려하게 꾸미는 것일까? 안에서는 너무나 내추럴한, 그러나 밖에서는 너무나 화려한 한국 여성, 그 두 얼굴의 이유는 무엇일까?

"사랑에도 유통기한이 있다면 나의 사랑은 만년으로 하고 싶다." 영화 〈중경삼림〉의 금성무가 변심한 연인이 돌아오길 기다리며 하는 말이다. 처음 만나 연인이 되고 사랑이 절정에 다다르고 차갑게 식어버리기까지 그 기간의 길이는 다르지만, 그 과정은 누구나 분명히 겪는 일이다. 미국 코넬대 인간행동연구소의 연구 결과에 따르면 남녀 간에 가슴 뛰는 사랑은 18~30개월이면 사라진다고 한다. 남녀가 만난 지 2년을 전후해 대뇌에 항체가 생겨 사랑의 화학물질이 더 이상 생성되지 않는다는 것! 따라서 사랑이라는 감정의 성장과 쇠퇴기는 오히려 자연스러운 일이라는 것이다.

그렇기 때문에 오래 사귄 연인들이, 그리고 많은 기간을 함께 살아온 부부들이 편해지는 것은 당연하다. 하지만 프랑스 여성은 사랑의 유통기한을 늘리기 위해 적극적으로 노력한다. 프랑스 속담에 이런 말이 있다. '빵, 사랑, 신선한 물을 먹고 살라.' 기본적인 의식주의 '식'과 함께 '사랑'을 강조하는 프랑스 사람들에겐, 사랑은 없어서는 안 될 중요한 요소임에 분명하다. 이와 관련, 미레유 길리아노Mireille Guiliano는 다음과 같이 말한다.

"프랑스 여자는 변덕스러움과 충실함을, 부드러움과 완고함을 그리고 짜릿한 매력과 안정된 편안함을 함께 섞어 사랑을 지켜나간다. 또한 우리는 자신이 투자한 것에 대해 지속적으로 관심을 갖는다. 사랑을 할 때에도 양보다는 질을 우선시한다. 진정한 사랑은 그 사람을 얼마나 잘 알고 있는가에 달려 있다. 어떤 사람을 알기 위해선 아주 오랜 시간이 걸리며, 어쩌면 한평생이 걸릴지도 모른다. 프랑스 여자는 상대를 알기 위해서는 평생의 시간을 투자해야 한다는 것을 알기 때문에 10년 혹은 20년 혹은 그 이상의 시간을 같이 살면서도 사랑의 불꽃과 서로에 대한 신비감을 오랫동안 지켜나간다. 어느 나라 여자보다도 프랑스 여자는 로맨스를 잘 간직한다. 사랑을 지키기 위해선 돈과 그 어떤 노력도 아깝지 않다."[1]

반면 한국 여성은 '내 사람이다'라고 편해진다는 생각이 들면 그 순간부터 방심을 한다. 산발한 머리, 아무렇게 입은 옷, 국물이 묻은 티셔츠. 평생의 시간을 투자하려 하지 않고, 빨리빨리 그 사람에 대해서 알려고 한다. 한국의 '빨리빨리' 문화가 여기에도 작동한 탓인가? "나 살기도 바쁜데? 사랑을 유지하기 위해 노력해야 해?" 사랑 없는 자신의 삶이 불행한 것은 알지만, 그걸 지키기 위한 노력은 없다. 한마디로 말하면 한국 여성은 좀 더 현실적인 로맨스를 하고 있으며 사랑에 관해 덜 적극적이라는 것이다.

결혼 · 이혼 문화의 차이

왜 그런 차이가 생겨난 걸까? 존 콘돈John C. Condon의 다음과 같은 말에서 힌트를 찾을 수 있을 것 같다. "미국인들은 결혼이라는 단어에서 평등이나 만남, 동반, 사랑 등을 연상하며, 프랑스인은 섹스나 열정을 연상한다. 일본인은 가족이나 어린이, 의무, 청춘의 끝을 연상함으로써 비관적인 의식이 엿보인다." [2] 즉, 결혼을 바라보는 시각의 차이가 결혼을 한 부부의 행동거지에도 영향을 미치지 않겠느냐는 것이다.

서양 대부분의 국가가 그러하듯이, 프랑스는 이혼과 재혼에 대해 매우 자유롭고 개방적이다. 그들은 배우자와의 사랑이 끝나면 곧바로 이혼, 그리고 새로운 사람과 새로운 사랑을 시작한다. 이게 그들의 방식이다. 주위의 시선이 무서워서 또는 이혼 자체를 감당하기가 어려워 참고 살아가는 한국 여성과는 다르다.

프랑스는 동거를 제도적으로 결혼과 비슷하게 보장해주고 결혼만큼의 혜택을 부여한다. 프랑스에서 동거는 젊은이들의 장난기 어린 순간적인 행위가 아니라 남녀가 함께 살아가는 또 다른 삶의 형태로서, 안정되고 장기간 유지되는 경우가 많으며 일반적으로 사회의 용인을 받고 있다. 특히 동거인 사이에는 부부로서의 의무와 권리가 부과되지 않는다. 즉 집안 살림과 경제적인 부분에 있어 법적 제약을 받지 않으며, 동거인 가운데 한 사람이 사망한 경우 그의 재산에 대해 상대방 동거인은 유산을 받을 권리가 전혀 없다. [3] 동거는 현재 만나는 사람과 자유롭게 헤어질 수 있으며, 새로운 사랑을 언제든지 받아들일 수 있는 제도인 것이다. 동거문화가 발달한 나라들의 사람들 의식구조는 결혼이라는 폐쇄적인 제도로 사랑을 억압할 필요가 있느냐는 것이다. 안정감보다는 모험을 중시하고, 소유보다는 존재를 중시한다.

반면 한국 여성에게 "아니 사랑하지도 않는데 왜 남편이랑 계속 살아?"라고 물어보면, "마지못해 산다 혹은 자식들 때문에 산다"고 대답한다. 최근 들어 이혼과 재혼이 과거보다는 많아졌지만, 유럽의 여느 국가들에 비하면 한국은 아직 보수적이다. 하지만 애들을 다 키우고 나면 모든 게 달라진다. 이른바 '황혼 이혼'이 크게 느는 이유다. 통계청의 자료에 따르면, 60세 이상 고령자의 황혼 이혼이 최근 5년간 74퍼센트나 급증해 신혼기의 이혼을 앞질렀다.[4] 다음 두 사례를 보자.

사례 1: 내년 초 결혼을 앞둔 회사원 강 모(26세·여) 씨는 시댁 식구가 알면 곤란한 비밀이 있다. 바로 부모의 이혼이다. 강 씨의 부모님은 강 씨가 초등학교에 다닐 때부터 사이가 좋지 않아 '애만 크면 이혼하겠다'는 말을 입에 달고 살았다. 결국 부모님은 강 씨가 사회인이 된 지난해에 이혼했다. 물론 자식들이 결혼할 때까지는 비밀 사항이다.

사례 2: 워킹맘 A(43·여) 씨는 지금부터 황혼 이혼을 차근차근 준비 중이다. 어린 나이에 결혼 전에 아이가 생겨 결혼을 하게 됐지만 생활은 녹록치 않았다. 장손으로 자란 남편은 배려를 몰랐고, 남편과 결혼하기 전 만났던 다른 남자와의 관계를 의심해 폭언을 일삼았다. A 씨는 "두 아이 때문에 지금 당장 이혼을 할 수는 없다"며 "지금부터 황혼 이혼을 준비하고 있다"고 말했다.[5]

결혼이라는 제도가 한국 여성들을 사랑보다는 결혼이라는 형식 자체에 옭아매는 것은 아닐까? 결혼이라는 안정적인 울타리를 중시하는 한국인은 결혼만 하면 모든 게 다 끝난 줄 아는 건 아닐까? 그래서 결혼과 동시에 새로운 삶이 시작되고, 사랑을 지켜나가기 위해 노력해야 한다는 걸 애써 외면하고 있는 건 아닐까?

사랑이 존재하고 표현되지 않으면 언제든지 깨질 수 있는 남녀 관계에서 '섹스나 열정'을 위해 자신의 매력을 유지하려고 노력하는 게 프랑스의 풍경이라면, 사랑을 결혼이라는 제도에 구겨 넣거나 그 제도에 편입되기 위한 의례儀禮 정도로 생각하는 남녀 관계에서 자신의 매력을 유지해야 할 동기부여를 얻을 수 없는 게 한국의 풍경이 아닐까? 그러나 이것만으론 다 설명할 수 없는 또 다른 이유가 있으니, 그건 바로 한국 특유의 과도한 타인 지향적 문화다.

남의 시선을 위해 사는 사람들

수업에 늦은 나는, 미처 화장을 하고 제대로 옷을 입을 겨를 없이 헐레벌떡 강의실로 뛰어갔다. 다행히 제시간에 도착하여 안심하고 자리에 앉는다. 앞자리에 있던 남자 선배가 다짜고짜, "너 쌩얼로 왔냐? 예의 없게 죽고 싶어?"라며 장난스럽게 말을 건넸다. 주변 사람들은 "너 오늘 왜 이렇게 막 나왔어?", "바빴어?" 하며 내 옷차림에 한마디씩 거든다. 수업이 끝난 후 조용히 화장실로 가 열심히 화장을 했다. 내가 하고 싶은 말은 '왜 내 얼굴, 내 몸을 맘대로 입을 자유, 화장하지 않을 자유'도 없느냐는 것이다. 막 나가는 날이면 남들이 이상하게 볼까 신경 쓰인다. 그래서 더욱더 신경 써서 치장하게 된다.

한국 사람은 외향적인 것에 너무나 신경을 쓴다. 그와 동시에 한국 사회는 외향적인 것에 치중하게 만든다. 오늘 무슨 옷을 입고, 무슨 차를 타고, 무슨 밥을 먹었는지, 남에게 내가 어떻게 보일지 걱정한다. 즉 남에게 신경을 쓴다는 말이다. 우리는 남을 신경 쓺과 동시에 남이 나를 어떻게 볼까 신경을 쓴다.

한국 여성을 보면 얼마나 '보이는 것'에 신경을 쓰는지 알 수 있다. 집 앞 편의점에 잠깐 갈 때도 완벽하게 치장한다. 이러한 겉모습 중시 문화에 대한 외국인의 반응은 뜨겁다. 도무지 이해할 수 없다는 놀라움을 토로하는 이들이 많다. 여러 나라의 여성이 나와 국가 간 문화 교류의 장이 되었던 KBS 2TV 〈미녀들의 수다〉에 나온 한 게스트의 말을 들어보면 한국만큼 외모에 신경 쓰고 남들 눈 의식이 심한 나라가 없음을 알 수 있다.

캐나다 여성인 도미니크는 이렇게 말했다. "캐나다에선 무슨 옷을 입든, 같은 옷을 여러 번 입든 신경 안 써. 하지만 한국에서는 이틀 계속 같은 옷 입으면 사람들이 이상하게 봐. '오~ 의상 연결인데? 도미니크, 어제 집에 안 들어가고 뭐했어? 남자랑 있었어?' 하면서 다들 의심해요. …… 한국에선 딴 사람 시선에 많이 신경 써서 입고, 전날 밤에 항상 뭐 입을지 챙겨와요. 한국 여자들은 정말 대단해요. 매일 같은 옷 절대 안 입고, 옷도 멋지게 잘 입는데 항상 하는 말 '나 입을 옷이 없어.' 왜 없어?"

한국 여성으로서 이 얼마나 공감 가는 말인가. '나 입을 옷 없어.' 옷을 매번 사도 옷이 없는 한국 여성의 빈곤한 현실에 눈물이 나온다.

독일에서 온 미르야의 경험담도 들을 만하다. "얼마 전 통역할 일이 있었는데 이사님이 화장 잘하고 오라는 거야. 통역하는 데 화장이 필요해요? 독일에선 화장 한 번도 안 했는데, 한국은 기본 예의인가 봐요." 정곡을 찌르는 말이다. 한국인은 화장이 기본 예의라고 생각한다. 혹시나 민낯을 보이며 수줍게 학교에 가면, 선후배들 모두, '뭐 하는 짓이냐'며 '당장 화장하라'고 한다. 그 외에 '너 정말 예의 없다', '너 정말 민폐다', '다른 사람은 생각 안 하냐?' 하며 무자비한 질타가 뒤따른다. 따라서 여대생들은 아무리 지각을 하더라도, 민낯으로 감히 학교에 올 수 없다. 정말 슬픈 현실이다.

이렇게 외국 여성들은 남을 의식하는 문화, 그리고 겉모습에 치중하는 문화를 잘 알고 있었고, 그래서 자기들도 본국에선 외모에 신경을 쓰지 않았는데 한국에 와서 신경 쓰게 되었다며 하소연하고 있었다. 핀란드 여성인 따루는 "나도 핀란드에선 외모에 신경 안 썼는데, 한국에 살면서 요즘 나름 신경 쓴다. '왜 바지만 입냐~' 얼굴은 예쁜데 살쪘다' 하는 사람들 많아요"라고 털어놓았다.[6] 서구화된 한국식 미의 기준과, 남에게 그러한 미를 강요하는 억압적인 한국 사회의 한 면을 담고 있어서 씁쓸한 생각이 든다.

■

한국의 겉치레 문화

한국에 비해 프랑스는 남의 시선을 의식하지 않는 나라다. 프랑스에 사는 한 한국인 아줌마가 들려주는 이야기는 이렇다. "지난달 초, 파리에서

코리안 라이브 클럽이라는 행사가 있었습니다. …… 클럽을 하룻밤 빌려서 하는 것이었는데 행사가 시작되기 전인데 음악만 나와도 몸을 흔들어대는 회원들을 즐겁게 바라보고 있었더랬습니다. 그리고는 새삼스럽게 남의 시선을 의식하지 않고 자신의 기분에 충실해져서 춤을 추고 있는 프랑스 젊은이들에 대해 생각이 꽃혔습니다. …… 겨울에 반팔 차림을 하고, 그리고 여름에 가죽 잠바를 입어도, 남들에게 피해를 주지 않는다면 아랑곳하지 않는 이 분위기는 어디서 온 것일까 싶었습니다."[7]

남들이 나를 어떻게 보는지는 중요하지 않다. '남들에게 보이는 나' 보다 '내가 보는 나'가 더 중요한 사회가 프랑스다. 또한 겉보다는 실속을 추구하는 것이 프랑스다. 프랑스 여자들은 얼굴은 그냥 간단하게 스킨과 크림만 바르고 오히려 헤어와 바디 관리에 투자를 한다. 프랑스 여인이 살고 있는 집 화장실에 가보면, 페이스 관리 제품보다는 바디 관리 화장품이나 헤어케어 제품이 더 많다. 이는 현지의 수돗물과도 관련이 있는데 프랑스의 수돗물에는 석회질이 많아서 그 물로 샤워를 했다간 피부가 쉽게 건조해지기 때문에 바디오일이나 크림 타입의 제품을 선호한다. 또한, 프랑스 여인은 백화점 브랜드 화장품에 연연해하기보다는 약국 화장품인 아벤느, 눅스, 꼬달리 같은 제품들을 선호한다.[8]

독일에서는 오히려 진한 화장을 하면 이상한 눈초리를 받는다. 진한 립스틱을 바르는 것 정도가 진한 화장이다. 옷차림도 우리가 볼 때는 아주 수수한 편이다. 명품 브랜드의 디자인 또한 화려하지 않다. 독일에서 사는 한 한국 남성은 빡빡이로 머리를 민 후에 한국 사람과 독일 사람의 서로 다른 반응을 보고 한국과 독일이 가장 다른 문화는 '겉치레 문화'

한국 주부와 프랑스 주부의 꾸미기 문화

라고 꼬집었다.

그는 "한번 머리를 짧게 깎은 적이 있다. 머리숱이 적고 힘이 없는 머리카락 때문에 귀찮아하던 나는 많은 독일 친구들이 그렇듯이 간단하게 깎아버린 것이다. 물론 밖에 나갔다가 집으로 돌아온 아내도 놀랐다. 그러곤 공연히 잘못도 없이 시달린 시간이 한 달이었다. 내 자유가 남에 의해 침해받는 것을 건뎌야 했던 '한국 문화에 대한 배움'의 시간이었다. 머리가 하루아침에 다시 자라지 않아, 한국 사람들을 만나는 그 기간은 사실 질문 공세에 고문을 당한 시간이었다고 해도 과언이 아니다"며 다음과 같이 말했다.

"'무슨 대단한 결심을 했느냐?'는 호들갑이 섞인 질문을 비롯해 집사람과 갈등이 마치 이혼에까지 이른 듯한 상황을 전제하고 할 수 있을 질문 '사모님과 무슨 일이 있느냐?' 등 실제로 질문해서도 안 되는 이런 것들에 일일이 대답하기도 힘들었다. 관심의 표현이라고 여기더라도, 또 그렇게라도 관심을 표현해야 된다고 의무감을 느끼는 것이 한국 사람들인지 모른다. 그렇게 개인의 삶에 깊이 개입한다. 그런데 정확히 그 반대로 경험된 사람들이 독일 사람들이다. 갑작스런 변화를 눈치 채지 못했을 리 없건만 독일 친구들은 그 누구도 내 갑자기 짧아진 머리에 대해서 일언반구도 비치지 않았다. 무관심한 것인지, 혹여 내 머리가 변한 것을 모를 리 없건만 아무도 그것을 대화의 주제로 만드는 이가 없었다. ······ 한 달 동안 한국 사람들과 독일 사람들 사이에서 변화된 외모에 대해 얻은 반응이 극단적으로 다른 것이었다. 이 한 달의 경험은 너무나 선명하고 분명해 어렴풋이 느끼고 있던 두 문화의 차이를 명약관화하게 해주었다. '외모로 사람을 취하지 말라' 는 말이 있지만, 우리 한국 사람들에겐 껍데기가 그렇게 중요했다. 조그마한 변화도 곧 대화의 책상에 올려지는 주제가 된다. 구태여 묻지 않아도 될 일을 캐물어 관심을 드러낸다고 여기는 듯하다. 상처가 될 수도 있을 것들을 질문으로 만들어 입 밖으로 내뱉고 관심이나 사랑의 이름으로 포장해서는 상대 앞에 내던지기를 주저하지 않음이다." [9]

자, 사정이 이와 같으니, 어찌 밖을 나 편한 대로만 돌아다닐 수 있겠는가? 전부는 아닐망정 상당수 한국 주부들이 밖에 나갈 때만 꾸미고 집에서는 게으름을 한껏 만끽하는 것은 매우 합리적인 행위라 아니할 수 없잖은가 말이다.

1 미레유 길리아노, 최진성 옮김, 『프랑스 여자는 살찌지 않는다』(물푸레, 2007), 296~297쪽.

2 존 콘돈, 최창섭 옮김, 『이문화와 코뮤니케이션』(삼성미술문화재단, 1987), 62쪽.

3 김경란, 『프랑스 문화 읽기』(학문사, 2002), 168쪽.

4 박두원, 「대한민국 시니어들, 황혼 이혼 꿈꾸는 이유는?」, 『매일경제』, 2012년 10월 15일.

5 이혜원, 「우리나라도 황혼 이혼이 늘고 있다」, 『뉴시스』, 2012년 9월 25일.

6 KBS 미녀들의 수다 제작팀, 『GLOBAL TALK SHOW 미녀들의 수다』(BM Books, 2008), 91~93, 263~265쪽.

7 파리 아줌마, 「남의 시선 의식하지 않는 프랑스인들을 살펴보니」, 블로그 '파리의 한국 아줌마'; http://blog.daum. net/parismadame/8792468.

8 어린왕자, 「프랑스 여자들이 아름다운 이유」, 블로그 '어린왕자의 화장품 별'; http://piafpiaf.blog. me/130135366683?Redirect=Log&from=postView.

9 nanum, 「독일과 한국의 가장 큰 차이는 겉치레 외향성 문화」, 블로그 '나눔'; http://blog.daum.net/greenhirte/ 14529140.

김찬송

신문방송학과 2009학번

왜 한국인은
커플룩을 좋아하나

미국 · 일본 · 중국 · 한국의 커플 문화

한국은 커플 공화국인가

"한국 사람들은 왜 커플룩을 입어?" 미국에서 한 학기 동안 교환 학생으로 지내면서 한국 문화에 관심 많은 친구들에게 자주 들은 질문이다. 처음 이 질문을 들었을 땐 '그런가?' 라는 의아함에 몇 초간 머뭇거리며 대답을 미뤘다. 누구나 알겠지만 커플룩은 연인이 똑같은 옷, 신발, 액세서리 등을 맞춰 착용하는 것을 일컫는다. 한국에선 번화가에만 나가면 하루에도 몇 번씩 쌍둥이처럼 같은 옷을 입은 커플들을 볼 수 있는데, 미국에서 지내는 동안에는 그 익숙한 것을 딱 한 번밖에는 볼 수 없었다는 사실을 깨달았다. 그러나 그 단 한 커플마저도 한국인들이었다.

한국 사람은 왜 커플룩을 입을까? 단순히 휴대전화 장식품부터 시작해서 머리끝에서 발끝까지 똑같은 옷과 신발을 착용하는 것까지 범위도 종류도 다양하다. 커플룩뿐만 아니라 패밀리룩도 특수를 누리고 있다. SNS의 등장과 활성화로 스타들의 일상을 낱낱이 볼 수 있게 되었고, 스타들은 자연스럽게 보여주기 위한 일상을 노출한다. 커플룩을 착용한 연예인 커플이라든지 패밀리룩을 착용한 연예인 가족의 모습은 흔히 접할 수 있다. 패밀리룩을 즐겨 하는 연예인 가족으로는 션과 정혜영 부부 가족을 들 수 있는데 이들은 온 식구가 같은 디자인의 옷을 입을 뿐만 아니라 같은 디자인의 신발까지 신는다.

커플룩에 대한 생각을 하기 시작하니, 이 커플룩이라는 것이 신기하기도 하고 재밌기도 하다. 커플룩이 단순히 한 가지의 의복 경향이라기보다는 우리의 연애 문화를 보여주는 것은 아닐까? 친구들에게 커플룩을 왜 착용하는지에 대해 물어봤을 때 열이면 아홉이 '자랑하고 싶어서' 라고 대답했다. 커플룩에 군이 의미를 부여한다면 '자랑용' 이라는 것이다. 커플룩 하나에도 문화와 심리가 반영된다. 도대체 무엇을 누구에게 자랑하고 싶은 것일까?

이런 커플들의 심리를 고스란히 반영하고 있는 분야가 기업의 마케팅이다. 기업들의 각종 '○○데이' 이벤트부터 시작해서 이동통신사의 커플 요금제, 식당에서 판매하는 커플 메뉴, 극장의 커플 전용 좌석 등 셀 수 없이 많은 커플 마케팅을 볼 수 있다. 커플들은 커플이라는 이름으로 누릴 수 있는 '특권' 에 기꺼이 비용을 지불한다. 마케팅 혁신 연구소 시너지 플래너 이준호는 "마케팅 사이클링 안에서 제품의 진입기, 성장기, 성숙기, 쇠퇴기에 상관없이 커플 마케팅은 마케터나 머천다이저들에게

이벤트 전개의 기본 마케팅 기법이 되었고, 커플 마케팅은 불황기에도 효자 노릇을 하는 마케팅 기법이다"라고 말했다.[1]

기업은 돈을 벌고 커플은 '우리 커플이에요'라고 자연스럽게 자랑할 수 있다. 곰곰이 생각해보니 나도 연애할 적 해보지 않은 것이 없었다. 미국인 친구들에게 커플이라는 이름으로 함께할 수 있는 많고 많은 것에 대해 이야기하면 혀를 내두른다. 서양 문화권에서는 상상도 할 수 없는 디테일이다. 내 필통에 들어 있던 볼펜 한 자루에도 귀엽다며 한국 물건은 다 귀엽다는 칭찬을 해준 미국인 친구들의 모습은 무엇이든 큼직큼직하고 효율성에 초점을 맞추는 미국 문화의 특성 때문일지도 모른다는 생각을 해본다. 그에 따라 자연스럽게 그들의 연애 문화도 효율성을 추구하게 된 것은 아닐까?

한국 커플과 미국 커플의 차이

서양인의 눈에 비치는 커플룩의 모습이 어떤지, 그들은 커플룩에 대해 어떻게 생각하는지 알아보기 위해 미국에서 만난 친구들과 한국에 살고 있는 서양 문화권 나라의 친구들에게 인터뷰를 진행했다. 다수의 질문에 대한 그들의 답은 거의 비슷했으나 그중에서도 젊은이의 생각을 대변할 수 있겠다 생각되는 한 친구와의 인터뷰를 소개한다. 마커스(만 22세, 남, 미국 시애틀 출신)는 보이시주립대에서 만난 친구이며, 그는 현재 연세대에서 해외 수학 프로그램에 참여하고 있다. 약 1년 반째 여자 친구 알리사와 연애 중이다.

문_ 커플룩 입은 사람들 많이 봤어? 그 사람들 보면 어때?

답_ 하하하. 응, 많이 봤어. 밖에 나가면 많이 입고 다니던데? 처음엔 깜짝 놀랐어. 쌍둥이도 아니고 다 큰 성인 둘이서 똑같은 옷을 입고 손을 잡고……. 글쎄, 그냥 재밌어. 한국 커플들은 미국 커플들하고 많이 달라.

문_ 그 차이에 대해서 좀 더 자세히 이야기해줄 수 있어?

답_ 한국 사람들은 항상 만지는 것 같아.[2] 양방향이든 일 방향이든 말이지. 어디를 가든지 손을 잡거나 아니면 남자가 여자한테 팔을 두르고 다니잖아. 그런데 만약에 미국에서 그렇게 하면 사람들이 이상한 눈으로 처다볼 거야. 저급하다cheesy고 하면서 말이지. 그리고 내가 들은 바로는, 한국 여성들은 남자한테 일종의 서비스를 기대한다고 하더라고. 내가 무슨 말을 하는지 네가 알지는 모르겠지만.

문_ 뭐라고? 하하. 알 것 같기도 하고. 계속 해볼래?

답_ 오케이. 여자가 남자에게 일종의 서비스를 기대하는 것은 미국에서도 같다고 말할 수 있지만 젊은 세대들은 그것에 대해 조금은 회의를 가지는 것 같아. 미국에서는 남녀 관계에서 동등한 위치를 가지는 것이 일반적인 추세야. 그런데 한국에서는…… 내 생각엔 여자들이 자기 남자 친구가 머저리douche bag가 되길 원하는 것처럼 보여. 하하. 나쁜 뜻은 없어. 아무튼 커플룩 자체는 귀여워. 그런데 미국에서 그렇게 하고 다니면 저질이라는 거지.

문_ 그래 뭐, 그럴 수도 있겠다. 나도 미국에서는 한 번도 본 적 없어. 그러면 만약에 네 여자 친구가 커플룩을 입자고 하면 입을래?

답_ 하하하. 만약에 내 여자 친구가 한국 사람이고 내가 한국에 살고 있다면 입을 수 있을 것 같아. 그런데 미국에서라면 말도 안 되지. 알리사가 그런 걸 부탁할 일도 없고. 내 친구들이 커플룩 입는 것은 본 적도 없고 들어본 적도 없어. 만약 미국에서 커플룩을 입는다고 하면…… 친구들 사이에서 난 진짜 찌질이로 취급받을 거야.

문_ 알겠어, 알겠어. 그럼 넌 여자 친구랑 얼마나 자주 연락해? 전화 통화, 문자, 데이트 그 어떤 방식으로든지 말이야.

답_ 글쎄, 전화 통화는 자주 안 해. 뭔가 재밌는 할 말이 생겼을 때는 문자를 하긴 하는데 하루 종일 하진 않아. 솔직히 말하면 난 문자를 자주 하지는 않아. 전화 통화 같은 경우도 오랫동안 하지 않아. 금전적으로든 시간적으로든 낭비라는 생각이 들거든. 할 말이 있으면 만났을 때 하면 되는 거 아니야? 모든 미국 사람이 다 나와 같은 것은 아니지만, 대학생 정도의 나이가 되고 관계가 진지해져 가면 나와 알리사 같은 방식으로 소통하는 것 같아. 물론 나도 중고등학생 시절엔 하루 종일 문자를 보내기도 하고 밤새워 통화를 하기도 했어. 조금 더 성숙한 방식이랄까? 하하.

문_ 너희 둘은 같이 살아? 미국에선 데이트하기 시작하면 같이 살아?

답_ 일단 말하자면 예스. 같이 살아. 내 집도 있고 여자 친구 집도 있지만 상황에 따라서 여자 친구 집, 내 집 번갈아가면서 지내. 예를 들면 다른 사람들하고 약속이 있다거나 다음 날 수업이 있다든지 그런 상황들. 그리고 데이트를 시작한다고 다 같이 살진 않아. 우린 조금 빨리 같이 살기 시작했지만 사귀자마자 같이 살기 시작하는 것은 일반적이지는 않지. 상대적이긴 하지만 관계가 깊어지기 시작하면 함께 살기 시작하는 경우가 많아.

문_ 한국 사람들의 데이트 스타일에 대해서 어떻게 생각하니?

답_ 각 나라마다 고유의 문화가 있잖아. 내가 100퍼센트 한국의 문화를 이해하지는 못했지만 한국의 연애에 대해서 드는 생각은 남들에게 보이는 것을 중시하는 것 같아. 커플룩 문화도 그렇고 사람들 앞에서 쉬지 않고 서로를 만지는 것도 그렇고 커플이라는 것을 보여주고 싶어 하는 것 아닐까? 한국 사람들은 서양인들이 아무데서나 키스한다고 개방적이라고 얘기하는데, 우리에게 키스는 인사와도 같은 거야. 오히려 한국 사람들이 공공장소에서 신체 접촉에 대해 더 자연스럽고 자유로운 것 같아. 이해는 잘 안 가지만 한국 사람들이 남의 눈을 많이 의식한다고 가정하면 그럴 수도 있겠구나 생각돼. 그리고 반지 이야기도 있어! 미국에서도 커플끼리 반지를 나눠 끼지만 미국에서 반지를 나눠 가졌다면 약혼을 했거나 결혼을 했다는 뜻이거든. 그런데 한국에선 좀 다르더라고. 반지 끼고 있는 여자나 남자는 당연히 결혼했거나 적어도 약혼자가 있을 것이라고 생각했는데 아니었어.

■ 커플룩은 인격 독립성의 침해?

대부분의 서양 사람들은 커플룩을 재미있어 하지만 자신은 절대 하지 않겠다는 입장을 보였다. 이는 남녀를 불문하고 같았다. 커플룩을 입지 않겠다는 이유 가운데 한 가지는 독립적 인격체로서 다 큰 성인이 왜 똑같은 옷을 입고 다녀야 하는지 모르겠다는 것이다. 부모가 입혀주는 옷을 입는 어린 쌍둥이가 아닌 이상에야 아무리 사랑하는 연인 사이여도 똑같은 옷을 맞춰 입고 거리를 활보할 수 없다는 것이 이유였다. 한 가지 덧붙이자면 여자에게 어울릴 수 있는 옷이 남자에게는 어울리지 않을 수도 있다는 지적이 있었다.

외국인이 쓰는 외국 이야기를 전하는 블로거 Meow는 커플룩에 대해서 "외국인들이 한국에 와서 처음에 이상하다고 생각하고, 오래 산 후에도 여전히 이상하다고 생각하는 것"이라고 말한다. 대부분의 서양 사람들은 아무리 사랑하는 사람과 입는 커플룩이라도 창피하고 부끄럽게 생각한다는 것이다.[3]

오랜 시간 동안 한국인 여자 친구와 연애하고 있는 크리스는 "처음에는 여자 친구가 하자는 대로 커플룩을 입어보려고 노력했다. 하지만 커플룩은 너무 오버다. 커플룩을 입지 않아도 내가 여전히 여자 친구를 사랑한다는 사실에는 변함이 없다는 것을 설명하고서야 커플룩을 입지 않을 수 있었다"라고 설명한다. 문화적으로 개인주의적인 서양 사람들은 커플룩을 입으면 자신을 잃는 것과 같은 느낌이 든다고 했다. 축구의 나라 영국에서 온 마크는 절대로 커플룩을 입지 않겠다는 말 뒤에 농담조로 여자 친구가 자신의 연고 축구팀 유니폼을 함께 입고 응원한다면 50퍼센트는 더 사랑스러울 것 같다고 덧붙이기도 했다.

또 한 가지 특징은 동거다. 인터뷰에도 나타나 있듯이 서양 문화권에서 동거하는 커플을 찾는 것은 어렵지 않다. 결혼하기 전 남녀가 함께 사는 게 자연스럽기까지 하다. 마커스를 비롯한 거의 대부분의 서양 사람들은 동거에 대해 긍정적이다. 동거 자체에 대해 우리가 가지고 있는 편견이 없는 것 같다. 이는 고등학교를 졸업하고 부모에게서 독립하는 경우가 많은 서양의 문화와 연관 지을 수 있다. 한국인은 사회구조적 특성상 대학을 다니면서 또는 직장 생활을 하면서까지도 부모와 함께 생활하기 때문에 동거에 대해 생각해볼 기회가 적은 것도 사실이다.

최근 성 의식이 개방되면서 동거에 대한 인식이 달라지고 있다는 이야기를 자주 접한다.[4] 성 의식의 개방 문제도 그렇지만 대학 생활 등으로 인해 부모와 떨어져 사는 20대들이 동거에 대해 적극적으로 생각하고 있는 것이 아닐까? 서양 사람들도 무분별적인 동거를 하지는 않는다. 그들은 관계가 깊어지고 확신을 가질 때 파트너에게 "함께 살래move in?"라고 묻는다. 집세를 절약하기 위해 혼전 동거를 시작한다는 한국 대학생들과는 사뭇 다르다.[5]

■ 일본인에게 커플룩은 비현실적 동경의 대상

가까운 일본은 어떨까? 일본인도 한국인과 똑같이 타인의 시선에 대해 예민하게 반응하지만 다른 점이 있다. 한국인은 타인의 눈에 내가 얼마나 멋있어 보일지, 어떻게 하면 나를 과시할 수 있을지 신경 쓰지만 일본인은 어떻게 하면 타인의 눈에 띄지 않을지, 군중 속에 잘 녹아들 수 있는지에 신경 쓴다.

일본에서는 커플룩을 페어룩이라고 부른다. 블로거들의 전언에 따르면 일본인 역시 한국의 커플룩에 대해 많이 궁금해한다. 첫 번째 영향을 미친 것은 역시 한류일 것이고 두 번째는 아마도 공항에서 마주칠 수 있는 단체 신혼여행객 덕분일 것이다. 공항에 자주 가는 이들은 한 번쯤 경험했을 법한 단체 신혼여행객들과의 조우. 주말 아침에 형형색색 커플룩을 맞춰 입고 공항에 모여 있는 그들의 모습이 외국인 관광객들에겐 가히 충격적인 모습이었나 보다.

블로거 다다다의 말에 따르면 일본에서는 페어룩이 1970년대에 유행했는데 한국 드라마나 영화에 나오는 커플룩에 많은 관심을 보인다고 한다. 한국인은 커플룩이 일상생활에서도 자주 입을 수 있는 옷이고 특히 웨딩 촬영이나 신혼여행 등의 특별한 이벤트에는 거부감 없이 입을 수 있다고 생각하는 경향이 있지만, 한국에서처럼 다양한 콘셉트의 웨딩 촬영이나 아이의 돌 사진 촬영 같은 것이 없는 일본에서는 태어나서 한 번도 커플룩을 입어보지 않은 사람이 많다고 한다.

도쿄 와세다대에서 교환 학생으로 공부한 이종훈 씨는 타인에 대한 배려심이 강한 일본인의 특성이 독특한 인간관계를 형성하는 것 같다며 연애를 예로 들었다. 일본인은 커플 관계가 알려지면 서로를 아는 지인들이 불편해질까 봐 친구들이 있는 곳에서는 연인 관계를 절대 밝히지 않으며 그렇기 때문에 커플룩도 입지 않는다는 것이다.[6]

블로거 다다다는 "일본인들에게 있어 '커플룩'은 입고는 싶지만 입을 수 없는 '비현실적 동경의 대상'인 것처럼 보인다"고 말한다. 입어보라고 하면 절대로 입을 수 없다고 말하지만 막상 기회가 닿으면 매우 좋아하는 모습을 보인다는 것이다.[7]

물론 개인차가 있겠지만 비슷한 듯 보이는 한국과 일본의 커플 문화에도 차이가 있다. 일본 여자가 한국의 남자 배우들에 푹 빠지는 이유가 부드러움이라지 않는가. 가부장적인 일본 남자는 커플룩에 대해 완고한 입장을 보일 것이다. 남부끄럽고 창피하다며 말이다. 그러나 부드러운 한국 남자는 커플룩도 함께 입고 가방도 들어준다. 한류는 커플룩에도 깃들어 있었다.

■ 중국의 커플룩 문화

커플룩에 대해 글을 써내려가다 문득 궁금증이 생겼다. 커플룩에 관대한 나라는 우리나라뿐일까? 일단 서양 국가들은 커플룩을 입지 않는다. 그래서 가까운 일본을 알아봤지만 일본 사람들도 커플룩은 잘 입지 않는다. 그렇다면 중국은 어떨까? 전북대에 유학 중인 중국인 학생들에게 물어봤더니 중국 사람들이 커플룩을 더 많이 입는 것 같다는 대답이 돌아왔다.

중국의 경우에는 커플룩에 관한 한 우리나라와 별반 다르지 않다. 오히려 더욱 적극적인 모습으로 커플룩을 받아들이는 것 같다. 실제로 인터넷에는 한국인의 커플룩 이야기도 많지만 중국 사람들의 커플룩에 대한 이야기도 많다. 중국 여행에 관한 이야기를 다루는 한 서양인 블로거의 말을 듣자면 중국의 커플룩은 한국에서 시작되었다는 말이 있다고 한다. 덧붙여 그 블로거가 사는 베이징 그 어느 거리에서든 커플룩을 입은 커플들을 볼 수 있으니 마주치더라도 너무 놀라지 말라며 경고 아닌 경

고를 하고 있다.[8]

많은 인구수 만큼 우리보다 많은 커플들이 살고 있을 중국이 커플룩의 새로운 메카로 부상하고 있으나 그 원조는 누가 뭐래도 한국이라는 점이 인상 깊다(한국이 원조라는 건 검증이 필요하긴 하지만). 실제로 중국의 커플룩을 보면 노골적으로 똑같은 모습을 하고 있는 경우가 많다. 말하자면 한국의 1세대 커플룩 스타일이랄까?

과거 한국의 커플룩이 대놓고 '우리 커플이에요' 외쳤다면, 요즘은 은근하게 티가 나는 스타일로 변모해가는 것 같다. 같은 제품을 착용하기보다는 작은 소품을 이용하거나 색을 맞추는 등의 방식으로 커플임을 드러낸다. 실제로 한국 사람들에게서는 똑같은 옷을 입는 것은 이제 너무 촌스럽다는 의견을 많이 들을 수 있었다. 패션에 민감한 한국의 젊은이들은 커플룩 유행도 선도해나간다.

중국의 연애에 대한 이야기들 가운데 가장 인상 깊은 부분은 커플룩이 아니라 그들의 연애 방식 자체였다. 유교의 나라이자 사회주의 국가로 인터넷 사용까지 검열하는 중국에서의 연애는 어떤 이야기를 들어도 상상 그 이상이었다.

"해가 진 후, 공원을 가로질러 가야 할 때면 시선 처리에 신중을 기하지 않으면 안 된다. 나무에 붙어 있는 한 쌍의 인간 매미. 그들의 애정 표현은 너무나 대담하고 당당해서 보는 사람을 기죽게 한다. 키스는 기본이고 노골적인 애무 광경도 쉽게 볼 수 있다."[9]

한비야가 1년간의 중국 유학 생활을 적은 『한비야의 중국견문록』에 나오는 이야기다. 인간 매미라는 말이 참 인상 깊었다. 과연 어떤 모습이기에 인간에게 매미 한 쌍이라는 표현을 할 수 있을까? 중국에서 유학하고 온 친구들에게 물어보면 더욱 기이한 대답이 돌아온다. 중국 커플들은 딱 달라붙어 있기가 마치 샴쌍둥이 같단다. 물론 그 어떤 의도도 없는 말이지만 느낌이 강렬하다.

중국이 이처럼 개방된 연애를 하게 된 까닭은 무엇일까? 그 이유로 세 가지를 들 수 있는데 첫째는 개혁개방 이후 가속화된 경제 발전과 그에 따른 의식의 개혁이다. 자본주의적인 문화가 유입되면서 중국의 전통적이고 유교적인 연애관이 퇴색되기 시작했다는 것이다. 둘째로는 인구 정책상의 문제로 조혼을 규제하기 시작하면서 반대로 연애에 대해서는 관대한 입장을 취했기 때문이다. 지금도 중국의 대학생은 학교를 다닐 동안에는 결혼할 수 없는데 이런 규제가 오히려 결혼을 전제로 하지 않는 자유연애의 토대가 되었다는 것이다.

셋째로는 젊은 시절에 문화혁명을 겪은 현 중년층들이 젊은이들의 자유연애에 관대한 입장을 취했기 때문이다. 그들은 정치적, 문화적으로 많은 규제가 가해진 문화혁명 시기에 제대로 연애 한 번 해보지 못한 세대로서 일종의 보상 심리가 발동했다고 볼 수 있는 것이다.[10] 우리나라와 비슷할 것 같았던 중국은 오히려 더 개방된 연애를 하고 있었다.

한국인의 보여주기 위한 연애?

앞서 언급했듯이 사람들은 연애를 시작하면 남들에게 자랑하고 싶다고 한다. 그렇다면 솔로들은 어떠한가? 솔로들은 남들 다하는 연애를 자신만 못할까 전전긍긍한다. 심지어 '연애 루저'라는 말까지 등장했다. 물론 루저라는 말에는 88만 원 세대의 아픔 등 사회문제들이 결부된다. 그러나 소위 연애 루저들은 돈이 없어서, 키가 작아서, 얼굴이 못생겨서 등의 이유를 찾아가며 연애를 못하는 자신을 자책하곤 한다.

또한 인터넷 서핑을 하다 보면 자신들을 솔로부대라 칭하는 사람들을 심심치 않게 볼 수 있는데 이들은 "솔로천국 커플지옥"을 외친다. 솔로부대는 애인이 없는 사실을 떳떳하고 당당하게 밝히는 사람들로 이루어진 무리를 뜻하는 말로, 2004년 국립국어원 '신어' 자료집에 수록되었다.[11]

연애를 못하는 사람, 아니 안 하는 사람이 루저라는 말을 들을 정도로 실패한 인생을 사는 것일까? 연애는 하고 싶으면 할 수도 있고 하고 싶지 않으면 하지 않아도 된다. 성공과 실패의 개념이 적용되는 분야가 아니다. 그러나 당당하고 떳떳하다던 솔로부대들은 커플들이 보여주는 애정 행각에 '열폭'한다. 한국 사람은 남들의 연애에 관심이 많은 만큼 자신의 연애도 보여주고 싶어 안달이 나 있다.

한국인은 타인의 시선에 굉장히 예민하다. 옷을 입을 때는 물론이고 밥을 먹을 때도 그냥 넘어가는 법이 없다. 캠퍼스를 걷다 보면 하이힐에 예쁜 원피스를 입은 여학생을 흔히 볼 수 있다. 카페에 앉아서 지나가는 행인들의 옷차림에 대해 이러쿵저러쿵 이야기해본 경험은 누구나 있을 것이다. 또한 식당에서 음식이 나오면 카메라를 꺼내 사진부터 찍는다. 맘에 드는 사진이 나올 때까지 음식을 먹을 수 없다. 블로그 런던포인터닷컴의 운영자 에핑그린은 여성들이 음식 사진을 찍는 이유에 대한 몇 가지 분석을 내놓았다.

첫 번째는 추억을 간직하기 위함이다. 음식을 먹기 전, 즉 음식이 뱃속으로 들어가 사라지기 전에 그 모습을 간직하기 위함이라는 것이다. 조금 더 확장한 의미로는 없어질 것에 대한 미련이라고 볼 수도 있다. 두 번째는 다이어트로 인한 것이다. 다이어트 의지를 불사르기 위한 것으로 마치 자린고비가 말린 생선을 바라보며 밥을 먹은 것처럼 말이다. 또 다이어트로 인해 자주 먹지 못하는 음식을 추억하기 위해서라는데 맞는 말인 것 같기도 하다. 마지막으로 그가 꼬집은 것은 과시와 허세용으로 음식 사진을 찍어 SNS에 올리는 풍토다. 다른 사람들의 댓글과 반응을 보고 만족을 느낀다는 것이다.[12]

남에게 보이고 싶어 하는 이런 이유 때문에 한국 남자는 의도치 않게 여자 친구에 의해 커플룩 착용을 강요당하고 있지는 않을까? 실제로 SNS를 이용해서 왜 커플룩을 입느냐 질문했을 때 한국 남자들의 반응은 두 가지로 나뉘었다. 하나는 여자들과 같이 상대방과의 사랑을 보여주기 위해서라는 대답이었고 나머지 하나는 여자 친구가 시키니까 어쩔 수 없이 한다는 것이었다.

커플링의 문화적 차이

커플룩을 넘어서 커플링의 이야기를 해봐도 그렇다. 한국에서 커플링은 기념일에 줄 수 있는 값비싼 선물쯤으로 여겨진다. 여자 친구가 좋아할 거니까 만난 지 1년을 기념하는 날 선물로 주겠다는 이들을 심심찮게 볼 수 있으며 만난 지 100일만 지나도 커플링을 끼고 다니는 커플도 많다.

앞선 인터뷰에서 마커스가 이야기했듯이 그로 인해 한국에 온 서양인은 오해를 하는 일이 잦다. 반지가 가지는 의미가 문화에 따라 다르기 때문이다.

커플링을 나눠 끼는 의미에 대해서 질문했을 때 한국 사람은 대부분 신뢰의 증표라는 말을 한다. 서로에 대한 믿음을 보여주고 지키겠다는 의미의 증표라는 것이다. 그러나 서양인에게 약혼이나 결혼을 하지 않았는데도 반지를 주고받는 것에 대해 물으면 180도 다른 대답이 나온다.

전북의 한 국립대학교에서 원어민 강사로 일하는 크리스는 신뢰가 없기 때문에 그러는 것 아니냐고 반문한다. 신뢰는 보여주기 위한 것이 아니라고 생각한단다. 파트너를 믿지 못하기 때문에 반지를 착용함으로써 서로를 구속하려는 것처럼 보인다고 말한다. 신뢰를 나타내기 위해 커플링을 착용한다는 한국 사람의 말과 극명하게 대비된다.

블로거 Meow는 서양에서 반지의 의미는 매우 중요하다고 말한다. 따라서 단지 데이트를 하기 때문에 반지를 끼지는 않는다. 서양 사람들에게 반지는 곧 결혼을 의미하기 때문에 한국의 커플링 문화를 이해하지 못한다.[13] 실제로 크리스도 10년 간 사귀어온 여자 친구와 커플링을 맞추지는 않았다. 그들이 반지에 부여하는 의미가 얼마나 무겁고 중요한지 알 수 있다.

영어권 국가에서는 대부분 왼손 네 번째 손가락에 약혼반지나 결혼반지를 끼기 때문에 영어로 약지를 ring finger라고 한다. 약혼반지는 여자만 착용하는 경우가 많으나 결혼반지는 남자와 여자 둘 다 착용한다. 시계 등의 그 어떠한 장신구도 착용하지 않는 사람도 결혼하면 결혼반지는

꼭 착용한다. 심지어 배우자가 죽은 후에도 결혼반지를 계속 착용하는 사람들도 있다.[16]

연애든 결혼이든 관계의 중요성은 아무리 강조해도 지나치지 않다. 우리가 서양의 연애와 사랑을 가볍다고 속단하기 전에 우리의 모습을 먼저 되돌아보는 것이 좋지 않을까? 서양 사람들은 그들 나름의 문화와 관습에 따른 자신들의 삶을 영위하고 있다. 가끔은 우리가 지적하는 그 가벼움이 우리의 연애 속에서 일어나고 있지는 않은지 고민스럽다.

주

1 이준호, 「[연대영자신문 인터뷰 시놉시스] 커플마케팅」, 블로그 마케팅혁신연구소-IMC마케팅, 브랜드, MD HRD컨설케이션」, http://blog.naver.com/abiday?Redirect=Log&logNo=140017587419

2 마커스는 touch라는 표현을 썼다. 한국과 일본에서 쓰는 skinship은 영어적 의미로는 '발가벗고 함께 욕조에 들어가 목욕하는 것'을 말한다. 본래 일본 학자가 엄마가 아기와 함께 살을 부비며 친근감을 형성하는 것을 언급하며 만든 억지 영어일 뿐, 연인끼리의 hugging, kissing, rubbing(문지르기), patting(손바닥으로 토닥거림), caressing(애무), tapping(손가락으로 톡톡거림) 등의 의미는 없다. 임귀열, 「[임귀열 영어] Proxemics and Social Distance(간격의 예절)」, 『한국일보』, 2009년 10월 20일.

3 Meow, 「외국인들이 한국에 와서 처음에 이상하다고 생각하고, 오래 살은 후에도 여전히 이상하다고 생각하는 것들」, 블로그 'Mooing Cow'; http://mooingcow.tistory.com/entry/칼럼-외국인들이-한국에-와서-처음에-이상하다고-생각하고-오래-살은-후에도-여전히-이상하다고-생각하는-것들.

4 통계청이 2012년 12월 20일 발표한 '2012년 사회조사 결과'에서 '남녀가 결혼을 하지 않더라도 함께 살 수 있다'는 질문에 동의한 비율은 전체의 45.9퍼센트(남자 49.1%, 여자 42.8%)였다. 이는 2년 전의 40.5퍼센트(남자 44.6%, 여자 36.6%)보다 5.4퍼센트포인트나 증가한 수치다. 특히 결혼적령기인 20, 30대의 경우는 각각 61.1퍼센트, 61.7퍼센트가 해당 질문에 동의했다. 김현준, 「2명 중 1명 "결혼 전 동거도 OK" "대학원? 글쎄…" 취업 현실 반영: 우리 사회의 의식수준 지난 2년간 얼마나 변했나」, 『주간한국』, 2013년 1월 2일.

5 임홍규, 「"대학가 생계형 동거 확산 '일거양득?' '부작용은?'"」, 『스포츠서울』, 2012년 6월 13일.

6 임세정 · 전웅빈, 「[한중일 신 삼국지 – 젊은이들의 인식] 무조건 미워하지 않는다 … 문화를 이해하고 배울 뿐」, 『국민일보 쿠키뉴스』, 2010년 12월 8일.

7 다다다, 「한국인과는 다른, 일본인의 '커플룩'에 대한 생각」, 블로그 '일본 찍고 쿤과 다다다'; http://mijuhosi. tistory. com/209.

8 Kathryn, 「Cool Couples Coordinating Clothing!!!」, 블로그 'China Travel Blog'; http://blog.chinatraveldepot. com/2012/06/cool-couples-coordinating-clothing/.

9 한비야, 『한비야의 중국 견문록』(푸른숲, 2001), 87쪽.

10 박창근, 『생생체험 길거리 중국어』(다락원, 2001), 106~107쪽.

11 「솔로부대」, 네이버 국어사전.

12 에핑그린, 「우리나라 젊은 여성들이 음식 사진 찍는 이유」, 블로그 '런던포인터닷컴'; http://londonpointer.com/ 992.

13 Meow, 「서양에서의 청혼, 약혼, 약혼반지, 부모님의 반대, 결혼을 결심하는 이유… 등등…」, 블로그 'Mooing Cow'; http://mooingcow.tistory.com/entry/칼럼-서양에서의-청혼-약혼-약혼반지-부모님의-반대-결혼을-결심하는-이유 등등.

14 Meow, 「서양에서의 청혼, 약혼, 약혼반지, 부모님의 반대, 결혼을 결심하는 이유… 등등…」, 블로그 'Mooing Cow'; http://mooingcow.tistory.com/entry/칼럼-서양에서의-청혼-약혼-약혼반지-부모님의-반대-결혼을-결심하는-이유 등등.

4부

라이프스타일과
취향

intercultural
communication

이소진
전연정
백승민

자율전공학부 2010학번
자율전공학부 2011학번
자율전공학부 2010학번

왜 월마트는
한국에서 실패했나

다국적기업의 현지화 사례

■   **왜 월마트는 한국에서 실패했나**

"토종 이마트, 세계 최대 유통 공룡을 눌렀다." 세계적 유통업체인 월마트의 한국 체인이 2006년 이마트에 인수되어 한국 시장에서 철수한 것을 두고 나온 말이다. 월마트는 2012년 '포천 세계 500대 기업' 순위에서 3위를 차지하고 있으며 세계 최대의 유통 업체로 200만 명 이상을 고용해 이 또한 세계 최고 기록을 세우고 있다. 또한 55가지 다른 이름으로 세계 15개국에 매장 8,500개를 거느리고 있다.[1] 그런데 이러한 세계 최대의 유통업체인 월마트가 한국 토종 유통업체인 이마트에 눌렸다. 이는 국제적으로 화제가 돼 다국적기업의 현지 적응 실패 사례로 거론되곤 한다.[2] 미국은 물론 일본, 멕시코 등 세계 각국에서 승승장구해온 월마트가 유독 한국에서 재미를 못 본 이유는 무엇일까?

월마트가 우리나라에 진출한 것은 외환 위기 발생 이듬해인 1998년이다. 월마트는 당시 한국의 소비자들은 경제 위기를 겪고 있는 시기여서 싼 제품이라면 무조건 좋아할 것으로 판단했던 것 같다. 월마트는 핵심 역량인 EDLP(Everyday Low Price: 매일 염가 판매) 전략을 그대로 구사했다.[3]

어쩌면 "옆 가게보다 모든 물건을 약간 싸게 팔면 성공한다"는 월마트 창립자 샘 월튼Sam Walton의 경영 철학은 통했을 수도 있다. 백화점이나 대형마트에 10~50퍼센트 세일이라는 간판만 붙으면 군말 없이 지갑을 여는 아줌마 부대가 아닌가. 하지만 월마트는 낮은 가격만을 앞세우고, 한국 소비자의 성향을 분석하는 것을 게을리했다. 소비자들의 차이를 무시하고 미국에서 성공 방식을 그대로 답습한 것이다.

미국과 한국은 생활 방식, 식습관, 문화 등 여러 가지 면에서 확연하게 차이가 난다. 미국인은 주로 신선 식품보다는 가공 식품을 많이 먹고 마당과 뜰이 있는 주택에서 생활하는 경우가 많다. 그 반면에 한국인은 가공 식품보다 신선 식품을 선호하고, 주택보다는 아파트에서 생활하는 게 대다수다. 이런 차이는 소비자가 구입하는 품목 종류에도 영향을 미칠 수밖에 없다.

또한 미국에서는 할인점이 집에서 멀리 떨어져 있는 경우가 대부분이어서 한 번 갈 때 최대한 많이 사오는 게 보편화돼 있다. 하지만 한국 소비자는 집 앞 슈퍼 가듯이 할인점에 간다. 그런 소비자에게 많지 않은 종류의 물품을 박스채 파는 월마트의 방식이 매력적이었을까?[4] 이런 차이를 고려하지 않고 자신의 방식을 고수한 고집불통 월마트의 실패는 어쩌면 당연한 결과였다.

　반면에 이마트는 철저하게 소비자의 입맛에 맞추었다. 이마트에 가보면 물건들이 1.4~1.8미터의 눈높이 진열대에 낱개로 하나하나 깔끔하게 정리되어 있는 것을 볼 수 있다. 이는 물건을 박스로 잘 구입하지 않는 한국인의 심리와 높은 곳에 진열된 물건을 선호하지 않는 특성을 파악한 전략이었다. 끝까지 넓은 매장에 높게 박스를 쌓는 형식의 '창고형 할인점' 방식을 고수한 월마트와는 상반되는 모습이다.[5]

　또한 이마트는 신선 식품 관리에 사활을 걸었다. 한국 소비자가 신선한 농수축산물을 많이 찾고, 국내 할인점 전체 매출 가운데 상당 부분이 신선 식품에서 나온다는 점을 정확히 파악하고 있었다.[6] 하지만 월마트는 이런 점을 아는지 모르는지 신선 식품보다는 공산품 위주의 제품을 점포에 출시했다. 또다시 공산품을 잔뜩 벌려놓고 더 싸게만 파는 미국식 전략을 고집한 것이다.[7]

　입지 전략도 문제였다. 월마트는 도심보다는 외곽에 입지를 구축하고 있었고, 이마트는 대단위 아파트 밀집 지구와 상업 및 주거 혼합지구에 들어섰다. 아마 월마트는 도심보다는 외곽 지역으로 진출하여 시장 경쟁력을 강화하고 가격에서의 입지를 구축하기 위한 전략이었을 것이다. 하지만 한 설문지 조사에 따르면 소비자가 대형 할인점을 선택하는 요인에서 다양한 상품(28%), 저렴한 가격(27%)에 이어서 가까운 거리도 21퍼센트나 차지한다.[8] 이는 대형 할인점의 경쟁력에서 입지가 중요한 부분을 차지한다는 것을 알려준다.

　아무리 가격이 저렴하다지만 바쁜 직장인과 집 앞 슈퍼 가듯 대형 할인점을 가는 주부가 도심 외곽에 있는 월마트를 얼마나 자주 이용할 수 있었을지 의심스럽다. 이처럼 월마트가 외곽과 지방에만 포진한 모양새로는 국내의 여러 할인 업체들과 경쟁하는 데 한계가 있었음을 알 수 있다.

한국 고객이라면 소비자의 취향을 무시하는 월마트보다는 '우리의', '우리에 의한', '우리를 위한' 친절한 이마트에 더 끌렸을 것이다. 월마트는 세계적으로 파괴력 있는 비즈니스 모델이었지만, 싼 가격만 앞세우다 보니 한국 경쟁사들을 이길 수 있는 그들과 다른 확실한 뭔가를 보여주지 못했다. 또한 한국 소비자들의 성향을 분석하는 것을 소홀히 함으로써 한국 시장에서 고전을 면치 못했다.[9]

왜 월마트는 일본에선 성공했나

2002년, 당시 일본에서 고전하던 유통회사인 세이유의 지분 6.1퍼센트를 인수하며 일본 진출을 선언한 월마트는, 2008년 세이유의 남은 지분을 모두 인수했고, 2013년 현재 총 435개에 이르는 매장을 운영하고 있다.[10]

한국에서는 9년 만에 쓸쓸히 철수했던 월마트가 일본에서 점차 자리매김할 수 있었던 요인은 무엇일까? 답은 월마트의 자기반성이다. 월마트로서는 무엇보다도 세계 2위의 유통 시장인 일본을 절대로 포기할 수 없었다. 4년 일찍 진입했던 한국 시장에서 2006년 철수하기까지 겪은 실패의 시간은 월마트에 중요한 교육의 시간이었을 것이다. 이를 거울 삼아 월마트는 그동안 약점으로 지적되어온 사항을 충실히 보완하고자 노력했다. 일본 내 점포를 돌아다니며 영업이나 운영, 자산 상황 등을 점검하고 일본인의 기호를 조사했고 '리테일 링크' 정보 체계 시스템을 도입하여 신선 식품 유통에도 힘썼다.

또한 실속 있고 접근성 있는 점포 선택에도 신중을 가했다. 월마트는 기본적으로 해당 점포의 규모에 따라서 크기대로 '슈퍼센터Supercenter'와 '디스카운트 스토어Discount store' 그리고 가장 작은 형태인 '네이버후드 마켓Neighborhood Market'으로 나누어 운영했다. 한국에서 운영한 점포들은 모두 초대형인 '슈퍼센터'였던 반면 일본에서는 96개의 슈퍼센터, 2개의 디스카운트 스토어 그리고 300개의 네이버후드 마켓을 운영하고 있다.[11] 맹목적으로 규모를 앞세워 접근성이 떨어지는 시외에 마트를 세운 한국에서와는 달리, 비싼 임대료를 감안하여 좀 더 작고 실속 있는 규모로 일본인의 가정에 가까운 장소에 점포를 운영함으로써 전략적으로 일본 시장 곳곳에 잘 스며들 수 있게 한 것이다.

이러한 노력을 기울였음에도, 월마트가 일본에서 바로 자리 잡을 수 있던 것은 아니다. 그동안 이룩해온 경제 발전을 토대로 부족함을 몰랐던 일본인들은 값이 싸다는 것에 대해 미온적인 반응이 있었고, 또 자국 기업에 대한 애착도 컸다.

하지만 점차 사회적, 경제적 흐름이 변함에 따라 상황은 바뀌어갔다. 수년간 지속되어온 경제 상황 악화와 2011년 동일본 지진 등으로 막심한 피해를 입은 일본 가정들은 가격 경쟁력을 앞세운 월마트로 발을 돌리기 시작했다. 월마트재팬홀딩스의 최고경영인 스티브 다쿠스가 밝힌 대로 월마트의 기본 경영 철학인 EDLP를 밑바탕으로 소비자가 더 값싸게 구입하고자 하는 물건들을 인터넷으로 설문해서 그에 맞게 가격을 내리는 정책은 월마트를 일보 전진하게 했다.[12] 실제로 2012년 6월에 약 500여 개에 이르는 품목에 대해 가격 인하를 실시한 결과, 전년 대비 매출이 1.6퍼센트 증가했다.[13] 여기에 월마트는 상황에 맞는 신제품을 내놓는 데에도 힘써, 밥과 연어를 넣은 도시락인 '벤또'를 1인분의 형태로 298엔, 즉 대략 3,000원이란 싼 가격으로 출시함으로써 일본인의 호응을 이끌어 냈다.[14]

신속한 재난 대응으로 인한 월마트에 대한 긍정적인 인식 변화도 한몫했다. 실제로 월마트는, 지진 발생 네 시간 후부터 월마트 앞 주차장에서 65만 달러어치에 해당하는 물과 라면을 이재민들이 먹을 수 있도록 나눠주었다. 월마트의 아시아 지부장인 스티브 프라이스Steve Price는 이에 대해서 "비록 물과 라면을 나눠주는 것일지라도, 재난 지역 내의 가게들을 여는 것이 우리가 고객들에게 제공할 수 있는 최고의 서비스"라고 말했다.[15] 또한 일본에서 급증하고 있는 '1인 가구' 문화도 빼놓을 수 없는 요소다. 2010년 일본 국립 사회보장인구문제연구소에서 조사한바 세 가구당 한 가구, 즉 전체 가구 비율의 32퍼센트에 해당하는 1,679만 가구가 1인 가구인 것으로 밝혀졌다.[16] 이런 상황들이 맞물려져서 월마트가 고수해온 현지화 전략이 빛을 발하기 시작한 것이다.

세계 최대의 유통기업으로서 이웃한 두 나라인 한국과 일본에서 상반된 결과를 낸 월마트의 사례는 참으로 아이러니하다. 하지만 분명한 것은, 월마트는 한국에서의 실패를 반면교사로 삼아 일본 문화와 관습 그리고 소비자의 정서와 패턴을 이해하고자 노력했다는 것이다. 장기적인 관점에서 일본 시장을 개척하고 있는 월마트는 한 발짝 한 발짝 앞으로 나아가고 있다.

최근 언론에서 월마트가 국내 상품을 구매하는 역할에 그쳤던 월마트 한국지사를 폐쇄하고 본사가 직접 공급을 맡아 나설 것이라는 뉴스가 보도된 바 있다. 몇몇 사람은 월마트가 약 10여 년 전의 실패를 뒤로 하고 절치부심하여 재진입하기 위한 노력이 아니냐는 의문을 제기했다. 물론 이에 대해 월마트 경영진은 확대 해석을 경계했다.[17] 미래에 대해 월마트 경영진이 어떤 생각을 가지고 있는지는 현재로서는 알 수 없다. 하지만 월마트가 한국 시장에 다시 뛰어든다면 어떤 현지화 전략을 선보일지 기대되는 대목이다.

■　　　　　　테스코는 한국에서 어떻게 성공했나

한국에서 홈플러스를 운영하는 테스코Tesco는 영국의 대형 유통업체로 미국의 월마트, 프랑스의 까르푸, 독일의 메트로와 더불어 세계적인 유통업체 가운데 하나다. 매출액 기준으로 세계에서 네 번째, 순이익 기준으로는 월마트에 이어 세계 2위다.[18] 한국은 테스코의 해외 시장 가운데 가장 큰 시장으로 2011년 총매출이 9조 9,301억 원(2010년 9조 3,551억 원)에 달하며 현재 국내에 2011년 기준으로 124개의 대형 마켓과 257개의 소형 익스프레스를 소유하고 있다.[19]

월마트나 까르푸와 같은 세계적인 대기업들이 한국 시장에 진출했으나 실적 부진으로 매장 문을 내리고 퇴진한 반면, 홈플러스는 한국 시장에 성공적으로 진출한 데 이어 해마다 실적을 높일 수 있던 이유는 무엇일까?

테스코의 성공 전략에 관해서는 효율적인 유통 시스템 구축, 해당 지역에 가치를 부여하는 마케팅 전략 등 여러 가지 이유가 제시되지만, 가장 중요한 이유로는 '소비자에 관한 정확한 분석'을 꼽을 수 있다. 이에 관해, 김민 신세계 유통산업연구소장은 "월마트와 까르푸 같은 업체들은 자신들이 잘하는 것을 내세워 국내에 들어왔지만, 테스코는 '한국에서 어느 것이 먹힐까'에 관한 진지한 탐색이 있었으니, 바로 그것이 기업의 성패를 갈랐다"라고 말한다.[20] 예컨대, 홈플러스는 국내의 할인점 소비자들이 신선 식품을 많이 찾는다는 점을 미리 알았기에 국내 농협과 연계해서 조기에 대응했다.

그렇다면 테스코는 어떻게 효과적으로 소비자를 분석할 수 있었을까? 해당 시장의 경영진에 경영권을 일임한다는 홈플러스의 독특한 경영 철학이 큰 역할을 했다. 즉, 한국 시장에서의 모든 경영은 한국인에게 맡기고 영국 테스코 본사는 자본을 투자하는 투톱Two Top 경영 체제를 취했기 때문에 가능한 일이었다. 반면 한국인을 경영인으로 쓰지 않은 월마트는 한국 시장에 대한 이해가 부족으로 한국 시장에서 쓴맛을 보고 떠나게 된 것이다. 이와 관련, 홈플러스의 이승한 회장은 2011년 9월 "영국 테스코가 신뢰를 바탕으로 한국 홈플러스에 자율적인 경영권을 주었기 때문에 지금의 기업적 가치를 쌓을 수 있었다"고 말했다.[21]

홈플러스는 동종 업계에서 최고의 유통 시스템을 자랑하며, 특히 IT 기술을 결합시킨 유통 시스템은 세계 최고 수준으로 평가받고 있다. 현재, 충남 천안 등, 전국에 11개 물류 센터를 운영 중이며, 아시아 최고의 물류 센터로 알려져 있는 목천 물류 센터는 한 개의 센터로 100여 개에 이르는 점포를 커버할 수 있는 효율성을 자랑한다. 이러한 물류 유통 과정이 중요한 이유는 중간 과정에서 효율성을 높임으로 불필요한 비용을 절감할 수 있으며, 그 절감 비용을 통해 상품 가격을 내릴 여건을 마련할 수 있다는 점이다. 실제로 홈플러스는 제반 비용을 33퍼센트 줄이고, 이를 통해 상품 가격을 5퍼센트 정도 낮추는 정도의 효과를 보고 있다.[22]

또한 지역 친화적 마케팅 전략을 성공의 열쇠로 들 수 있다. 특히 홈플러스는 가치점Value retail store이라는 새로운 개념을 창출했다. 즉, 고객에게 최고의 가치를 제공하는 것을 모토로, 고객에게 좋은 품질의 제품을 저렴한 가격으로 제공하며, 쾌적한 환경에서 편리하고 우수한 서비스를 받도록 해서 즐겁게 쇼핑하게 한다는 것이다.[23]

이에 따라 매장을 밝고 환한 이미지로 바꿔서, 기존의 '저가 할인점'이라는 인식을 쾌적하고 편리한 백화점식 쇼핑 공간으로 업그레이드시켰다. 실제로 매장에 민원 업무, 은행, 약국, 병원 등의 편리한 시설을 갖추고 교육 문화 센터를 한 공간에서 같이 운영함으로써 원스톱 라이프 서비스One-stop life services를 실현함은 물론 지역사회 커뮤니티 역할을 담당하고 있다.[24]

특히, 홈플러스의 '평생교육스쿨'은 지역 친화적 이미지를 제고하는 데 중추적 역할을 하고 있다. 현재 평생교육스쿨에서 제공되는 강좌 수는 110여 개로, 연 회원이 110만 명에 달한다. 조사에 의하면 교육스쿨 회원들의 매장 방문 횟수와 구매액이 일반 고객의 2.5배에 이른다고 한다. 이런 효과는 테스코 그룹 경영진에게 높은 평가를 받았음은 물론 세계 시장에서도 널리 벤치마킹되고 있다. 실제로, 터키 '패밀리클럽'의 모델이 된 바 있으며, 중국 시장에도 로열티를 받고 비법을 전수하고 있다.[25] 또한, 이런 고객 중심 문화는 '한국서비스품질지수' 평가에서 6년 연속으로 대형 마트 부문 1위에 선정됨으로 그 가치를 인정받고 있다.[26]

왜 테스코는 일본에선 실패했나

반면 테스코는 2003년에 일본에 진출한 이후 적자 경영으로 허덕이다가 2012년 일본 최대 유통기업인 이온Aeon 그룹에 기업을 매각하고 매장 철수를 결정했다.[27] 테스코의 부채를 떠안는 조건으로 테스코의 매입 가격을 상징적인 가격인 1엔으로 측정한 것을 보면 테스코가 일본에서 얼마나 어려움을 겪었는지 짐작할 수 있겠다. 실패 원인으로는 기본적으로 침체되어 있던 일본 경제 상황, 잘못된 현지 전략, 시장 규모 확대에 실패함으로써 가격의 차별성에서도 밀린 것 등이 지적되었다.

최근 일본 시장의 경제 상황은 매우 좋지 못하다. 경제 위기로 인해 현재 본사가 외국에 있는 다국적기업들뿐만 아니라 이온 그룹을 비롯한 대다수의 일본 유통기업들의 재정도 매우 어려운 상황으로 평균적으로 약 3.5퍼센트 정도의 수익을 거두고 있는 실정이다.[28] 이런 경제적 침체기의 상황에서 빠른 승부를 원하는 테스코의 전략은 비현실적이었다.

일본은 기본적으로 인건비와 매장 임대료가 높고, 지역 간 특성도 크기 때문에 외국 기업이 진출해 성공하기가 매우 어렵다고 알려져 있다. 그러므로 일본 시장의 특수 상황을 정확히 파악할 필요가 있음에도 테스코는 자국인에게 기본적인 경영권을 부여한 한국에서와는 다르게, 테스코 본사에서 일본 내 매장 관리 및 기본 업무를 직접 관리했다. 또한 실적 개선을 위해 일본 현지 사정에 어두운 경영대학원 출신의 경영인이나 해외 고급 브랜드 마케팅 담당자 등을 회사의 간부로 기용함으로 겉만 번지르할 뿐, 실제를 모른다는 지적과 함께 회사 내부의 반발을 일으키는 실수를 범했다.[29]

일본의 지역적 특이성에 유동적으로 대응하지 못한 것도 테스코의 실패 원인 가운데 하나다. 예를 들어 교토에서 소비되는 무는 혼슈 지방의 사람들이 즐겨 찾는 무와는 전혀 다르다. 그런데 테스코는 본사에서 일괄적으로 매장을 관리해 매장 스스로의 권한이 적기 때문에 매장 관리에서 자체적으로 변화를 줄 수가 없었다. 타사와의 가격 경쟁에서도 본사의 결정을 기다릴 수밖에 없는 실정으로 실시간으로 달라지는 변화에 적절하게 대응할 수가 없었다.[30]

평소 가격 경쟁력을 기업 전략으로 내세우는 테스코는 기존의 대형 업계들이 이미 자리 잡고 있는 일본 내 시장에서 가격 차별성으로 승부를 내기에는 힘에 겨웠으며, 더욱이 일본 각처에 1,900여 개에 이르는 거대한 매장을 가지고 있는 이온 그룹과의 경쟁은 테스코가 감당하기에 너무나 큰 산이었다. 더구나 상품과 서비스의 가격이 지속적으로 하락하는 현상인 디플레이션으로 인해서 다른 유통업체들도 가격 중시 경영을 펼치기 시작하면서 테스코는 서서히 경쟁력을 잃게 되었다. 테스코는 이러한 문제점을 극복하기 위한 시장 규모 확대의 필요성에 대해 인지하고 있었지만 매점 확장에 적절한 부지가 부족하고, 인수합병M&A 측면에서

도 마땅한 대상이 없던 것이 결국 발목을 잡게 되었다.[31]

이렇듯 테스코가 한국에서 성공할 수 있던 까닭은 자국의 문화와 관습을 잘 이해하고 소비자들의 정서와 경향에 맞는 글로컬Gloral; global과 local의 합성어 경영을 펼쳤기 때문이다. 아이러니하게도 테스코는 일본에서 자국인에 대한 이해 부족 및 잘못된 전략으로 발목을 잡히고 말았으니, 자국인의 심리 및 소비 성향에 대한 정확한 분석이 필수 요소라고 할 수 있다. 두 대형 유통 기업인 월마트와 테스코의 한일 양국에서의 엇갈린 성적표는 여러 가지로 흥미로운 점을 시사한다. 이는 한국과 일본의 문화나 소비 패턴 등에 차이가 있음을 시사하며, 이를 통해 각 나라의 문화가 다름을 이해하고, 상황에 맞는 전략을 세우는 것이 필요하다 하겠다.

■ 맥도날드가 철수한 유일한 국가는 어딘가

맥도날드는 전 세계 121개국에 3만 1,000개가 넘는 점포를 소유한 거대 다국적기업이지만, 이런 맥도날드가 맥을 못 추고 저조한 실적을 내는 국가들이 있다. 볼리비아, 중국, 필리핀의 사례를 살펴보기로 하자.

볼리비아는 인구 900만 명에 국토 면적이 한반도보다 5배가량 크고 부존자원이 풍부한 남미 대륙의 중앙에 자리 잡은 나라다. 세계에서 가장 높은 고도에 위치한 티티카카 호수가 있으며, 남쪽에는 우유니Uyuni 소금사막 등이 있어 관광지로서도 많은 매력이 있다. 연평균 기온은 섭씨 24~28도로 비교적 온화한 편이며, 아메리카 토착민부터 유럽인, 아시아인, 아프리카인 등 다양한 민족과 문화가 섞여 예술, 음식, 문학, 음악 등

의 영역 전반에서 폭넓은 다양성을 보이고 있다.[32]

어느 나라에 진출하든지 맥도날드의 현지화 전략은 탁월하다는 평가를 받고 있다. "적어도 음식에서만큼은 각 지역의 고유한 맛을 살려야 한다"는 게 잭 그린버그 맥도날드 회장의 지론이다.[33] 이와 관련, 김성국은 이렇게 말한다. "맥도날드는 프랑스 파리에는 고급 요리를 선호하는 탓에 패스트푸드 크라상 점포를 개설했다. 인도에는 국민 80퍼센트가 쇠고기를 먹지 않는 힌두교도라는 점을 감안하여 전통 요리와 양고기 버거를 함께 파는 '니루라'를 개점하여 대성공을 거뒀다."[34]

그런데 이토록 현지화에 철저한 맥도날드가 왜 볼리비아에선 실패했다는 말인가? 답은 의외로 간단하다. 미국과 볼리비아의 음식 문화가 애초부터 달라도 너무 달랐기 때문이다. 빠르게, 간단하게, 저렴하게 식단을 채우는 패스트푸드는 볼리비아 사람들에게 문화적으로 큰 거부감을 불러일으켰고, 고열량 저영양 식품이라는 것과 위생 문제도 영업 실적 부진의 중요한 요인이 되었다.[35]

맥도날드는 볼리비아에서 여덟 개 매장을 14년간 운영해왔지만 결국 음식 문화의 차이를 해결하지 못했고, 2012년 12월 21일부로 영업을 중단했다. 볼리비아는 지구상에서 맥도날드가 영업 실적 부진으로 매장을 철수한 유일한 국가다.[36]

중국은 어떤가? 맥도날드의 중국 내 매장 수는 1,400여 개로, 경쟁사인 '얌 브랜드'가 운영하는 KFC 매장 3,700곳에 크게 못 미친다.[37] 맥도날드는 전 세계 최대 외식 체인이지만 중국에서는 KFC에 밀리는 것이다. 중국은 얌 브랜드가 경쟁사인 맥도날드를 꺾고 패스트푸드 시장 1위를 확보한 유일한 나라다. 얌 브랜드의 성공 비결은 중국인 입맛에 맞는 현지 메뉴를 개발, 중산층 고객 확보를 위한 브랜드 이미지 제고, 식자재 조달을 위한 원활한 공급망 구축에 있다.[38]

필리핀의 졸리비

다국적기업의 현지화 전략이 아무리 탁월하다 해도 같은 업종의 현지 기업이 다국적기업과 경쟁할 수 있는 일정 수준에만 오른다면 '현지화 전략'을 구사하는 데 훨씬 유리할 것이다. 게다가 자국민의 애국심에 기댈 수도 있다. 이를 잘 보여주는 사례를 하나 살펴보기로 하자.

어학연수차 필리핀 세부에 3개월 정도 다녀온 적이 있다. 기숙사 급식이 입에 맞지 않아 필리핀 친구들에게 괜찮은 외식 업체를 소개시켜달라고 했다. 그들은 하나같이 '졸리비Jollibee'를 추천해주었다. 그리고 늘 이렇게 덧붙였다. 맥도날드를 이긴 필리핀 토종 프랜차이즈 업체라고. 얼마나 귀에 못이 박히게 들었는지 필리핀에서 돌아온 지 시간이 꽤나 흘렀지만 필리핀하면 졸리비가 가장 먼저 떠오를 정도다.

'즐거운 벌'이라는 뜻의 졸리비는 현재 필리핀의 최대 패스트푸드 체인으로써 필리핀 전국에 걸쳐 약 750여 점을 운영하고 있다. 또한 맥도날드, KFC 등 다른 다국적 브랜드의 시장점유율을 합친 것보다 훨씬 높은 점유율을 보이고 있다.[39] 한때 미국의 식민지였던 필리핀의 토종 브랜드가 미국의 대표 브랜드 격인 맥도날드를 눌렀으니 필리핀 국민으로서는 충분히 자랑스러워할 만하다.

택시를 타고 세부 시내를 돌아다니다 보면 1킬로미터도 채 되지 않는 거리마다 졸리비 매장을 볼 수 있다. 또한 아얄라, SM 등 대형 쇼핑몰에도 어김없이 졸리비는 매장 입구를 당당하게 차지하고 있다. 이것만 봐도 필리핀 내 졸리비의 위상은 충분히 입증된다.

졸리비의 놀라운 위상에도 불구하고 필리핀 생활 초기에는 맥도날드나 KFC 등 한국에서도 쉽게 접할 수 있는 다국적 프랜차이즈 브랜드를 많이 이용했다. 기숙사 급식이 입에 맞지 않아 필리핀 음식에 대한 공포감 같은 것이 형성되어 있었기 때문이었던 것 같다. 맥도날드나 KFC 매장에서 눈에 띈 점은 대부분의 이용객이 필리핀인이 아닌 외국인이거나 한국인 관광객이었다는 점이다. 여기가 필리핀인지 한국인지 분간이 안 될 정도였다. 필리핀인은 간간히 보일 뿐이다.

세부에 온 지 일주일쯤 지났을 때야 필리핀 친구와 함께 졸리비에 가게 되었다. 저녁 시간을 조금 넘긴 시간이었지만 자리가 없을 정도로 사람이 많았다. 그리고 대개 필리핀인이었다. 매장 인테리어나 점원 의상, 마스코트 등 외형적인 면을 보면 한국의 롯데리아나 맥도날드와 크게 다를 바 없어 보인다. 도대체 졸리비의 어떤 면이 필리핀 국민들의 마음을 사로잡은 것일까?

메뉴판을 보고 나면 그 의문이 조금 풀린다. 졸리비는 햄버거, 감자튀김, 치킨뿐 아니라 밥, 스파게티 그리고 달걀 프라이와 팬케이크, 핫도그 등의 아침 메뉴까지 정말 다양한 메뉴를 제공하고 있었다. 메뉴판만 보면 패스트푸드점이 아니라 레스토랑에 온 것 같은 기분이 들 정도다. 그렇다고 졸리비가 메뉴 선택의 다양성만을 내세운 것은 아니다. 졸리비는 햄버거에 들어간 소고기 패티를 미트볼 스타일로 바꾸고 좀 더 자극적인 맛이 나도록 필리핀 사람들이 즐겨 찾는 마늘, 양파, 향신료 등을 첨가했다. 또 필리핀 현지 스타일의 바비큐와 필리핀식 국수인 팔라복, 스파게티 등의 메뉴도 추가했다.[40] 이렇게 졸리비는 철저한 자국화 전략을 통해 다른 외국 업체와 차별화된 메뉴를 제공함으로써 자국 시장을 공략했다. 이것이 졸리비의 첫 번째 경쟁력이었다.

필리핀에서 생활하면서 느꼈던 필리핀 사람들은 애국심이 매우 강하고 가족 문화를 중시하는 사람들이었다. 졸리비는 이런 성향을 제대로 파악하고 애국심과 가족 문화를 강조하는 '건강한 필리핀인 가족' 그리고 '성공적인 자국 브랜드' 이미지를 부각시키는 마케팅 전략을 펼쳤다. 먼저 맥도날드와는 다르게 광고를 타갈로그어로 내보냈다. 타갈로그어는 필리핀의 모국어다. 이는 필리핀 국민에게 자국 브랜드라는 이미지를 확실하게 각인시키기에 충분했다.[41] 또한 졸리비는 필리핀 사람들이 가족 문화를 중요시한다는 점을 이용해 필리핀 아동층을 전략적으로 공략했다. 아이들을 이끌음으로써 하나의 가족 외식 공간을 형성한다는 것이다. 그 방법으로 졸리비는 〈졸리타운Jollitown〉이라는 어린이 텔레비전 프로그램을 이용했다. 졸리비의 벌 마스코트가 등장하는 〈졸리타운〉은 현재 필리핀 아이들이 많이 보는 TV쇼 가운데 하나다. 아이들에게 친근감 있게 다가가기 위한 이런 전략은 실제로 졸리비의 성장에도 큰 역할을 했다. 〈졸리타운〉 방영 이후 파티 예약은 27퍼센트, 클럽 회원 수는 132퍼센트나 증가했고, 페이지 접속 횟수 역시 100퍼센트의 증가율을 보였다.[42] 이처럼 타깃을 정확히 꿰뚫는 마케팅 전략이 졸리비의 또 다른 경쟁력이었다.

필리핀 친구들에게 졸리비에 대한 생각을 물은 적이 있다. 그들은 공통적으로 '존경스러운 우리 기업'이라고 했다. 실제로 졸리비는 최근 몇 년간 필리핀 국민이 가장 존경하는 기업으로 선정된 바 있다. 성공과 존경의 기준은 분명히 다르다. 존경에는 신뢰가 전제되어 있어야 한다. 한국을 대표한다고 할 수 있는 삼성은 세계적으로도 성공한 기업이지만, 삼성이라는 기업을 존경한다고 말할 수 있는 한국인은 아마 많지 않을 것이다. 졸리비는 어떻게 성공뿐 아니라 자국민의 무한한 신뢰까지 얻을 수 있었을까?

이는 졸리비의 가치 경영을 중시하는 태도에 있다고 본다. 졸리비는 기업이 반드시 추구해야 할 가치로 고객 중심, 개개인 존중, 팀워크, 가족 정신과 즐거움, 듣고 배우는 겸손함, 정직과 명예, 검소함 등을 들고 있다.[43] 이와 같은 올바른 가치 경영이 졸리비가 단순히 일시적이고 지엽적인 성공에 머무르지 않고 지속적이고 세계적인 성공으로 이어질 수 있는 교두보가 되고 있음이 틀림없다.

현지 입맛에 맞는 메뉴, 성공적인 마케팅 전략 그리고 올바른 가치 경영의 경쟁력이 맞물려서 졸리비는 필리핀 국민의 마음을 완벽하게 사로잡을 수 있었다. 필리핀 사람들은 졸리비의 성공 스토리를 다윗과 골리앗의 이야기에 비유한다고 한다. 그만큼 졸리비는 필리핀 사람들에게 단지 하나의 성공한 기업이 아니라 자국의 자존심을 지켜준 국가적 표상으로 마음속에 자리 잡고 있었다.

주

1 강준만, 『세계 문화의 겉과 속』(인물과사상사, 2012), 646쪽.

2 Martin J. Gannon, *Paradoxes of Culture and Globalization*(Los Angeles, CA: Sage, 2008), pp. 194, 213.

3 오승호, 「골목상권과 소비자보호」, 『서울신문』, 2012년 11월 19일.

4 김소연, 「[Biz]월마트·까르푸, 왜 한국에서 실패했나」, 『매경이코노미』, 2006년 6월 7일.

5 최지영, 「외국계 대형 할인점의 한국시장 진출전략 비교연구」, 숙명여대 대학원 석사 학위 논문, 2003년 8월.

6 김소연, 앞의 기사.

7 최지영, 앞의 논문.

8 최은자, 「GIS를 활용한 부천시 대형할인점의 입지특성 연구」, 한국교원대학교 교육대학원 석사 학위 논문, 2007년, 49쪽.

9 앞으로 더 두고 봐야하겠지만 코스트코의 '성공'은 추진력의 규모와 강도 차이였을 뿐 꼭 창고형 할인점 방식이 잘못된 것이라고 말하긴 어려울지도 모른다는 가능성을 말해주는 것일 수도 있다. 1994년에 국내에 진출한 코스트코는 연 매출이 2조 원을 넘어섰으며, 서울 양재점의 경우 1년 매출이 5,000억 원대로 전 세계 592개 점포 가운데 1위를 차지할 정도도. "코스트코의 최대 강점은 세계 곳곳에서 우수한 품질의 상품을 저가에 매입하는 구매(소싱)에 있다. 같은 품목에 대해 경쟁사 제품을 들여놓지 않는 조건으로 업계 1위 품목을 저가에 대량으로 구입한다. 판매 방식도 대용량 묶음 판매를 통해 경쟁 점포보다 가격을 5~20% 정도 낮췄다. 코스트코 전략이 성공하자 롯데와 신세계도 창고형 할인점 사업을 시작했다." 김진, 「국내 매출 2조 코스트코, 한국 법규는 안 지켜」, 『조선일보』, 2012년 9월 12일.

10 http://corporate.walmart.com/our-story/locations/japan.

11 *Walmart 2007 Annual Report*, Wal-Mart Stores, Inc.

12 김소정, 「한국에서 실패한 월마트, 일본에서 성공한 까닭은?」, 『한국경제』, 2012년 3월 27일.

13 「"에브리데이 로우 프라이스(Everyday Low Price)"」, 『주간무역』, 2012년 10월 12일.

14 Hiroko Tabuchi, Once Slave to Luxury, Japan Catches Thrift Bug, *The New York Times*, September 20, 2009.

15 Shunichi Ozasa, Mariko Yasu & Yumi Teso, Wal-Mart to Open Half of Japan Stores Shut After Earthquake, *Bloomberg*, March 28, 2011.

16 최갑천, 「日, 세 집당 하나는 1인 가구」, 『파이낸셜뉴스』, 2013년 1월 19일.

17 이유진, 「월마트 한국지사 폐쇄」, 『매일경제』, 2013년 1월 21일.

18 『세계기업사전』, 굿모닝미디어, 2011년 8월 5일.

19 http://corporate.homeplus.co.kr/PR/Performance.aspx.

20 김태성, 「[유통 인사이드] 외국계 할인점 홈플러스의 앞날」, 『서울경제』, 2011년 6월 17일.

21 김은형, 「100% 영국계 회사 '홈플러스' 이승한 회장 "한국 현지화전략, 말레이시아로 역수출"」, 『한겨레』, 2011년 9월 5일.

22 염지은, 「[르포]삼성테스코 목천 물류센터, 유통메카로 '우뚝'」, 『아시아경제』, 2006년 5월 17일.

23 「삼성테스코 … 가치점 도입으로 '高성장' 가도」, 『한국경제』, 2007년 6월 25일.

24 권지혜, 「테스코의 한국 현지화 성공 비결, 홈플러스」, 『엑설런스코리아』, 2005년 12월 27일.

25 김보미, 「세계가 모방하는 한국 마트 문화」, 『경향신문』, 2011년 7월 3일.

26 이초희, 「홈플러스, 한국서비스품질지수 6년 연속 1위」, 『아시아경제』, 2012년 10월 23일.

27 김동현, 「테스코, 日서 철수 … 2003년 진출 후 9년 만에」, 『한국경제』, 2012년 6월 20일.

28 Michiyo Nakamoto, Tesco's exit adds to Japan's tough reputation, *Financial Times*, September 1, 2011.

29 「英 테스코, 일본에서 철수」, 『nexteconomy』, 2011년 9월 26일.

30 앞의 기사, 『nexteconomy』, 2011년 9월 26일.

31 Michiyo Nakamoto, Tesco's exit adds to Japan's tough reputation, *Financial Times*, September 1, 2011.

32 주 볼리비아 대한민국 대사관; 위키피디어.

33 김수찬, 「[비즈니스 인 코리아] 유통업체 : '맥도날드' … 신토불이 전략」, 『한국경제』, 2000년 12월 14일.

34 http://ask.nate.com/qna/view.html?n=3128954.

35 McDonald's Closes All Their Restaurants in Bolivia, *Hispanically speaking news*, 2011년 12월 22일

36 김재순, 「"코카콜라-맥도날드, 볼리비아서 연내 철수"」, 『연합뉴스』, 2012년 8월 2일.

37 김영화, 「"맥도날드 햄버거 신선해요" … 중국 시장 공략 급피치」, 『헤럴드생생뉴스』, 2012년 2월 29일.

38 양효석, 「KFC, 中 이어 印 입맛 공략 나섰다」, 『이데일리』, 2012년 6월 4일.

39 www.jollibee.com.ph/about-us.

40 성초롱, 「[기자수첩] 토종 프랜차이즈 성공열쇠」, 『파이낸셜뉴스』, 2012년 4월 4일.

41 Carlos H. Conde, Jollibee Stings McDonald's in Philippines, *The New York Times*, May 31, 2005.

42 www.spikes.asia/winner/2011/media/JOLLITOWN TV SERIES.

43 www.jollibee.com.ph.

조중현
이서정
이나리

정치외교학과
2006학번

신문방송학과
2007학번

행정학과
2007학번

왜 한국은
셀카 공화국이 되었나

세계 각국의 셀카 문화

2012년 3월. 따스한 햇볕이 비추는 호주 브리즈번에 네 명의 친구들이 모였다. 이들의 나라는 인도네시아, 일본, 브라질 그리고 한국. 여러 나라에서 모인 만큼 할 이야기도 많다. 각자의 손에는 모두 아이팟이 들려 있다. 자연스레 이야기가 자신의 손안에 담긴 추억들로 이어진다. 먼저 이야기를 시작한 건 한국에서 온 나. 한국 친구들과 함께한 사진들을 보여줬다. 다른 친구들의 탄성이 이어진다. 괜스레 어깨에 힘이 들어간다. 하지만 이내 볼멘소리가 들린다. 이건 내가 아니란다. 이어서 다른 나라 친구들의 추억을 들여다본다. 재미있다. 내가 평소 찍었던, 나의 친구들과 함께했던 사진과는 다르게 엽기적인 표정과 충격적인 포즈들이 이어진다. 나였다면 쉽게 공개할 수 없었을 법한 비밀 폴더의 사진들을 친구들은 아무

거리낌 없이 보여주었다. 그러면서 말한다. 이게 진정한 내 모습을 담은 사진이라고…….

■ 대한민국은 거대한 스튜디오

셀프카메라Self-Camera. 카메라로 자신의 모습을 직접 찍는 행위 혹은 그 사진을 말한다. 하지만 영어권에서는 전혀 사용하지 않는 전형적인 '콩글리시'다. 하지만 대한민국에서 '셀카'라는 단어는 단순한 정의를 넘어서 하나의 문화로 자리 잡은 지 오래다. 상투적 표현이긴 하지만 '셀카 공화국'이라고 해도 좋을 정도다.

지금의 대한민국은 마치 거대한 스튜디오 같다. 국민 대다수가 핸드폰과 디지털 카메라를 통해 전문가 수준의 사진을 찍어내고 있고, 포토샵과 스마트폰만 있으면 누구나 패션 모델이 되는 시대를 살고 있다. 그렇다면 대한민국에서 '셀카 문화'가 탄생하게 된 배경은 무엇일까? 그리고 다른 나라에는 '셀카'가 존재하지 않을까?

2003년 네이버가 선정한 인터넷 유행어 1위가 바로 '얼짱'이다. 새로운 천 년을 시작하는 시점에서 대한민국은 단순히 자신의 모습을 찍는 행위를 넘어 그것을 인터넷에 올리고, 평가받는 수준에 이른다. 그리고 평가의 결과는 사진의 주인공에게 엄청난 인기를 가져다주었다.

또 다른 인터넷 강국인 미국의 경우를 보자. 같은 2003년 미국에서는 페이스북의 전신인 페이스매시Facemash가 서비스를 막 시작했다. 한국이 인터넷을 기반으로 새로운 사진 문화를 만들어내고 있을 당시 미국에서는 그제야 사진 공유를 시도하고 있었다. 이처럼 다른 나라보다 빠르게 셀카 문화가 발전할 수 있던 이유는 무엇일까?

과거 필름 카메라로 사진을 찍을 때에는 기회와 조건을 고려해야 했다. 필름이 아까우니, 나만을 위한 사진이 아닌 함께 찍힐 모두를 생각해야 했다. 또 필름 감도를 고려해 최적의 상황을 찾아야만 했는데 디지털 카메라는 귀찮은 이런 과정에서 해방시켜주었다. 또 카메라는 바지주머니 안으로 들어갈 만큼 작아졌고, 사진에서 가장 중요한 빛의 제어가 버튼 하나 누르는 것으로 가능하게 되면서 더 이상 카메라를 고려한 사진이 아닌 내가 중심인 사진을 찍을 수 있게 된 것이다. 더욱이 지금 나오는 스마트폰은 더욱 뛰어난 화소와 다양한 애플리케이션을 통해 전문가 버금가는 사진을 만들게 해주었다.

세계 상위권인 대한민국의 디지털 카메라와 스마트폰의 보급 속도, 인터넷 인프라 등이 셀카 문화 발전의 구조적 역할을 했다면, 2차적인 발전 원동력은 '셀프카메라'를 찍고 있지만 나의 사진을 찍지 않는 우리들에게서 찾을 수 있다.

현대 사회에서 대부분의 사람들은 정형화된 이미지 속에서 살아가고 있다. 이런 이미지는 자신이 추구하는 이상적인 모습과는 거리가 멀다. 오히려 사회가 만들고 강요한 이미지에 가깝다. 학생에게는 단정한 교복이, 회사원에게는 깔끔한 정장이 강요된다. 이를 벗어나면 곱지 않은 시선을 감수해야 한다. 따라서 정체성은 사회적 관습에 억눌려 있게 되었다. 그래서 셀카는 이런 억압의 탈출구가 되었다. 꾸며진 나의 모습, 화려한 연출, 멋진 배경은 성격은 물론 개성과 정체성을 보여주는 효과적인 방법이 된 것이다. 문제는 역설적으로 이런 개성과 정체성이 점점 사라지고 있다는 것이다.

지금의 아이들이 친구들과 뛰어놀지 않고, 방 안에서 컴퓨터만 한다는 이야기는 이젠 진부하다. 그 아이들 사이에서 인간관계는 자연스레 인터넷으로 옮겨졌다. 지금 세상은 '소셜네트워크Social Network'를 통해 대화한다. 따라서 사람들에게 관심을 받기 위해서는 인터넷에 자신을 알려야하는데 텍스트로 설명하는 것보단 강한 이미지 하나로 설명하는 게 더효과적이었다. 한 장의 이미지가 자신을 대변하게 된 것이다.

단 한 장의 사진을 통해 자신을 알려야 하는 환경은 더욱 자극적이고, 아름답고, 화려한 사진을 만들어냈다. 이런 현상은 사회가 개인화되어가지만 동시에 자기 PR을 통한 생존을 요구하는 현 시대의 자화상을 보여준다.[1] 심리적 측면에서는 자신의 사적인 모습을 보여주려는 노출증, 또 남의 모습을 보려는 관음증에서 찾을 수 있다.[2] 이런 점에서 셀카는 양 측면을 모두 충족시킬 수 있는 매력적인 수단이다.

하지만 이런 셀카가 진정한 내 모습일까? 인터넷에서 쉽게 접할 수 있는 셀카에서 왠지 모를 친숙함이 느껴진다. 이질감이 없다. 마치 사회를 휩쓴 거대 트렌드가 한국 사회의 모든 것을 주도해나가듯이 셀카 역시 하나의 정형화된 이미지만 떠오를 뿐이다. 다 똑같은 모습을 하고 있는 사람들. 하지만 진짜 자신의 모습과는 거리가 멀다.

사람들이 텔레비전 드라마나 영화에 빠지는 이유 가운데 하나는 현실의 인간관계에서 채우지 못한 욕구를 미디어 소비를 통해 충족하려는 성향 때문이다. 배우들이 가상 인물임을 알고 있지만, 그 인물을 통해 대리

만족을 하고 그 인물과 관계를 맺는 자신을 떠올리면서 유대감을 느끼는 것이다. 이와 마찬가지다. 현실에서 이룰 수 없지만 연예인과 비슷한 느낌의 사진을 찍고 그것을 공유함으로써 마치 그들과 같은 영역을 공유하고 있다는 사회적 소속감을 얻는 것이다. 자신이 생각하는 좀 더 이상적인 모습을 만들고, 또 함께 하고픈 사람들과 가까워질수록 점점 자신은 사라져가고 있는 것이다.

■ 조명빨 좋은 카페와 화장실을 찾아서

흔히 말하는 좋은 셀카의 방법은 무엇일까? 먼저 각도가 핵심이다. 일명 '얼짱 각도'는 카메라의 기울기를 45도로 유지하며, 얼굴 15도 위에서 비스듬히 찍는 방법이다. 이 방법을 사용하면 실제보다 작은 얼굴이 카메라 액정에 나타난다. 하지만 이런 방법도 이미 구닥다리가 되어 최적의 얼짱 각도를 위한 연구는 지금도 계속되고 있다.

사진 기술이 많이 발달했지만 지금까지도 사진의 가장 중요한 요소는 빛이다. 셀카에서도 속칭 '조명빨'이 중요하다. 과거에 사진사들은 노을 시간에 맞춰 사진 촬영의 명소로 향했다. 하지만 지금의 셀카 고수들은 시간에 상관없이 카페로 향한다. 사람을 몽롱하게 만드는 은은한 불빛이 있는 카페가 바로 셀카를 위한 최적의 장소다.

카페와 쌍벽을 이루는 또 하나의 명소는 바로 화장실이다. 특히 화장실은 독립적인 공간의 특성상 다소 민망한 표정과 포즈가 가능하다. 자유로운 연출과 안성맞춤 조명을 감안컨대, 화장실은 최고의 셀카 명소라고 해도 과언이 아니다.

좋은 셀카를 위한 마지막 방법은 적절한 포즈를 활용해 시선을 분산시킴으로써 자신의 단점을 감추는 것이다. 예를 들어, 볼에 바람을 넣으면 팔자주름을 감추고 귀여움을 극대화한다. 또 손가락을 브이(v) 모양으로 만들어 눈 옆으로 가져오면 발랄하게 보인다. 그밖에도 양손으로 꽃받침을 만들기, 눈 감고 찍기, 입술 모아 쭉 내밀기, 카메라를 이용해 거울 보며 찍기, 주먹을 가볍게 하관에 얹기 등이 있다.

그리고 남성보다는 여성의 셀카를 더 많이 발견할 수 있다. 그 이유는 짐작하기 어렵지 않다. 여성이기 때문이다. 내일 당장 세상이 무너져도 예뻐지고 싶은 게 여성의 마음이다. 더욱이 셀카의 세상에서는 조금의 기술만 있다면 단점은 감출 수 있고 미모는 정점에 이른다. 대체로 남성의 셀카는 공격적이다. 앞뒤 생각하지 않고 찍고, 사진을 올리고 본다. 자신의 단점을 군이 숨기려 들지 않는다. 하지만 여성은 최대한 자신의 단점을 감추는 데 주력한다. 방어적인 자세를 취함으로써 셀카에서 공격당할 수 있는 요소를 사전에 차단한다. 이런 이유로 여성이 더욱 뛰어난 셀카 기술을 갖게 되었다.

하루의 일과를 마치고 화장실에 들어섰다. 세안을 마치고 거울을 들여다본 자신의 모습. '오늘따라 왜 이렇게 피부가 좋아 보여?' 여성의 셀카는 화사하다. 여성은 이 순간을 놓치고 싶지 않다. 언제 또다시 찾아올지 모르는 자신의 이런 수수한 외모를 한시라도 빨리 만방에 알리고 싶은 마음에서 셀카를 찍기 시작한다. 다른 상황은 화장이 잘 먹은 날이다. 민낯에는 자신이 없지만 화장을 하면 위풍당당하다. 수수함과는 180도

다른 도시적인 여성이 된다. 그러면 또 자신은 변신할 줄 아는 여성임을 알리기 위해 스마트폰을 든다.

남성의 경우는 조금 다르다. 남자의 셀카는 '느와르'다. 우선 그 분위기의 주인공이 되어야 한다. 그리고 한껏 미간을 찌푸려야 한다. 마치 자신이 이 세상의 고민을 다 짊어지고 있다는 걸 알리고 싶은 마음이다. 또 다른 이유는 '몸짱' 열풍이다. 텔레비전에서 얼굴은 곱상한 연예인이 자꾸만 자신의 웃통을 슬금슬금 들어올린다. 여자 친구들의 눈은 하트로 변한다. 자신의 연인을 지키겠다는 마음. 그리고 다른 여성들에게 관심을 끄는 데 가장 최고의 방법이 어느 순간 복근이란 결론으로 이어졌다. 우선 복근을 만든 후에 그다음 과정은 명확하다. 또 다시 느와르의 주인공이 되어 미간을 잔뜩 찌푸린 채 자신만이 이 어두운 세상을 구원할 영웅의 자격이 있음을 웃통을 벗어 보여준다. 셀카는 곧 자신이 주인공이 된 영화 포스터다.

목적이야 어쨌든, 대한민국 셀카의 결론은 자신을 알리고 또 남들의 반응을 보기 위함이다. 하지만 셀카를 인터넷에 올리는 목적이 남녀 간에 조금씩 다르듯 반응에도 차이점이 있다. 여성의 셀카 댓글에는 하트(♡) 표시를 심심찮게 볼 수 있다. 그리고 "많이 예뻐졌네!", "살 빠졌다", "귀엽다" 등 훈훈한 분위기의 댓글이 많다.

하지만 남성의 경우는 다르다. "이건 뭐……", "댓글이 하나도 없어서 불쌍해서 써준다", "당장 지워라" 등의 과격한 반응을 보인다. 하지만 셀카의 주인공은 이런 댓글에 아랑곳하지 않는다. 오히려 이런 반응을 즐긴다. 여성들의 셀카에 이런 댓글을 달았다면 큰일 날 일들이다.

사람들은 모두 각양각색의 개성을 가지고 있다. 그런데 셀카는 특정한 유형 몇 가지로 좁혀진다. 그 원인이 무엇일까? 지금도 컴퓨터 앞에서 모니터 화면을 통해서만 즐거움을 얻는 우리들의 모습 때문은 아닐까?

다른 나라의 친구들과 이야기를 나누면 다양한 이야깃거리가 등장한다. 함께 여행한 일부터 자신의 집에서 열린 파티들, 방과 후 앞마당에서 즐긴 농구 게임들. 하지만 우리나라에는 함께 즐길 문화가 몇몇으로 정해져 있다. 여자들은 오직 카페에 모여 수다를 떨고, 남자들은 텔레비전 화면의 축구공에 목숨을 건다. 셀카는 어쩌면 즐거웠던 옛것을 모두 잃어버린 우리의 쓸쓸한 자화상일지 모른다.

손에 들린 작은 내 사진이 가장 큰 즐거움이 되어버린 우리. 그렇다면 호주에서 만난 다양한 나라의 친구들, 엽기적인 표정과 충격적인 사진을 보여준 친구들은 어떤 추억을 담아가고 또 어떻게 새로운 즐거움을 찾아가고 있을까? 우리처럼 오직 나만의 사진을 담고 있을까?

일본의 셀카 문화

일본에 '셀카'라는 용어는 존재하지 않는다. 대신 '지도리自撮り'라는 말이 있다. 한자의 뜻을 풀이해 보면 '스스로 자自', '사진 찍을 촬撮'을 써서 '스스로 사진을 찍는다'라는 뜻이다. 이 단어는 아이폰이 등장하고, SNS가 유행하면서 자주 등장하게 됐다.

일본에서는 우리나라처럼 공공장소에서 사진을 찍는 경우를 보기 힘들다. 심지어 자신이 직접 찍어 사진을 올리는 것을 부끄럽고 불편하게 생각하는 일본인도 많다. 타인의 시선을 의식하는 일본인의 성향을 엿볼 수 있다. 젊은 20대의 경우에는 지도리에 조금 더 관대하다. 사진을 찍을 때 자연스럽게 브이 자를 그리거나, 심심치 않게 엽기적인 사진도 찍는다. 특히 브이 자는 외국인 친구들이 한국 스타일 혹은 일본 스타일이라고 부를 정도다.

한국에서 선풍적 인기를 끈, 어쩌면 셀카의 시작이라 말할 수 있는 스티커 사진은 일본이 원조다. 일본에서 '프리쿠라プリクラ'라 불리는 스티커 사진의 인기는 여전하다. 프리쿠라는 자신의 얼굴 사진이 들어간 스티커 기계를 뜻하는 '프린토 쿠라부PRINT CLUB: 스티커 사진기의 상품명'의 프리와 쿠라를 합쳐 만든 말이다.

프리쿠라는 1990년대 중후반에 등장하여 일본 여중생에 선풍적 인기를 끌었다. 초기에는 사진을 찍고 바로 현상하는 데 그쳤지만, 시간이 지나면서 사진을 보정하고, 배경을 꾸미고, 사진에 메모를 적는 것으로 발전했다. 또한 스티커 사진만을 위한 전문적인 가게가 등장하면서 다양한 가발과 의상을 비치하여 인기를 이어갔다.[3]

하지만 스티커 사진의 인기가 올라갈수록 사진의 인물은 실제와 멀어져갔다. 미백 기능을 활용해 코가 보이지 않을 정도로 얼굴을 하얗게 하는가 하면, 실제보다 두 배나 큰 눈을 만들기도 했다. 현재 선풍적 인기를 끌고 있는 '갸루ギャル 문화'의 발상지가 이곳일지도 모른다.[4]

지금은 프리쿠라 샵에 많은 변화가 생겼다. 디지털 기기의 보급으로 인해 자리를 위협받기도 했지만, 스티커 사진에 생소한 외국인을 대상으로 홍보를 시작하면서 관광명소가 되기도 했으며, 단순히 사진을 찍고 나오던 곳에서 열 명이 소파에 앉아 한 사진에 나올 만큼 다양한 크기를 구비하고, 프리쿠라 샵에서 노래를 하거나 춤을 출 수 있는 오락 기능이 추가되었다.[5]

우리의 셀카가 남들에게 보여주기 위한 것이라면, 일본의 셀카는 친구들과 함께하는 놀이다. 우리가 자신의 가장 아름다운 모습을 담기 위해 셔터를 눌렀다면, 일본은 친구들과 함께한 추억, 조금은 재미있고 특별한 기억을 담기 위해 셀카를 찍는다.

인도네시아의 셀카 문화

우리나라는 사진이 일상이지만, 인도네시아에서는 여전히 특별한 날의 추억이다. 결혼식장이나 특별한 여행지에서만 카메라 셔터 소리를 들을 수 있다. 하지만 이곳에서도 최근 핸드폰과 디지털 카메라의 보급으로 더욱 많은 사람이 셔터를 누르기 시작했다. 특이한 점은 우리나라에서는 찾기 어려운 '블랙베리' 스마트폰이 대부분이란 점이다. 우리처럼 큰 액정에 셀카 기능이 탑재된 스마트폰을 쓰는 것이 아니라 핸드폰 아래 자판이 달린 외형적으로 조금은 다른 휴대전화를 쓴다는 점이다.

인도네시아에서 블랙베리가 다수를 차지하는 이유는 인도네시아 국민성과 연관이 있다. 사람과 이야기하길 좋아하는 인도네시아 사람에게 블랙베리의 'BBM(블랙베리 메신저)'은 매력적인 기능이다. 다소 인터넷이 불안정한 인도네시아에서 BBM이 안정적인 의사소통을 가능하게 해주기 때문이다.

이곳에서 셀카는 10대의 전유물이다. 모든 연령대가 셀카를 찍기는 하지만 특히 13~18세의 청소년에게 집중되어 있다. 인도네시아에서 셀카 찍기를 좋아하는 사람을 'narsis' 라고 부르는데 우리가 익히 아는 '나르시시즘narcissism: 자기 자신에게 애착하는 일'에서 유래한 말 같다. 이처럼 narsis라 불리는 사람들은 소셜 네트워크가 발달하기 시작한 2008년부터 급증하기 시작했다.

인도네시아 사람들도 셀카를 찍을 때 손가락이나 손을 이용해 귀여운 표정과 포즈를 취한다. 특이한 점은 카메라를 얼굴에 가깝게 해 얼굴이 크게 나오는 셀카가 많다는 점이다. 대부분의 사람들이 귀엽고 예쁜 표정의 사진을 찍지만 가끔 얼굴을 찌푸리거나 일부러 못생긴 표정을 짓고 웃음이 묻어나는 사진을 찍기도 한다.

이런 셀카의 대표적인 포즈에는 'alay' 가 있다. 이것은 카메라를 자신의 얼굴보다 높은 위치에 두고 사진을 찍어 쿨한 느낌을 의도한 것이란다. 하지만 정말 그런 느낌인지는 알 수 없다.

이곳의 10대 역시 셀카를 페이스북, 트위터 등을 통해 공유한다. BBM을 통한 공유를 넘어 최근의 트렌드에 적극 동조하고 있다. 특히 외모에 관심이 많은 10대들에게 유명 가수나 연예인의 사진을 보고 그 사진을 모방하는 사진이 유행하고 있다. 그 예로 소녀시대에서 영감을 받아 나온 '체리벨Cherrybelle' 이란 걸 그룹은 모든 멤버가 사진을 찍을 때 얼굴 밑에 꽃받침을 만든다. 이 꽃받침은 바람을 타고 소셜네트워크로 넘어온다. 인도네시아의 페이스북과 트위터는 온통 꽃동산이다.

남미의 셀카 문화

호주에서 만난 칠레와 브라질 친구들은 지리적 특성으로 미국의 대중문화에서 많은 영향을 받은 것처럼 보였다. 하지만 '남미' 하면 떠오르는 열정과 화려함과는 조금 거리가 멀어 보였다. 삼바의 나라 브라질에서는 사진을 찍어줄 사람이 없거나 함께 찍을 사람이 없는 경우를 제외하고 혼자서 사진을 찍는 모습을 보기는 어렵다. 셀카를 찍는 경우는 단순히 허전해 보이는 자신의 SNS 프로필을 채우기 위해서다. 우리처럼 셀카 찍는 것은 10대에서만 볼 수 있는 특성이다.

브라질 친구가 고향으로 떠나기 전 마지막 날 밤, 자신의 시드니 여행 사진을 보여주었다. 카메라를 가득 채운 사진들 속에서 친구의 얼굴을 보기는 어려웠다. 시드니의 명소나 풍경 사진만 덩그러니 있을 뿐, 우리나라의 속칭 '인증샷'을 찾기는 쉽지 않았다. 호주의 명소를 여행하면서 그곳을 배경으로 하고, 나의 얼굴을 큼직하게 집어넣고 있을 때, "사진 찍어드릴까요?"라고 물었던 남미 친구가 떠올랐다. 그때 난 민망함에 "예, 찍어주세요"라고 대답했다. 난 셀카를 찍고 싶었지만 말이다.

같은 남미에 있는 칠레도 비슷하다. 그곳에서도 찍어줄 사람이 없는 부득이한 경우를 제외하고는 셀카를 보기 어렵다. 하지만 최근의 새로운 인터넷 환경은 이곳에서도 영향을 끼쳐 10대와 젊은 여성을 중심으로 셀카 인구가 증가하는 추세다. 칠레에서는 셀카를 찍고 SNS에 올리는 사람들의 경우 남들에게 주목받고 싶고, 칭찬받고 싶은 욕구 때문이다.

이곳에서 셀카를 자주 찍는 사람들은 나르시스트로 보이거나 자존감이 넘치는 사람으로 비춰진다. 칠레인은 새로운 옷을 사거나, 문신을 했을 때처럼 자신을 보여주기 위해서나, 자신의 주변이나 배경에 새로운 변화가 생겼을 때 그곳을 배경 삼아 찍기도 한다. 하지만 칠레에서 보편적인 셀카는 바비큐 파티나 생일 파티처럼 특별한 날 가족이나 친구와 함께하는 사진들이다. 남미의 열정을 철판 삼아 아무 곳에서나 찍어대지 않는다.

셀카의 고독을 넘어서

언제부턴가 우리의 추억거리는 하나둘씩 줄어가고 있다. 흙먼지 풀풀 날리며 친구들과 함께했던 놀이는 이제 '향수'라는 이름으로 특별한 일이 되어버렸다. 굳이 모여서 함께하는 즐거움을 찾을 필요가 없어졌기 때문일까? 요즘의 우리는 혼자서도 재미있게 잘 논다. 셀카. 혼자 놀기의 진수다.

오랜만에 사진 앨범을 열어본다. 어릴 적 돌 사진부터 학교 졸업 사진. 혼자 찍은 사진은 아니지만 나름 셀카들이 눈에 띄긴 한다. 재미있다. 하지만 셀카가 미소를 띠게 했다면 친구들과 함께한 사진에서는 함박웃음이 나왔다. 나 혼자만 찍은 사진은 그때의 기억이 가물가물했지만 친구들과 함께한 사진들은 기억도 또렷하다. 흐려진 기억이 있다면 함께 찍힌 친구들에게 물어보면 된다. 생각지도 못한 이야기들이 쏟아져 나올 것 같은 기대감도 든다. '이 녀석은 이 사진을 가지고 있을까?'

바다 건너 해외에서 만난 친구들. 셀카가 아직은 낯선 친구들 사이에서 난 잠시 나만을 위한 사진을 접어두고, 친구들과 함께 사진을 찍었다.

혼자 찍을 때만큼 예쁘게 꾸미지도 못했고 화사한 사진도 아니다. 하지만 내 책상 위에 올려두고 싶은 사진이다.

오늘 밖으로 나가보자. 혼자 말고 친구들을 만나러. 친구들을 만나서는 다른 사람에게 사진을 부탁해보자. 우리 가운데 한 명쯤에게는 굴욕적인 사진이 나올 테고, 또 초대하지 않은 손님이 완벽한 작품을 방해할 수도 있다. 하지만 티격태격하며 더 예쁘게 찍자고 소리치고, 또 깔깔거리며 사진을 보고 웃는 모습에서 셀카보다 더 예쁜 모습을 볼 수 있지 않을까? 어쩌면 그 모습이 지금까지 셀카 때문에 굳어졌던 나의 미소를 다시 찾아줄지 모른다. 혼자서만 예뻐지지 말자. 그리고 혼자서만 재미있지 말자. 혼자만의 즐거움은 화장실에서도 찾을 수 있으니까.

1 진선희, 「[셀카신드롬 下] 자기PR시대의 생존전략」, 『중앙일보』, 2005년 3월 19일.

2 진선희, 앞의 기사.

3 「스티커 사진의 지존! 일본의 프리쿠라(プリクラ)!」; http://blog.naver.com/japansisa/110124585861.

4 '갸루(ギャル)'란 '소녀'를 뜻하는 영어 '걸(Girl)'을 일본식으로 발음한 단어다. 원래 염색한 머리, 짙은 눈 화장 등을 즐기는 젊은 일본 여성을 가리키던 속어다. 그러나 요즘은 자신을 꾸미는 데 적극적이며 비용도 아끼지 않는 여성을 의미한다. 금융 위기로 일본도 불황이 극심한 가운데 갸루 관련 업계는 호황을 누리고 있다. '갸루 산업혁명'이란 말도 시장이 세분되고 규모가 커지면서 등장했다. 일본 패션업계를 비롯해 유통, 출판업계까지 영향을 끼치는 갸루 비즈니스의 성공 원칙은 다섯 가지로 꼽힌다. △저렴한 가격 △섹시한 디자인 △유행과 소비자 시각을 동시에 고려한 믹싱(mixing) 감각 △디테일주의(헤어스타일, 손톱 등 몸 전체를 만족시킨다는 뜻) △현실감 있는 판타지 등이다. 소비자였던 갸루족들이 패션업체 경영인, 디자이너, 잡지사 기자 등 각 분야에 진출해 이 같은 문화를 확산시킨 것도 갸루 비즈니스가 성장하고 있는 이유로 꼽힌다. 남원상, 「日 갸루산업 "불황이 뭐예요?"」, 『동아일보』, 2009년 6월 5일.

5 이관구, 「일본 스티커 사진기 제3의 부흥기 온다」, 『게임 저널』, 2006년 5월.

김 호
조은지

신문방송학과 2011학번

신문방송학과 2011학번

왜 미국의
해리 포터는 가벼울까

미국 · 일본 · 한국의 독서 문화

해리 포터로 영어 공부하기

해리 포터 시리즈가 선풍적인 인기를 끌면서 해리 포터를 영어로 읽으면 재미도 있고 영어 공부도 된다며 원서가 불티나게 팔린 적이 있다.[1] 그 말에 혹해 『해리 포터와 마법사의 돌』 원서를 샀는데 책을 처음 받고는 한국 책과의 많은 차이점에 놀라게 되었다.

첫 번째는 책이 딱 한 권이었다는 점이다. 그리고 책이 무척 가볍고 표지가 코팅조차 되어 있지 않다는 점, 종이 재질이 최하급 인쇄용지인 갱지였다는 점도 달랐다. 반면, 이제껏 읽어온 한국의 『해리 포터와 마법사의 돌』은 두 권으로 이루어져 있다. 그리고 책이 가볍지 않고, 표지는 훨씬 튼튼하고 코팅되어 번들거렸으며, 종이 재질은 미국 원서에 비해 아주 좋은 편이었다. 그 외에도 한국 책에 비해서 원서는 책의 크기와 글씨 크기가 작았다. 똑같은 책임에도 크기와 권 수, 종이와 가격에 이르기까지 많은 차이점이 있었다.

이처럼 같은 책이라도 어떤 나라에서 출판했는가에 따라 많은 차이가 있다는 것을 알게 되었다. 물론 내가 본 원서는 문고본이었으니, 이걸 곧장 한국의 양장본과 비교하는 것엔 문제가 있겠지만, 한국엔 전반적으로 양장본으로 된 책이 많다는 점에 주목할 필요가 있겠다. 한국에서 문고판을 찾아보기는 쉽지 않다. 반면, 미국이나 일본은 먼저 양장본으로 책을 내서 1차로 시장에서 소화시킨 다음 저렴한 가격에 양서를 보급한다는 취지로 제본 방식을 바꿔 페이퍼백으로 다시 출간한다.

한국의 문고판 비중은 통계에도 잡히지 않을 정도로 미미하지만, 일본은 2010년 전체 출판물 가운데 문고판이 16퍼센트 이상을 차지할 정도로 문고판이 출판 시장에서 차지하는 비중이 크며, 경제 불황으로 인한 출판 시장의 불황에도 불구하고 문고판은 싼 가격을 무기로 건재함을 보여주고 있다.[2] 미국은 문고판이 일본보다 더 일상적인 나라다. 2010년 11월 한 달에 미국인이 구입한 문고판은 약 8,080만 달러어치에 이르렀다.[3]

그렇다면 문고판을 구입할 것인가, 양장본을 구입할 것인가를 가르는 결정적인 요인이 무엇일까? 문고판은 양장본에 비해 가볍고 작기 때문에 들고 다니면서 보기 좋다. 반면, 양장판은 문고판보다 보관하기 용이하다. 인터넷의 한 커뮤니티에 오른 댓글은 문고판을 보관할 경우에 나타나는 문제를 다음과 같이 토로했다.

"한 번 책 읽고 나면 모양새가 그대로 유지되는 바람에 책이 들뜨요,

책벌레는 기승을 부리기 좋고요, 습기를 대박으로 잘 빨아들이기 때문에 장마철 한 번 지나고 나면 책이 울퉁불퉁 울어요. 먼지 잘 타고, 책에 더러움이 묻을 경우, 갱지 재질은 손댈수록 종이 가루만 떨어지고 책이 훼손되죠. 누렇게 변색되는 속도는 말할 것도 없구요." [4]

요컨대, 한국인은 책을 갖고 다니면서 읽기보다는 집에서 오래 보관하며 읽는 것을 선호한다. 그렇기 때문에 도서관 이용에서도 차이가 생긴다. 2011년 16세 이상 미국인의 56퍼센트가 연중 한 번 이상 도서관을 방문한 반면, [5] 성인 한국인의 도서관 이용률은 22.1퍼센트에 불과했다. [6] 한국인의 1인당 대출권수는 1.9권인 반면, 미국은 7.4권, 일본은 5.1권에 달했다. [7] 2011년 국민독서실태조사 결과, "직접 구입해서 읽는다"가 42.6퍼센트, "도서관에서 빌려 읽는다"가 6.9퍼센트일 정도로 한국인은 도서관을 가기보다는 책을 구입해서 읽는 것을 선호한다. [8] 다시 말해서, 한국 사람들은 양장본을 사서 읽는 것을 좋아하고, 미국이나 일본 사람들은 도서관에서 빌려서 읽거나, 책을 사더라도 양장본 대신 저렴한 문고판을 사서 읽는 경우가 많다는 것이다.

애서가의 나라, 일본

일본 언론인 다치바나 다카시가 한국에 이름이 널리 알려진 이유는 책을 많이 가지고 있어서다. 특히, '고양이 빌딩'이라는 이름으로 유명한 그의 서고에는 최소한 5만 권 이상의 장서가 있으며, 이 빌딩 이외에도 자신의 집, 제2 서고 등에 많은 책을 가지고 있다고 한다. 책의 무게에 건물이 무너져, 이를 지탱하기 위해 새로운 건물을 지었다는 그의 말을 듣고 있노라면 헛웃음까지 나온다.

극단적일망정 다치바나 다카시는 일본인의 지극한 책 사랑을 웅변해 주는 상징적 인물이다. 일본인은 자신들의 빠른 경제 성장이 오랜 독서 습관 덕이라고 생각한다. 그렇기 때문에 일본 젊은이들이 책 대신 휴대 전화나 게임기를 잡는 것에 강한 우려를 하고 있다. '활자문화진흥법'이라는 독서 교육만을 위한 법이 제정된 것도 바로 그런 이유 때문이다. 이법은 2005년 7월 22일 일본 국회에서 찬성 220표, 반대 1표로 가결되었는데, 반대표는 실수였다고 한다.[9] 각 지역 차원에서도 스스로 '독서마을'을 선포한 곳들도 있는데, 독서마을 다이고 마치에서는 관내 학교에서 수업 전 아침독서 활동, 가정에서는 '집안 독서' 운동까지 펼치고 있다.[10]

무엇이 일본인으로 하여금 이토록 독서를 사랑하게 만든 걸까? 혹 옛 문명 이전의 일본 사회의 모습이 너무 끔찍하다고 생각해서 그런 건 아닐까? 예컨대, 일본의 중세에는 쓰지기리つじぎり라는 풍습이 있었다고 한다. 이 풍습은 사무라이가 자신의 검이 잘 드는지를 확인하기 위해 무차별적으로 거리의 행인을 베어버리는 행위다. 이처럼 문명에서 멀리 떨어져 있었기 때문에 문명을 갈구하고 문명에 속하기를 바라던 열정이 독서열로 나타난 건 아니었을까? 번역서를 읽는 일이 일본인에게 자신들이 문명화되어 가고 있다는 만족감을 준 건 결코 우연이 아니었을 것이다.

독서를 문명의 최선이자 최후의 보루로 보는 일본인의 태도는 도서의 가격에도 그대로 적용되고 있는 걸까? 일본의 최저 시급이 2012년 기준으로 평균 737엔이지만,[11] 『해리 포터와 마법사의 돌』(전 2권)의 가격은

1,218엔이다.[12] 한국의 최저시급은 4,580원이지만, 한국의 『해리 포터와 마법사의 돌』(전 2권)은 16,000원이다.[13] 즉, 똑같은 책을 일본은 약 두 시간을 일하면 살 수 있지만, 한국은 약 네 시간을 일해야 한다.

애서가란 책을 사랑하는 사람을 이른다. 일본을 보면 책을 사랑한다는 표현이 어울리는 것 같다. 물론 경기 불황, 젊은 층의 활자 기피 현상 등의 요인으로 일본도 책 판매량이 많이 떨어졌다. 1996년 1조 931억 엔에 달하던 일본의 출판 시장 규모가 2010년 8,212억 엔까지 떨어진 것이다.[14] 그러나 젊은 층의 활자 기피를 막기 위해서 '활자문화진흥법', '아침독서운동', '독서마을', '가족독서' 등의 다양한 해결책을 내놓는 것을 보면 일본의 애서가 기질은 앞으로도 크게 바뀌지 않을 것으로 보인다.

■ 독서가의 나라, 미국

미국은 독서가의 나라다. 여기서 말하는 독서가는 일본처럼 독서에 열광한다거나 독서에 독서 이상의 의미를 부여하는 사람이 아니라 여가 시간을 보내기 위한 여러 가지 일 중에서 책을 읽는 일을 선택한 사람을 뜻하는 것이다.

미국은 실용주의의 나라다. 미국의 실용주의는 인간의 지적 활동이 의심에서 비롯된다는 시각에서 출발해서, 문제 해결을 위해 가설을 설정·검증한다. 이런 행위가 궁극적으로 인간의 삶을 개선하는 데 기여할 것이라고 믿는다. 이 실용주의가 일상적 의미로 사용될 땐, 대개 원칙이나 이념을 초월하여 결과를 중요하게 만드는데 실천적 유용성과 도구주의, 경험주의, 현실주의 및 세속주의 경향 등의 특징을 가진다.[15] 미국은 책에 대해서도 이런 실용주의적인 입장을 취한다.

미국에선 출판할 때 양장본을 먼저 내고 소프트커버를 낸 뒤 문고판으로 넘어간다. 우리나라는 보통 양장본에서 소프트커버로 넘어간 뒤 반응이 좋으면 애장판이라는 이름으로 양장본이 다시 나오는 형태지만 미국은 문고판으로 넘어가는 속도가 빠르다. 책에서 중요한 것은 책의 모양이나 재질이 아닌, 책에 담긴 내용이라는 실용적인 태도 때문일 것이다.

미국에선 좋은 재질로 만든 책들의 가격이 비싸다. 그렇기 때문에 많은 사람이 훨씬 싼 가격으로 나오는 문고판을 많이 이용한다. 문고판은 오래 보관하지 못한다는 단점이 있다. 그래서인지 미국인은 책을 보관하지 않고 한 번 읽고 나면 폐지와 함께 묶어서 버린다. 사실 읽은 책을 다시 읽는 경우는 많지 않기 때문에 가장 실용적인 방안이다. 읽고 나서 소장하고 싶은 책은 양장판을 따로 구입한다. 또한, 문고판 책은 작고 가볍기 때문에 들고 다니면서 읽기 간편하다.

여기까지는 일본의 문고판 이용과 비슷하다. 그러나 미국의 실용주의를 가장 잘 보여주는 것은 분량이 꽤 되더라도 웬만하면 단권으로 나온다는 점이다. 시리즈로 되어 있는 책을 읽다 보면 한 권을 거의 다 읽은 상태에서, 다음 권까지 가방에 넣기엔 너무 무거워 이러지도 저러지도 못하는 경우가 있다. 그러나 미국은 대부분 단권이기 때문에 그런 경우가 거의 없다. 예를 들어, 『해리 포터와 불사조 기사단』은 한국에서는 총 다섯 권으로 출간되었다. 일본에서는 두 권이다. 그러나 미국은 단 한 권으로 나왔다. 무거운 양장본 다섯 권보다 갱지로 된 문고판 단권이 훨씬 들고 다니기 편하다는 것은 두말할 나위가 없다.

이런 경향은 현재 종이책에서 전자책으로 넘어가는 세계적 추세에서 미국이 반응하는 속도에서도 나타난다. 전자책은 단권 문고판보다 더욱 편하기 때문에 더 실용적이다. 미국에서는 이미 종이책보다 전자책이 더 많이 팔리고 있으며,[16] 세계 다른 어떤 곳의 전자책 시장보다 성장 속도가 빨라 성장률이 두 배에 이른다.[17]

도서관 이용률이 다른 나라에 비해서 높은 것도 실용주의 관점에서 설명할 수 있다. 어차피 한 번 보고 말 책을 일부러 돈 주고 살 필요가 없다고 보는 게 아닐까. 물론 도서관이 많아서 도서관을 이용하는 사람이 많다고 볼 수도 있겠지만, 역으로 도서관을 이용하는 사람이 많기 때문에 도서관이 양적·질적으로 성장하게 된 것이라고 생각할 수 있다.

책에선 필요한 정보만 얻으면 그만이라는 쿨한 태도에 익숙해진다면, 그 누구든 일본의 다치바나 다카시가 세운 고양이 빌딩을 보며 "왜 책을 모을까? 도서관에 가면 되는데……"라고 생각하게 될지도 모르겠다.

■ 장서가의 나라, 한국

CEO 안철수의 성공 비결은 뭘까? 한 기사에 따르자면 엘리베이터를 기다리고 타는 짧은 순간에도 책을 읽는, 이른바 '엘리베이터 독서'의 생활화 덕분이라고 한다.[18] 개인의 성공뿐만 아니라 명문가를 만드는 것도 독서를 생활화하는 교육 덕분이라고 분석한 책이 큰 인기를 끌기도 했다. 그 외에도 『독서왕이 성공한다』, 『성공하는 사람들의 독서습관』 등 성공의 필수 요소를 독서로 분석한 책들이 많이 출판되었다.

책을 읽지 않으면 성공할 수 없다는 생각이 사회에 팽배해 있는 상황에서 싫으면 읽지 않아도 된다는 말은 설득력이 없기 마련이다.[19] 한국에서는 독서를 성공하기 위한 도구로 강조하는 경우가 많다. 그렇기 때문에, 속독을 강조하는 책들이 존재하고, 그것도 모자라서 최대한 짧게 줄인 소설 요약집이 꾸준히 나온다.

물론 독서를 통해 얻는 많은 지식과 간접 경험이 성공에 큰 도움이 될 것은 분명하다. 그러나 한국만큼 독서와 성공을 연관시켜서 생각하는 나라가 또 있을까? 이런 특징은 독서와 입신양명立身揚名을 동일하게 생각하던 조선 시대부터 이어져 내려온 것으로 생각하는 것이 좋겠다. 출세를 하는 길이 책을 많이 읽는 것이고, 책을 많이 읽으면 존경을 받는 세월이 500여 년이 넘었다. 그러나 수백 년간 전해 내려온 배운 사람이 출세한다는 프레임은 급격한 산업화와 도시화가 하루아침에 만든 졸부의 대거 등장으로 깨지게 된다.

그러나 졸부들은 가진 것이 그야말로 돈 밖에 없었기 때문에 상류층이 될 수는 없었다. 그렇게 이들은 학력과 지식의 부족으로 인한 콤플렉스에 휩싸이게 되었다. 그 콤플렉스를 극복할 방안으로 생각한 것이 책이다. 졸부들은 관상용 서재를 만들기 시작했다. '볼 책'이 아닌 '보여줄 책'이다. '보여줄 책'이기 때문에 예뻐야 한다. 이런 이유 때문에 책을 사서 보는 것을 선호하게 되고, 책도 더 고급스럽고 예쁘게 출간된다. 때로는 그것이 지나치기도 하다. 중동의 졸부들도 '관상용 서재'를 꾸민다는 데,[20] 한국의 졸부들도 비슷했다.

물론 안 좋은 문화만 있는 게 아니다. 학기가 끝나면 서로 자축하는 등 아직도 희미하게 남아 있는 '책거리'라는 좋은 풍속이 있다. 책거리란 『천자문』이나 『동몽선습』 같은 책을 한 권 떼었을 때, 그것을 기뻐하며 작은 잔치를 여는 것이다. 이처럼 책 한 권을 떼면 잔치를 벌일 정도로 우리 선조들은 책에 많은 의미를 부여하며 소중히 여겼다. 책에 대한 태도는 지금까지도 이어져서 우리들도 다 읽은 책이라도 쉽사리 버리지 못한다. 책을 소중하게 여기는 태도가 남아 있는 것이다. 그렇다면 한국인에게 미국인처럼 책을 한 번 읽으면 버리는 행동을 기대할 수는 없다. 언제 다시 읽을지 기약은 없지만 언젠가는 읽을 것이라고 생각하며 책장이 모자라도 최대한 보관한다.

하지만 어쨌든 독서를 많이 하면 성공한다든가 성공한 사람은 독서를 많이 한다는 말과 같이, 독서와 성공을 동일시하는 경향이 강한 한국 사회에서 자신이 읽은 책을 과시하기를 좋아하는 사람이 많은 건 분명한 사실이다. 자신이 읽은 책을 과시하는 것을 넘어서 읽지 않은 책 또한 책장에 꽂아놓고 마치 서재에 꽂힌 모든 책을 읽은 양 의기양양해하는 모습도 심심찮게 보인다. 이 모습이 전형적인 장서가의 모습이다.

『어느 책 중독자의 고백』이라는 책에서 톰 라비는 자신이 책을 사는 것이 낙인 장서가임을 고백했다. 똑같은 전집을 몇 번이고 사고도 그걸 알아차리지 못할 정도로 책을 사는 것에만 사로잡혀 있었다. 남태우는 애서가와 장서가의 차이를 이렇게 설명한다. "애서가는 책을 지배하는 자며, 장서가는 책에 지배당하는 자라고 할 수 있다. 책을 자신의 시녀로 삼느냐 자신이 책의 시녀가 되느냐에 달려 있다."[21]

한국, 일본, 미국이 같은 책을 다른 방식으로 대하는 것처럼 다른 나라도 제 나름의 특색이 있다. 예를 들어 독일은 독서인의 천국이라고 불린다. 도서정가제가 시행되고 있으며 구하기 어려운 책에도 추가 비용 청구가 금지되어 있다. 독일어로 된 모든 책이 정리되어 전자 열람이 가능하고, 대형 도매업체가 밤새에 주문 물량을 서점에 공급하여 소형 서점도 고객의 주문을 충실하게 이행하게 한다.[22] 반면, 중국에서는 출간되는 책은 많지만, 잘 팔리는 책의 아류작이 대부분이며 책값이 매우 비싼 편이다.[23] 이 외에도 많은 나라에서 제도와 문화가 현재 그 나라의 독서 행태에 영향을 끼치는 경우가 많다.

독서를 음악으로 치자면, 장서가는 악기를 모으되 연주는 하지 않는 사람이라고 할 수 있다. 물론, 악기조차 없는 사람들보다는 음악에 열의가 있다고 긍정적으로 생각할 수도 있지만 제아무리 스트라디바리우스의 바이올린이 있더라도, 모셔놓기만 하면 소용없다. 책도 마찬가지다. 책도 읽을 때 가치를 가지게 된다.

일본인을 애서가, 미국인을 독서가, 한국인을 장서가라고 단정 짓는 것은 많은 문제를 야기한다. 분명 일본인 장서가도, 미국인 애서가도, 한국인 독서가도 존재할 것이다. 그러나 사회 전반적으로 나타나는 현상들을 생각해보았을 때, 각국에서 각각의 특징이 많이 나타나는 건 부인하기 어려울 것이다. 그렇다고 해서 일본, 미국, 한국의 우열을 가리자는 것이 아니다. 오히려 각국의 특성을 나름대로 잘 살리는 방향으로 발전해가는 것이 옳다고 생각한다. 과시용으로 책을 구입하는 한국의 경향이

나쁜 것만은 아니다. 오히려 책에 대한 관심이 여전히 많다고 해석하는
게 어떨까?

1 김일주, 「영화 뜨면 원서도 '날개'」, 『한겨레』, 2007년 6월 13일.

2 한창만, 「日出판계, 문고판 발행 속도전」, 『한국일보』, 2012년 3월 15일.

3 Tina Jordan, AAP Reports 5.1% Increase in November book Sale, *AAP*, January 14, 2011.

4 「갱지 싫어요」; http://www.82cook.com/entiz/read.php?num=1295818.

5 Kathryn Zickuhr et. al, Libraries, patrons, and e-books, *PewResearchCenter*, June 22, 2012, p. 32

6 윤종욱 · 백원근 외, 「2011년 국민독서실태조사」(문화체육관광부, 2012), 147쪽.

7 광주시립도서관, http://www.citylib.gwangju.kr/main/sub.php?mno=183.

8 윤종욱 · 백원근 외, 앞의 책.

9 신우성, 『미국처럼 쓰고 일본처럼 읽어라』(어문학사, 2009), 178~182쪽.

10 신우성, 앞의 책, 304~307쪽.

11 오민규, 「'시간당 4달러'의 나라」, 『경향신문』, 2012년 1월 16일.

12 일본 온라인 서점, honto, http://honto.jp/netstore/search_0750_09defaultrank%20-salesnum%20-saledate_10harry%20potter.html?bookDataFlg=true&eBookDataFlg=false&tbty=1.

13 한국 온라인 서점, 교보문고, http://www.kyobobook.co.kr/search/SearchCommonMain.jsp.

14 한창만, 앞의 기사.

15 김호섭, 「기획특집논문-행정(학)에서의 이념과 실용/실용주의와 행정: 미국의 경험을 중심으로」, 『한국행정학회보』, 2009년, 19~23쪽.

16 김광현, 「아마존의 '전자책 혁명' "양동작전' 시작 … 가격 경쟁력이 무기"」, 『한국경제매거진』, 제876호(2012년 9월 10일).

17 Christine McCluskey, Ebook Market Grows 76% in the U.S., More Slowly Elsewhere, *EContent*, July, 26, 2011, http://www.econtentmag.com/Articles/ArticleReader.aspx?ArticleID=76774.

18 정은주, 「CEO 안철수의 성공비결은 '엘리베이터 독서'」, 『한겨레』, 2012년 5월 15일.

19 오한숙희, 「두꺼운 책, 읽기 싫으면 베고 자렴」, 『한겨레』, 2006년 9월 19일.

20 양선희, 「[서소문포럼] 그래도 책이 답이다」, 『중앙일보』, 2011년 10월 21일.

21 남태우, 『태워도 태워지지 않고, 감춰도 감춰지지 않는 책 이야기』(한국도서관협회, 2012), 32쪽.

22 교포신문 편집실, 「독일은 독서인들의 천국」, 『교포신문』, 2009년 2월 2일, http://kyoposhinmun.com/detail.php?number=903&thread=14r05.

23 「(중국)책값, 과연 합리적인가?」, 『해외출판정보』, 2011년 1월 25일, http://opia.klti.or.kr/news_view.jsp?ncd=134.

대중문화의
사회학

intercultural
communication

대중음악 차트는
무엇을 말해주는가
미국 · 영국 · 일본 · 한국의 대중음악 문화

■ **미국의 빌보드 차트**

우리에게 가장 잘 알려진 팝 음악 차트는 미국의 '빌보드 차트' 다. 가수 싸이가 2012년 11월 7일 기준으로 7주 연속 빌보드 싱글 차트 2위를 기록하는 대기록을 세우면서 빌보드 차트에 대한 우리의 관심도 높아졌다.[1] 미국의 빌보드 차트에 대해서 자세히 알아보도록 하자.

빌보드billboard는 대형 옥외광고판을 가리키지만 미국 뉴욕에서 발간되는 음악 전문 잡지의 이름이기도 하다. 1894년 창간됐으니 118년의 역사를 자랑한다. 이 잡지가 매주 발표하는 음악 순위표, 즉 빌보드 차트는 인기곡과 앨범이 장르별로 세분돼 35가지로 발표된다. 크게는 싱글 차트와 앨범 차트로 구분된다. 세계 최고의 명성과 공신력을 자랑한다는 건

주지의 사실이다.[2] 싸이가 7주 연속 2위를 기록했던 '빌보드 핫 100'이 바로 빌보드 싱글 차트의 또 다른 이름이다. 빌보드 싱글 차트와 마찬가지로 중요하게 여기는 빌보드 앨범 차트는 '빌보드 200'으로 불리기도 한다.

이들 빌보드 메인 차트의 순위는 어떻게 선정될까? 메인 차트로 불리는 빌보드 핫 100과 빌보드 200은 모두 음악 장르에 관계없이 디지털 음원 판매, 라디오 방송, 온라인 스트리밍 등 세 가지를 기준으로 순위를 매긴다.[3] 나머지 힙합, 컨트리, R&B 등 장르 차트에 대해서는 라디오 방송 횟수로만 선정이 이루어져왔다. 그런데 최근 빌보드가 이러한 장르 차트 순위를 선정하는 방식을 변경했다. 나머지 장르 차트에 대해서도 메인 차트와 마찬가지로 디지털 음원 판매량과 온라인 스트리밍을 순위 선정에 반영하도록 한 것이다.[4]

이 같은 집계 방식 변경은 싸이에게 유리하게 작용했다. 즉 변경된 장르별 차트 집계 방식에 싸이가 강세를 보이는 스트리밍 등이 추가되면서 싸이는 랩송 차트에서 1위로 급상승하게 된 것이다. 이와 관련해 2012년 10월 12일 미국 빌보드는 차트 집계 방식에 변화가 있음을 알리며 "Taylor, Rihanna & Psy Get Chart Boost(테일러 스위프트, 리한나, 싸이가 차트 상승세)"라는 제목의 기사를 게재했다. 이 기사는 "장르별 차트가 개선되어 스트리밍과 다운로드 집계 방식이 추가됐다"면서 "싸이를 포함한 리한나, 테일러 스위프트 세 가수가 빌보드 차트 집계 변화의 수혜자"라고 밝혔다.[5]

빌보드의 순위 선정 방식의 변경은 미국 내에서 논란이 되었 다. 『뉴욕타임스』는 빌보드의 규정이 바뀌면서 결과적으로 슈퍼스타, 팝에 기반을 둔 음악, 여러 장르가 섞인 크로스오버 경향의 음악을 하는 가수들이 유리해졌다고 지적했다. 특히 컨트리 싱어 송 라이터인 캐리 언더우드의 팬들은 언더우드의 노래 '블론 어웨이Blown Away'가 컨트리 라디오 방송국에서 훨씬 많이 전파를 탔음에도 테일러 스위프트의 노래에 밀리자 격분했다. 일부 팬들은 빌보드의 규정 변경을 무효로 해달라는 온라인 청원 운동까지 벌이기에 이르렀다. 음악 블로그 라이브 네이션 랩스Live Nation Laps의 평론가 카일 빌린은 "새 규정은 라디오 방송 횟수가 적더라도 온라인에서 많은 음원을 판매한 가수들이 오랜 기간 차트 톱을 차지할 수 있음을 보여준다"고 말했다.[6]

빌보드는 이런 점을 인정하면서도 새 시대의 흐름을 반영할 수밖에 없다는 입장이다. 빌보드의 편집 디렉터인 빌 베르데는 "음악을 소비하는 방식이 바뀐 흐름을 명확하게 반영할 필요가 있다"며 "더 이상 라디오에만 의존할 순 없으며 앞으로는 유튜브 등 동영상 플레이 횟수도 포함시킬 계획"이라고 말했다.[7]

■ 영국의 UK 차트와 일본의 오리콘 차트

싸이가 2012년 10월 1일에 1위에 오른 영국의 'UK 차트' 역시 빌보드와 마찬가지로 세계적으로 인정받는 공신력 있는 차트다.[8] UK 차트는 '오피셜 차트 컴퍼니OCC'에서 집계하는 순위를 일컫는다. 다양한 음악 장르에 대한 순위를 세분화한 미국 빌보드 차트와는 달리, 영국의 음악 순위는 장르 구분 없이 일괄적으로 싱글/앨범 인기 순위를 발표하는 정도로 단순하게 이뤄져 있다.

빌보드 차트가 싱글 100위, 앨범 200위까지를 집계하여 매주 발행되는 잡지와 빌보드 홈페이지를 통해 게재하는 반면, 영국 순위는 싱글−앨범 모두 75위까지만을 집계하여 영국 야후_uk.yahoo.com 사이트와 주간지 『뮤직 위크』를 통해 발표가 이뤄진다. 영국의 음악 인기 순위는 1952년 11월 영국의 음악 주간지 『뉴 뮤지컬 익스프레스』를 통해 처음 집계가 시작되었다. 지금과 같은 형태의 순위 발표가 이뤄진 것은 1969년부터다. 당시 영국 BBC 방송 횟수와 음반 판매량을 근거로 50위까지 발표된 이 순위는 1978년 75위까지로 확대되어 지금에 이르고 있다.[9]

싸이는 한국 가수 최초로 UK 차트 1위에 등극했으며 이는 아시아 음악의 쾌거로 인정받고 있다. 대중음악 평론가 박은석은 "미국과 함께 팝의 종주국으로 꼽히는 영국에서 한국 가수가 한국어 노래로 차트 1위를 한 것은 굉장한 일"이라고 평가했다. UK 차트는 빌보드에 비해 지역색이 강한 것으로 알려진 만큼 성과가 남다르다는 분석이었다. 아시아 가수에게는 그간 진입 장벽이 높은 것으로 유명했던 차트였다. 싸이 이전에 UK 싱글 차트 1위를 한 아시아 가수는 일본의 사카모토 규(1963년)와 필리핀의 채리스 펨핀코(2010년) 등 손에 꼽을 정도로 적었다.[10]

일본의 '오리콘 차트' 역시 빌보드 차트와 UK 차트처럼 세계에서 가장 공신력 있는 대중음악 차트로 인정받고 있다. 오리콘 차트는 일본의 음악 정보 서비스를 제공하는 주식회사 '오리콘_Oricon'이 발표한다. 싱글 차트는 1968년 1월 4일, 앨범 차트는 1987년 10월 5일부터 정식 순위를 산정하기 시작했다. 매주 월요일부터 7일간의 음반 판매량을 집계해 화요일에 차트를 발표한다. 판매량 집계는 정해진 판매점에서 판매 데이터를 받는 방식으로 이뤄진다. 따라서 다른 경로를 통해 판매될 경우 순위에 오르지 못하는 경우가 발생한다.

빌보드 차트와는 달리 현재 오리콘 차트는 오프라인 음반 판매량만을 반영하며 온라인 음원 판매량은 반영하지 않는다. 음반 시장의 변화에 따라 일본 역시 2000년대 들어 싱글 음반 판매량은 줄어들고 음원 다운로드량은 증가하고 있지만, 오리콘 차트에서는 온오프라인을 합산한 인기 순위를 확인할 수 없다. 또 발매 첫 주의 차트 등장 순위가 강조되기 때문에 음반 회사에서 발매 1주째에 좀 더 많은 판매량을 올리기 위해 주력하는 경향이 있다. 그래서 인기곡이 오랫동안 차트에 머무르는 빌보드와 달리 시간이 지날수록 급격히 순위가 떨어지는 현상이 발생한다.

우리나라는 일본의 오리콘 차트보다 이런 경향이 훨씬 강한 것 같다. 아니 세계에서 우리나라만큼 음악 흐름이 빠른 나라가 또 있을까? 다시 말해서 우리나라는 음악의 소비 주기가 매우 짧다. 모던록 밴드 넬의 김종완도 "요즘은 음악적 흐름이 너무 빠르다"며 "차트에 일주일만 있어도 '오래 간다'라는 말이 돌 정도"라면서 최근의 음악 흐름에 대해 일침을 가했다.[11]

한국 대중음악의 소비 패턴이 빠른 이유

몇 년 전부터 주요 온라인 음원 사이트를 들어가 보면 실시간(보통 한 시간 단위)으로 음원 순위가 바뀌고 있다. 이제는 하루도 아니고 한 시간 단위로 인기 순위가 얼마든지 바뀔 수 있게 된 것이다. 평소 음악에 관심을 가지고 듣는 사람조차 실시간으로 바뀌는 차트를 보면 정신이 없을 때가 많다. 그러니 음악에 별 관심 없는 사람들은 오죽하겠는가. 한 음악이 사랑받는 기간이 짧아진다는 것은 안타까운 일이다. 음악 팬으로서 좋은 노래가 오랜 기간 사랑받을 수 있는 환경이 만들어졌으면 하는 바람이 있다.

가수 윤종신도 2010년 〈놀러와〉에 출연해서 "1990년대에는 노래 한 곡을 띄우기 위해 1년을 홍보했는데 요즘은 한 곡을 한 달 하다가 안 되면 바로 바꾼다"면서 최근의 가요계 생리를 지적했다. 아무리 트렌드 시대라지만 음악에서조차 소비성이 강해지는 풍토에 대한 아쉬움을 짚은 것이다. 이 같은 아쉬움은 신승훈도 마찬가지였다. 신승훈은 "노래가 아무리 히트를 해도 요즘에는 그 음악에 깃든 추억이 없다"면서 "대중들에게는 '보이지 않는 사랑'(신승훈의 대표곡)을 떠올리면 그 노래는 추울 때 들었던 노래라는 아련한 추억이 있다"면서 노래 한 곡 한 곡으로 곱씹어 보는 추억의 부재를 아쉬워했다.[12]

우리나라의 빠르게 변하는 가요 순위에 익숙해져 있는 한국 대중과 언론들이 매주 싸이의 빌보드 순위에 집착한 것도 어찌 보면 당연한 일이다. 이에 대해서 박종원은 미국의 음악 시장 규모를 한국의 음악 시장 규모와 비교하면서 시장 규모의 차이는 곧 소비 패턴의 차이로 직결되며 미국의 히트곡이 시장에서 퍼지고 머무는 속도가 한국과는 다를 수밖에 없다고 말한다.

박종원은 "미국은 전 세계에서 가장 큰 음악 시장을 보유하고 있다. 올해 국제음반산업협회IFPI에서 발표한 2011년 미국의 음악 시장 규모(출처: Recording Industry In Number 2012)는 약 43억 7,890만 달러로 전 세계 음악 시장의 26.3퍼센트에 해당한다. 한국의 음악 시장 규모는 약 1억 9,950만 달러다. 단순 비교해도 25배 남짓 차이가 난다. 시장 규모의 차이는 곧 소비 패턴의 차이로 직결된다. 히트곡이 시장에서 퍼지고 머무는 속도가 한국과는 근본적으로 다를 수밖에 없다"며 다음과 같이 말했다.

"작년 미국에서 최고의 음반판매량을 기록한 아델Adele의 앨범 〈21〉이 빌보드 차트에 머문 기간은 42주다. 그녀의 노래 '롤링 인 더 딥Rolling In The Deep'은 2011년 1월에 나와 18주간 차트 중상위권에 머물다 5월 셋째 주에 빌보드 싱글 차트 1위를 기록했다. 이후 7주 연속 1위를 달리며 연말까지 차트 상위권에 이름을 올렸다. 2011년 서플 댄스로 최고의 주가를 올렸던 엘엠에프에이오LMFAO의 '파티 록 앤섬Party Rock Anthem' 역시 싱글 차트에 입성해 톱 10에서 완전히 벗어나기까지 33주가 걸렸다. 그들의 후속곡인 '섹시 앤드 아이 노 잇Sexy And I Know It'은 리한나의 '위 파운드 러브We Found Love'에 밀려 7주 연속 2위를 하다 1위에 올랐다. 당장 싸이와 경쟁 중인 마룬5도 싱글 차트에 이름을 올린 지 16주째를 맞고 있다. 빌보드 싱글 차트는 한 번 정상에 근접하면 좀처럼 순위가 하락하지 않는다. 특별한 변수가 없는 한 짧게는 10주에서 길게는 6개월 이상 차트 상위권에 랭크된다. 이번 주 빌보드 싱글 차트 톱 10에 오른 10곡들 중 절반은 앨범 발매 후 10주 이상 시간이 지난 것들이다. 이번 주 4위에 랭크된 펀Fun의 '섬 나이트Some Night'는 빌보드 차트에 이름을 올린 지 33주째를 맞고 있다. 한국에서 이런 풍경을 보기란 쉽지 않다. 미국에서의 10주는 인기 몰이의 시작이지만 한국에서의 10주는 대중들의 피로감이 시작되는 시기, 그 마지노선이다. 한국의 음원 차트를 지켜보던 시각으로 빌보드를 보니 없던 조급증도 생길 수밖에 없다."[13]

그런데 한국 대중음악의 빠른 소비 패턴이 과연 음악 시장 규모 때문일까? 이 기사는 미국 음악 시장 규모가 한국 음악 시장보다 훨씬 크기 때문에 미국에서 히트곡이 시장에서 머무는 속도가 한국에서보다 길 수밖에 없다고 말하고 있다. 그러나 우리나라도 예전에는 한 노래가 사랑받는 기간이 매우 길었다. 예컨대 1994년에 발표된 김건모의 '핑계' 같은 경우는 1년 내내 인기를 끌었다. 한국 음악 시장 규모가 미국 음악 시장에 비해 훨씬 작다는 사실은 그때나 지금이나 다를 게 없는데도 말이다. 이는 결국 한국 대중음악의 빠른 소비 패턴을 음악 시장 규모의 차이로 설명할 수 없다는 것을 보여준다. 최근에 우리나라보다 시장 규모가 작은 대만의 음악 차트에서 슈퍼주니어의 4집 타이틀곡 '미인아'가 63주 연속 1위를 기록하고, 5집 타이틀곡 '미스터 심플Mr. Simple'은 46주 연속 1위를 기록한 것도 이를 뒷받침한다.

그렇다면 한국 음악의 빠른 소비 패턴의 원인을 어떻게 설명할 수 있을까? 첫 번째로는 한국 음악 시장의 높은 디지털 음원 비중을 들 수 있다. 2011년 한국의 디지털 음원 시장 규모는 전체의 54퍼센트로, 이는 음악 시장 규모 상위 20개국 중에서 가장 높은 수준이다. 디지털은 기본적으로 '빠름'이라는 속성을 내재하고 있기 때문에 디지털 음원의 높은 비중은 한국의 빠른 음악 소비 패턴을 설명하는 하나의 근거가 된다.

두 번째로는 실시간 음악 차트의 도입이 이런 빠른 음악 소비 패턴을 부추겼다는 것이다. 실시간 음악 차트가 주요 온라인 음원 사이트에 도입되면서 음악 시장의 흐름이 실시간으로 움직이게 되었고 결국 소비 패턴도 더욱 빨라지게 된 것이다.

세 번째로는 우리나라의 낮은 음원 가격을 들 수 있다. 얼마를 주고 음악을 구입하느냐에 따라서 사람들이 그 음악을 대하는 태도 역시 달라질 수밖에 없다. 예컨대 같은 곡을 100원을 주고 산 사람과 500원을 주고 산 사람이 있다면 500원을 주고 산 사람은 100원을 주고 산 사람보다 그 곡을 한 번이라도 더 듣게 된다는 것이다. 우리나라는 음원 가격이 저렴하기 때문에 그만큼 음악의 소비 주기도 짧아질 수밖에 없다.

한국은 가요 차트를 잃어버렸다

"30~40대 이상의 대중에게 '당신이 아는, 인정할 만한 가요 차트'를 말해보라고 한다면 어떤 대답이 나올까. 아마도 KBS의 〈가요 톱10〉을 떠올릴 것이다. 1980~1990년대 대중음악을 아우르는 '공룡' 차트였다. 하지만 1998년 〈가요 톱10〉이 폐지된 이후 사실상 우리는 가요 차트를 잃어버렸다."[14]

대중문화 평론가 강태규의 말이다. 아닌 게 아니라 20대인 내게도 〈가요 톱10〉은 충분히 인정할 만한 가요 차트로 기억된다. 매주 수요일 손범수 아나운서가 진행하던 〈가요 톱10〉을 즐겨보는 학생이었던 나는 학교에서 친구들과 곧잘 이런 식의 대화를 하곤 했다. "어제 그 가수 순위 많이 올랐더라. 벌써 6위야." 1위 곡을 제외한 10위권 내의 가수들에 대한 이야기만으로도 쉬는 시간을 다 채울 수 있었다는 사실은 지금으로서는 쉽게 상상하기 힘든 일이다.

2010년 우리나라에선 빌보드처럼 공정하고 신뢰할 수 있는 음악 차트를 표방한 가온 차트가 생겼다. 한국음악콘텐츠산업협회가 운영하고 문광부가 후원한다. '가온'은 "가운데, 중심"이란 뜻의 순우리말이다. 국내 여섯 개 음악 서비스 사업자와 이동통신사가 제공하는 음악 서비스의 온라인 매출에다 음반 판매량을 합쳐 100위까지 집계한다.[15]

그러나 가온 차트는 투명성을 높이기 위한 노력에도 불구하고 아직까지 인지도가 낮은 편이다. 대중문화 평론가 정덕현은 "한국에는 음원 서비스는 있어도 차트는 사실상 존재하지 않는다"며 "주요 음원 사업자와 기획사들이 주도하는 시장에서 어느 것이 믿을 만하다고 말하기 어렵다"고 지적했다. 실제로 국내 대표적인 음원 차트로 꼽히는 멜론(로엔엔터테인먼트)·엠넷(CJ E&M) 등을 운영하는 사업자는 연예인 매니지먼트를 겸업하거나 공연·음반 사업을 진행하고 있다. 또 때마다 불거지는 '음원 사재기 논란'에서 볼 수 있듯 일부 세력의 차트 조작이 가능한 점도 신뢰도를 떨어뜨리고 있다. 현재는 누군가 특정 가수의 음원을 대량으로 사들이면 판매량에 곧장 반영돼 순위가 오르게 된다. 일단 상위권에 오르면 '톱100'을 무작위로 듣는 이용 패턴에 의해 꾸준히 소비되면서 대중 인식과 격차가 생기고 이것이 불신으로 이어지는 경우가 왕왕 발생하고 있다.[16]

반면 미국의 빌보드 차트는 1급 비밀에 해당하는 '빌보드 공식'을 통해 이런 왜곡을 차단하면서 공신력을 인정받고 있다. 빌보드에서는 판매량·라디오 방송 횟수·온라인 스트리밍 서비스를 단순 취합하지 않고 특정 분야에 가중치를 주는 빌보드 공식에 넣어 순위를 매긴다. 외부 세력의 개입이 포착되면 판매량 비율을 떨어뜨려 외부 효과를 최소화하는 것이다. 이런 그들만의 노하우를 통해 소비 활동이 적은 중·장년층의 노래가 차트 순위에 오르기도 한다.

대중음악 평론가 임진모는 "빌보드의 큰 강점은 역사와 전통"이라며 "우선 닐슨 BDS(브로드캐스팅 데이터 시스템)와 닐슨 사운드스캔 등 음악 산업 전문 조사기관이 있고 이들로부터 제공받은 자료를 모두가 납득할 만하게 산정하는 경험이 축적돼 있다"고 설명했다. 그러나 국내에는 전문 조사기관이 없을뿐더러 다양한 측면을 고려해 순위를 매기는 경험도 일천하다. 정덕현은 "우선 음반·음원 판매량을 정확하게 모니터링하는 시스템이 구축돼야 한다"고 지적했다.[17]

전 세계 역대 최다 싱글 판매 기록은?

세계에서 가장 많이 팔린 음반은 어떤 음반일까? 바로 1982년에 발매된 마이클 잭슨의 〈스릴러Thriller〉앨범이다. 〈배철수의 음악캠프〉의 작가 배순탁은 이 앨범의 판매고에 대해서 이렇게 말한다. "고작해야 몇천만 장 따위(?)가 아니다. 이 앨범의 판매고를 측정하기 위해서는 자릿수를 하나 더 올려야 한다. 1억 1,000만 장. 유일무이한 1억 장 돌파 음반이며 2위인 AC/DC의 〈백 인 블랙Back In Black〉(4,900만 장)과 비교해도 두 배 이상에 해당하는 수치다. 그것도 마이클 잭슨이 사망하기 전에 이미 1억 장을 넘었다는 점을 고려하면, 실로 엄청난 결과가 아닐 수 없다. 음반사에 재직한 개인적 경험에 비춰 보아, (극심한 낭비벽만 없다면) 자손 대대로 지구가 멸망할 때까지 먹고살 수 있다고 해도 허언은 아니다." [18]

그러나 미국 내에서는 1990년대 후반을 넘어서면서 순위가 바뀌어 2009년까지 마이클 잭슨의 〈스릴러〉가 2위에 머물렀다. 그렇다면 미국에서 마이클 잭슨을 앞지르고 한동안 단일 앨범 미국 내 음반 판매량 1위를 지켰던 음반은 어떤 가수의 것이었을까? 이 문제가 예전에 퀴즈 프로그램 〈1 대 100〉에 나온 적이 있었다. 프로그램 마지막에 출제된 문제는 다음과 같다.

문제 : 미국 내 단일 음반 판매량 1위 기록을 가지고 있는 뮤지션은?
보기 : ① 이글스 ② 마이클 잭슨 ③ 엘비스 프레슬리

출연자는 2번 마이클 잭슨을 선택했지만, 정답은 1번 이글스였다. 결국 출연자를 비롯한 남은 소수의 참가자들이 이 문제를 모두 틀리는 바람에 아무도 상금을 획득하지 못한 채 프로그램이 마무리되었다. 이 방송이 나가고 난 뒤에는 실시간 검색어 1위에 '이글스'가 오르기도 했다.

1976년 발표된 이글스의 〈데어 그레이티스트 힛츠Their Greatest Hits 1971~1975〉는 2,900만 장의 판매고를 올려 2009년까지 10년 간 미국 내 음반 판매량 1위를 질주했지만, 2009년 12월 1일 미국의 음반산업협회RIAA는 1982년 발표된 잭슨의 〈스릴러〉가 2,900만 장 이상 팔려 이글스의 음

반 판매량과 같아졌다고 밝혔다.[19] 2009년 6월 25일 마이클 잭슨이 사망한 후 〈스릴러〉의 판매량이 급증했기 때문이다.

전 세계 역대 최다 싱글 판매 기록을 갖고 있는 가수는 영국 가수 엘튼 존Elton John이다. 1997년 9월 6일 영국 런던 웨스트민스터 사원에서 치러진 다이애나비의 장례식에서 엘튼 존은 '캔들 인 더 윈드Candle in the wind'를 추모곡으로 열창했는데 바로 이 곡이 싱글 판매에 관한 한 팝 역사상 모든 기록을 바꿔 썼다.

이 노래는 원래 마릴린 먼로를 위해 만들어져서 1973년 발표된 곡이었지만 다이애나 비를 위한 추모곡으로 쓰이면서 새로 발매된 지 1주일 만에 영국에서만 155만 장의 판매고를 올리며 역대 최고 기록을 경신했고, 발매 37일이 지난 10월 20일에는 전 세계적으로 3,180만 장이 팔려나갔다는 보고가 있었다.

'캔들 인 더 윈드'의 97 버전은 엘튼 존의 모국인 영국에서 현재까지 486만 장의 판매고를 올리며 압도적인 최다 판매 기록을 보유하고 있고 세계적으로도 역시 부동의 1위를 지키고 있다. 전 세계적으로 역대 최다 판매 기록을 살펴보면 '캔들 인 더 윈드'가 총 3,700만 장의 판매고로 1위를 기록하고 있고 그 뒤로 3,000만 장이 팔려나간 빙 크로스비의 〈화이트 크리스마스White Christmas〉, 1,700만 장이 팔린 빌 헤일리와 히스 코멧츠의 〈록 어라운드 더 클락Rock around the clock〉이 2, 3위로 뒤따르고 있다.[20]

한국의 역대 음반 판매량 1위 앨범은?

2012년 11월 9일 싸이의 '강남스타일' 디지털 싱글 판매량이 미국에서 '더블 플래티넘(200만 장 이상 팔린 음반)'을 기록했다. 이렇게 흔히 골드, 플래티넘이라고 이야기하는 것은 무엇을 기준으로 하는 것일까? 물론 나라마다 기준이 다르다. 또 기준이 불변하는 것도 아니다. 우리나라만 해도 최근 팝 시장이 워낙 좋지 않다 보니 팝 음반의 경우 판매량이 3만 장만 넘어도 골드, 6만 장을 넘으면 플래티넘 앨범으로 친다. 예전보다는 많이 하향 조정된 수치다. 하지만 가장 흔히 인용되는 기준은 미국 음반산업협회가 인증한 수치로 판매량 기준 50만 장이면 골드, 100만 장이면 플래티넘 그리고 1,000만 장이면 다이아몬드 앨범으로 인증된다.

미국 위싱턴에 본사를 두고 있는 미국 음반산업협회의 판매량 인증 제도는 1958년 3월 14일 처음 생겨났다. 미국 중심의 수치이며, 또 음반사에서 풀린 출고량을 기준으로 하기 때문에 실제 판매량과는 차이가 있을 수도 있다는 비판에도 불구하고 여전히 세계적으로 가장 공신력 있는 음반 판매량 인증제도로 인정받고 있다.[21]

팝이 강세를 보인 1970~1980년대에는 국내에서도 이런 용어를 자주 사용하곤 했지만, 최근 들어서는 거의 사용하지 않고 있다. 단지 한 음반으로 100만 장 이상을 터뜨린 가수에 대해 '밀리언셀러'라는 우리만의 호칭을 사용하고 있다.[22] 우리나라는 1998년부터 한국음반산업협회가 공식적인 음반 판매량을 집계해 발표하고 있다.

일반적으로 음반 판매량은 음악 시장의 규모에 비례하기 마련이다.[23] 세계 음악 시장 2위 국가인 일본의 최다 판매량 가수는 1998년 데뷔한 여

가수 우타다 히카루로 1999년 발매된 앨범 〈퍼스트 러브First Love〉는 지금까지 980만 장을 기록해 일본 역대 음반 판매량 1위에 올라 있다.[24] 세계음악 시장 4위인 영국의 최다 음반 판매 기록은 영국의 록그룹 퀸이 가지고 있다. 2006년 영국의 UK 차트에 따르면 지난 1981년 발매된 퀸의 앨범 〈그레이티스트 히츠Greatest Hits〉는 540만 장이 팔려 영국에서 최고 판매량을 기록했다.[25]

우리나라의 역대 음반 판매량 1위 앨범은 1995년 발매된 김건모 3집이다. '잘못된 만남'이 수록된 김건모 3집은 330만 장의 판매고를 올렸으며, 한국 기네스북에도 등재되어 있다. 당시 길거리 등에서 많이 팔리던 불법 복제 테이프의 판매량이 정식 판매량과 비슷했다는 속설을 믿는다면 600만 장이 넘는 판매고를 올린 셈이다. 이는 당시의 인구수와 비교해보면 비정상적으로 높은 판매고라고 할 수 있다.[26]

■   **한국과 미국의 사랑 노래 비율**

팝송과 가요를 들으면서 느낀 점 가운데 하나는 우리나라 가요가 팝송에 비해 남녀 간의 사랑을 주제로 한 노래가 더 많다는 것이었다. 그러나 사랑을 주제로 한 노래의 비율에 대해서 한국과 미국이 구체적인 수치로 얼마만큼 차이가 나는지는 아직까지 알려진 바가 없다. 그래서 나는 직접 한국과 미국의 노래들을 조사해서 사랑 노래의 비율이 구체적으로 어느 정도 차이가 나는지 수치화해보기로 했다. 한국과 미국의 모든 곡을 조사한다는 것은 불가능에 가깝기 때문에 조사의 편의상 1980년대부터

2012년에 이르기까지의 한국과 미국 차트 1위 곡만으로 조사 범위를 한정하도록 했다.

먼저 미국의 경우에는 1980년 1월부터 2012년 12월까지의 빌보드 싱글 차트 1위 곡 총 541곡(연주곡 1곡 제외)을 대상으로 했으며, 한국의 경우에는 1981년 2월부터 1998년 2월까지는 KBS의 〈가요 톱10〉 1위 곡(231곡)을, 그다음부터 2012년 7월까지는 SBS의 〈SBS 인기가요〉의 1위 곡(383곡)을 대상으로 총 614곡을 조사했다.[27]

그 결과 미국의 경우 541곡의 1위 곡 가운데 사랑 노래는 모두 403곡으로 전체의 74.5퍼센트인 것으로 나타났으며, 한국은 613곡의 1위 곡 가운데 사랑 노래는 525곡으로 전체의 85.5퍼센트인 것으로 조사되었다. 한국의 1위 곡 중에서 사랑 노래의 비율이 미국의 1위 곡에 비해서 11퍼센트 높게 나온 것이다. 기간별로 살펴보면 미국의 경우 1980년대 74.4퍼센트, 1990년대 76.6퍼센트, 2000년대 72.6퍼센트였다. 한국은 1980년대 83.5퍼센트, 1990년대 87.7퍼센트, 2000년대 85.2퍼센트였다.

사랑 노래가 아닌 1위 곡들의 주제를 살펴보면 미국은 평범한 일상생활에 대한 이야기부터 교육 문제, 노숙자 문제 등 사회문제를 다룬 노래에 이르기까지 매우 다양했다. 조사를 하는 내내 주기적으로 나타난 주제는 복잡한 일은 잊어버리고 지금 이 순간(파티 등)을 모두 함께 즐기자는 내용과 당당하게 자신의 삶을 스스로 만들어나가라는 메시지를 담은 내용이었다.

이 주제들은 미국 사회의 대표적인 단면들과 연결 지어서 생각해볼 수 있다. 지금 이 순간을 함께 즐기자는 노래는 자본주의 경쟁 사회(복잡한

일)에 지친 미국인에게 생활의 일부로 자리 잡은 파티 문화가 삶의 안정감을 가져다주고 스트레스를 해소시켜주는 수단으로 작용하는 한 단면을 보여주며, 주체적인 삶을 강조하는 노래는 미국인의 대표적인 삶의 철학, 즉 자신의 인생에는 다른 사람이 관여할 수 없으며 그만큼 다른 사람의 삶의 방식 역시 존중해야 한다는 개인주의 신념을 대변한다.

우리나라도 미국과 같은 자본주의 경쟁 사회의 궤도로 본격적으로 들어서면서 힘든 일은 잠시 제쳐두고 함께 즐기자는 주제의 노래가 미국처럼 많은 숫자는 아니지만 꾸준히 차트 정상을 노크하고 있다. 여기서 주목할 만한 점은 미국의 경우에는 이런 주제의 곡들이 예전부터 있어왔지만 한국의 경우는 1996년에 이르러서야 비로소 이런 주제의 곡이 1위에 오르기 시작한다는 것이다. 정치적으로는 민주화가, 경제적으로는 산업화가 이루어지고 난 이후인 1990년대가 되어서야 비로소 이런 노래들이 미국에서처럼 인기를 얻을 수 있었다는 해석이 가능할 것이다.

1996년의 1위 곡인 터보의 '트위스트 킹'이 바로 그 출발점인 셈이다. 이후로 1997년 DJ. DOC의 'DOC와 춤을'을 끝으로 한동안 이런 주제의 곡이 나오지 않다가 2002년 후반이 되어서야 싸이의 '챔피언'이 명목을 이어나가게 되며 2011년 2PM의 '핸즈 업'에 이르기까지 그 흐름은 지금까지 꾸준히 지속되고 있다.

여기서 1998년부터 2001년까지의 기간에 이런 주제의 곡이 1위에 오르지 못한 것은 1997년 말 시작된 IMF 외환 위기로 인해서 침체된 사회 분위기 때문이었다. 그때는 국가의 생존 자체가 위협받던 시절이었으니 함께 즐기자는 주제의 노래는 대중의 공감을 얻기가 어려웠을 것이다.

연구를 진행하면서 관련 자료들을 찾아보다가 도움이 되는 논문을 한 편 발견할 수 있었다. 홍연주의 논문 「한국 대중가요 노랫말의 특성에 관한 담론」이 그것이다. 홍연주는 이 논문에서 우리나라 대중가요의 평균 90퍼센트가 남녀 간의 애정 문제를 주요 소재로 다루고 있으며, 50퍼센트 이상의 노래들이 영어 단어나 문장을 포함하고 있음은 물론, 영어 명칭을 사용하는 가수나 그룹이 과반수에 육박한다고 말한다. 홍연주는 나의 연구 방법과는 다르게 미시적인 접근법으로 연구를 진행했는데 조사 대상은 다음과 같다.[28]

① KBS 뮤직뱅크 K-Chart 50곡(2010. 10. 11. ~ 2010. 10. 17.)
② 멜론 주간 Top 100곡(2010. 10. 17. ~ 2010. 10. 23.)
③ 네이버 뮤직 Top 100곡(2010. 10. 23.)
④ 벅스 뮤직 주간 Top 100곡(2010. 10. 14. ~ 2010. 10. 20.)[29]

방송 매체와 음악 포털 사이트들의 인기 가요 순위 곡 350곡의 주제를 통계 낸 결과에 따르면, 매체별로 약간 차이는 있지만 평균적으로 90퍼센트에 가까운 노래가 주로 사랑이라는 주제를 이용했다.[30] 논문에는 확실한 수치가 제시되어 있지 않지만, 내가 관련 표를 참조해서 나름대로 평균을 내본 결과 350곡 가운데 사랑 노래의 비율은 87.7퍼센트 정도로 나왔는데 이는 나의 조사 결과인 85.5퍼센트와 큰 차이가 없는 수치다.

왜 한국엔 사랑 노래의 비율이 매우 높을까

앞서 본 것처럼 1980년대부터 2012년에 이르기까지 한국과 미국의 차트 1위 곡을 비교해본 결과, 사랑 노래의 비율이 한국은 85.5퍼센트, 미국은 74.5퍼센트인 것으로 나왔다. 이 연구 결과는 한국 인기 곡들의 사랑 노래 비율이 미국보다 높다는 사실을 단적으로 보여준다. 그렇다면 한국과 미국의 이런 차이를 어떻게 설명할 수 있을까?

무엇보다도 한국의 억압된 표현의 자유를 들 수 있다. 과거 사전심의 제도는 한국 대중음악의 다양한 표현을 규제하는 첫 번째 벽이었다. 사전심의는 문민정부가 들어선 후에도 건재하다 1996년에야 결국 폐지됐다. 대중음악 평론가 김작가는 한국 가요가 유독 사랑 타령으로 일관하는 것은 사회적 발언을 포함한 노래 대부분에 금지곡 판정을 내린 심의 제도 탓이 크다고 말한다.[31]

사전심의가 철폐되기 전까지 음반 제작자들은 공연윤리위원회에 가사 및 악보를 제출, 발매 전 심의를 받아야 했다. 문화연대는 사전심의 폐지에 대해 "음반 사전 심의 철폐는 예술의 창작에 대한 자유, 전근대적 문화 감시와 검열에 대한 도전"이었다며 "한국대중음악사에 큰 획을 긋는 사건"이라고 설명했다.[32] 사전심의는 폐지되었지만 그렇다고 심의 자체가 아예 없어진 건 아니다. 관이 주도하는 심의가 사라진 대신 방송국이 심의에 나선 것이다.[33]

업타운은 2009년 한 인터뷰에서 가사 규제 때문에 다양한 주제의 노래를 하기가 쉽지 않다면서 힙합 음악조차 사랑 노래로 일관할 수밖에 없는 현실을 지적했다. 업타운은 최근 우리 음악 시장에서 힙합이 주춤하는 이유로 가사 규제가 심한 점을 꼽으면서 "과거 힙합은 업타운, 지누션, 원타임 등이 활약하며 대중적이었는데, 어느 순간부터 흐름이 끊기고 힙합이 언더 음악이 돼버렸다"고 개탄했다. 또 "힙합에는 표현의 자유가 있어야 하는데, 우리나라는 숱한 곡들이 심의에 걸리니 언더로 활동 범위가 줄어드는 것"이라면서 "사회의 변화상에 맞춰 음악도 발전해야 하는데, 이상한 걸로 트집을 잡고 '다른 속뜻이 있는 것 아니냐'고 물고 늘어지니 할 말이 없다"고 비판했다.

업타운의 이야기를 더 들어보자.

"에미넴 음악은 우리나라 팝 프로그램에서 방송이 되잖아요. 랩이란 게 다양한 표현을 통해 속마음을 표현해야 하는 건데, 맨날 사랑 얘기만 할 수도 없고 답답합니다. 요즘 우리 힙합이요? 발라드 같은 가사를 랩으로 하는 풍토잖아요."

스스로 먼저 과격하고 지나친 건 자체 심의한다고 밝힌 업타운은 이번 앨범 15곡 중 심의가 난 건 불과 5곡에 불과하다며 그 예를 들었다. '명품'이라고 쓰기보다는 라임을 맞추기 위해 '루이비통'으로 쓰거나 혹은 '좋은 차'라는 표현 대신 '벤츠'라고 쓴 가사는 간접 광고라는 이유로 불가 판정을 받았고, '총'이라고 하기보다는 '357구경'처럼 쓴 표현 역시 심의가 나지 않았다는 것.

"물론 '벤츠'를 빼고 '좋은 차'라고 쓸 수 있죠. 하지만 '좋은 차'라고 한다면 전혀 다른 표현이 돼버립니다. 이런 식의 심의는 예술을 저해하는 요인이죠. 이건 마치 눈물 흘리지 말고 연기하라는 얘기와 같습니다."

업타운은 표현의 자유를 제약하기 때문에 미국은 힙합이 빌보드 톱 10 중 6~7곡을 휩쓸고 있는 데 비해, 우리나라는 힙합이 언더가 돼버렸다고 거듭 비판했다.

"에미넴이 왜 인기를 얻었습니까? 솔직했기 때문이죠. 그 솔직함은 자유를 줬기에 표현할 수 있는 겁니다. 요즘 우리나라 심의는 예전보다도 더 타이트해진 느낌입니다."

업타운은 다행히도 건전하고 밝은 곡인 타이틀곡 '흑기사' 만큼은 심의에 통과됐다며, 허탈한 웃음을 지어보였다.

업타운은 다시 한 번 강하고 직설적인 어조로 심의에 대한 불만을 토로했다. "안 좋은 가사는 우리 스스로도 안 좋아합니다. 스스로 알아서 하는 자정 기능이 있단 말이지요. 심의하는 분을 만나 '당신이 한 게 얼마나 심각한 건지, 어떻게 음악 발전을 저해하는지' 일대일로 얘기하고 싶습니다."[34]

그러나 업타운의 이런 토로에도 불구하고 가사 규제는 날이 갈수록 더 심해지는 양상을 보인다. 최근 여성가족부 청소년보호위원회가 주관하는 청소년 유해매체 심의는 적잖은 논란을 불러왔다. 음악 관계자들은 이를 두고 군사독재 시대의 유물인 사전심의가 사실상 부활한 것이라고 입을 모은다. 심의의 내용을 보면 가수 10cm의 '아메리카노'가 청소년 유해매체물 판정을 받은 건 "예쁜 여자와 담배 피고 차 마실 때"라는 가사가 담배 남용을 부추긴다는 이유에서다. 비슷한 시기 2PM의 '핸즈 업도 청소년에게 유해한 노래가 됐는데 "술 한 잔을 다 같이 들이킬게"라는 가사 때문이다. 이 밖에 맥주라는 단어가 들어갔다는 이유로 보드카 레인의 '심야식당'과 김조한의 '취중진담'이 유해매체물로 지정됐다.[35] 박준흠은 "가수 정태춘 씨가 기껏 사전심의 제도를 없앴는데 최근 다시 부활했다"며 "국가기관의 심의 자체가 없어야 한다"고 강조했다.[36]

대자본이 미치는 영향도 무시할 수 없다. 문화 평론가 박민영은 "우리는 흔히 '검열'하면, 정치 검열을 주로 떠올린다. 그러나 어떤 면에서는 자본에 의한 검열을 더 경계해야 한다. 정치 검열은 사회적 의제로 떠오르기 쉽고, 저항을 불러일으키기도 쉽지만, 자본에 의한 검열은 공공연히 이루어질 때조차 비난의 표적이 잘 되지 않기 때문이다"라며 다음과 같이 말한다.

"자본은 정치사회적 의도를 갖고 문화 상품을 통제하는 경우에도 '다만 장사가 될 것 같지 않아서 어떤 문화 상품의 생산에 투자하지 않고, 그것을 유통시키지 않는다'고 말하면 그만이다. 대자본은 다양한 문화적 생산물들 중에서 어떤 것이 대중의 눈과 귀에 닿게 되는가를 결정한다. 대중은 대자본에 의해 허락된 문화 생산물들 중에서만 호불호를 정할 수 있을 뿐이다. 대중가요도 마찬가지다. 정치적이고, 사회비판적이며, 대중 의식을 일깨우는 노래는 잘 만들어지지 않는다. 설사 만들어졌다 해도, 문화 상품의 유통을 대자본이 독점하고 있어 대중과 만나기 어렵다. 대중가요가 사랑 타령만 하는 것은 이러한 문화 산업의 구조 탓이 크다."[37]

이처럼 표현의 자유가 제약되는 문화 풍토에서는 참신하고 다양한 대중예술이 나오기가 어렵다. 사랑을 주제로 한 노래가 90퍼센트에 육박하는 한국 대중음악의 현실도 한편으로 그 사실을 뒷받침한다. 분명히 아쉬운 대목이다. 그렇다고 해서 사랑을 주제로 한 노래 자체를 구태의연하고 음악 발전에 도움이 되지 않는다고 보는 시각은 위험하다.

앞서 본 것처럼 미국도 사랑을 주제로 한 곡들이 많다. 텔레비전 드라마마다 러브 스토리가 넘쳐나서 때론 지겹기도 하지만 막상 드라마에서 로맨스가 빠진다면 좋아할 시청자들이 별로 없을 것이다. 마찬가지로 사랑 노래가 줄어드는 것을 원하는 대중도 그리 많지 않을 것이다. 바꿔 말하면, 대중가요의 높은 사랑 노래 비중은 대중이 선택한 측면도 있다는 것이다. 앞으로는 지금보다 자유로운 창작과 표현의 환경 속에서 다양하고 질 높은 가요가 많이 나왔으면 하는 바람이다.

1 싸이의 '강남스타일'은 8주차에 5위, 9주차에는 7위로 하락했지만, 이는 최근 8년간 최장 기간 2위 기록이며 동양인 가수로서는 최초의 기록이다. 또한 싸이는 2013년 1월 11일 현재 빌보드 싱글 차트에서 14위를 차지함으로써 2012년 9월 21일 11위를 기록한 이후 현재까지 17주째 톱20을 벗어나지 않고 롱런하고 있다. 최지예, 「싸이, 동양인 최장 기간 美 빌보드 2위 수성」, 『마이데일리』, 2012년 11월 16일; 최지예, 「싸이 美 빌보드 메인차트 14위 … 17주째 TOP 20」, 『마이데일리』, 2013년 1월 11일.

2 강동수, 「[도청도설] 빌보드 차트」, 『국제신문』, 2012년 10월 5일.

3 김선태, 「[천자칼럼] 빌보드 차트」, 『한국경제신문』, 2012년 10월 4일.

4 파이낸셜뉴스 온라인 뉴스팀, 「NYT, "빌보드 순위 방식 변경, 싸이 최대 수혜" 일침」, 『파이낸셜뉴스』, 2012년 10월 28일.

5 김우람, 「싸이 빌보드 랩송차트 1위 등극 … 메인차트도?」, 『머니투데이』, 2012년 10월 13일.

6 이윤영, 「새롭게 바뀐 빌보드 순위방식 논란 불러」, 『연합뉴스』, 2012년 10월 27일.

7 이윤영, 앞의 기사.

8 이현미, 「싸이 '강남스타일' 英 싱글차트 정상에 서다」, 『세계일보』, 2012년 10월 2일.

9 김상화, 「[클릭!e음악] 알고 보면 재미있는 영국 음악 순위」, 『이데일리』, 2007년 7월 6일.

10 이현미, 앞의 기사.

11 이금준, 「넬, "요즘 음악 흐름 너무 빠르다" 일침」, 『아시아경제』, 2012년 12월 3일.

12 고승희, 「윤종신 · 신승훈 "요즘 노래엔 추억이 없다"」, 『헤럴드경제』, 2010년 12월 7일.

13 박종원, 「싸이의 빌보드 1위, 뭐가 그리 급한가」, 『오마이뉴스』, 2012년 10월 13일.

14 강태규, 「문화마당」 가온 차트와 빌보드 차트」, 『서울신문』, 2011년 3월 17일.

15 강동수, 앞의 기사.

16 이현미, 「싸이 '강남스타일' 英 UK 차트 1위中 일간 차트 1위에도 … 우리는 왜 빌보드 차트에 집착하는가」, 『세계일보』, 2012년 10월 17일.

17 이현미, 앞의 기사.

18 배순탁·배철수, 『레전드 [배철수의 음악캠프 20년 그리고 100장의 음반]』(위즈덤하우스, 2010), 303쪽.

19 임은진, 「잭슨 '스릴러' 앨범 2천900만장 돌파」, 『연합뉴스』, 2009년 12월 2일.

20 정일서, 『365일 팝 음악사』(돌을새김, 2005), 609~610쪽.

21 정일서, 앞의 책, 199~200쪽.

22 강수진, 「[연예가 Q&A] 플래티넘 레코드란?」, 『스포츠경향』, 2006년 1월 12일.

23 참고로 2011년 글로벌 음악 시장 상위 10개국의 시장 규모(소매가치 기준) 순위를 보면 ①미국 64억 9,300만 달러, ②일본 55억 4,550만 달러 ③독일 20억 1,760만 달러, ④영국 19억 420만 달러, ⑤프랑스 13억 9,150만 달러, ⑥호주 6억 5,890만 달러, ⑦캐나다 5억 3,520만 달러, ⑧대한민국 3억 8,800만 달러, ⑨브라질 3억 6,590만 달러, ⑩이탈리아 3억 450만 달러 등이다. IFPI(2012), *Recording Industry in Numbers 2012*, 한국콘텐츠진흥원 제공.

24 박정민, 「"발표하면 대박" 우타다 또 음반퀸」, 『헤럴드경제』, 2004년 12월 2일.

25 윤경철, 「퀸 앨범 英 역대 최다판매 Greatest… 540만장 기록」, 『헤럴드경제』, 2006년 11월 17일.

26 김학선, 『K-POP 세계를 홀리다』(을유문화사 2012), 220쪽. 나도 1995년 당시 김건모 3집 테이프를 샀는데 여기에 관한 에피소드가 있다. 1995년 초, 초등학생이었던 나는 갑자기 김건모 2집 타이틀 곡인 '핑계'가 너무 듣고 싶었다. 인터넷이 없었던 그 시절, 너무나 당연한 이야기지만 '핑계'를 듣기 위해서는 음반을 구매해야만 들을 수 있었다. 그래서 레코드점에 갔는데 그때가 공교롭게도 김건모 3집이 나온 지 얼마 되지 않았을 때였다. 레코드점에서 김건모 2집을 사고 싶다고 말했더니 사장님이 김건모 3집이 나왔는데 노래가 아주 좋다면서 3집을 사라고 적극 권하셨다. 그러나 머릿속엔 온통 '핑계' 생각뿐이었고, 수중에 2집, 3집을 모두 살 돈도 없었기 때문에 음반가게 사장님의 말을 한 귀로 흘려듣고 김건모 2집만 사가지고 나왔다. 그때 샀던 김건모 2집이 내가 처음으로 구매한 음반이었다. 그러나 그로부터 일주일도 안 되어서 나는 '잘못된 만남'을 듣게 되었고 듣자마자 그 음악에 반해버렸다. 그래서 곧바로 김건모 3집을 사지 않을 수 없었다.

27 1980년부터 2012년 12월까지의 미국 빌보드 싱글 차트 1위 곡 중에서 유일한 연주곡은 1985년 1위에 오른 얀 해머의 '마이애미 바이스 테마'로 이 곡은 미국의 유명 TV 시리즈인 〈마이애미 바이스〉의 주제곡이다. 〈가요 톱10〉은 1981년 2월 10일 KBS 1TV에서 첫 방송되어 1998년 2월 11일까지 방송되었다. 〈SBS 인기가요〉는 1998년 2월 1일부터 시작되었으며, 2012년 7월을 끝으로 더 이상 1위 곡(뮤티즌송) 제도를 유지하지 않고 있다. 출처: 위키피디어.

28 홍연주, 「한국 대중가요 노랫말의 특성에 관한 담론」, 한국엔터테인먼트산업학회논문지 제5권 제1호, 2011.

29 홍연주는 이 순위들이 디지털 음원 차트 점수, 음반 차트 점수, 방송 횟수 점수, 하루 서비스 이용량 중 스트리밍과 다운로드 점수 등을 종합하여 집계한 결과이며 각 인기 순위 집계 주체에 따라 중복되는 곡들도 상당수 있음을 밝히고 있다.

30 홍연주, 앞의 논문.

31 김작가, 「[Music]김작가의 음담악담(音談樂談)] 말 안 되는 꼬투리로 '뒤통수치기'」, 『주간동아』, 2012년 10월 8일.

32 이수아, 「[뮤비심의 D-1] 문화통제 과거 회귀? … K-POP팬 "한국 왜 그래요?" ②-2」, 『TV리포트』, 2012년 8월 17일.

33 김작가, 앞의 기사.

34 박재덕, 「업타운 "가사 심의, 음악 발전 저해 요인" 직격탄」, 『조이뉴스24』, 2009년 4월 29일.

35 김작가, 앞의 기사.

36 박준흠, 「"돈 되는 음악만 좋는 방송이 음악인들 죽인다"」, 『미디어오늘』, 2012년 2월 13일.

37 박민영, 「[문화비평] 가요가 사랑타령뿐인 이유」, 『경향신문』, 2013년 1월 12일.

유혜지

통계정보과학과 2009학번

왜 한국의 파파라치는
사진으로 돈을 벌 수 없나
영국 · 미국 · 일본 · 한국의 파파라치 문화

영국의 파파라치

파파라치Paparazzi라는 단어의 어원은 페데리코 펠리니Federico Fellini의 영화 〈달콤한 인생La Dolce Vita, 1960〉에서 찾아볼 수 있다. 영화의 주인공 마르첼로는 정장을 잘 차려입고, 유명 인사들의 파티를 찾아다니는 가십 기자다. 그리고 동료인 사진기자가 그와 함께 다니면서 흥미로운 사진을 찍기 위해 카메라 셔터를 눌러대는데, 그의 이름이 바로 파파라초Paparazzo다. 이 파파라초라는 이름에서 비롯된 복수형이 오늘날 자주 쓰이는 파파라치며, 이는 이탈리아어로 '파리처럼 윙윙거리는 벌레'를 뜻한다.[1]

파파라치는 연예인, 정치인 등 대중에 알려진 유명 인사들을 쫓아다니며 사진을 촬영하고, 사진을 미디어에 비싼 값에 판매함으로써 수익을 얻는다. 일반적으로 파파라치라는 단어는 부정적인 뉘앙스를 풍기는데, 사진사들이 더 높은 수익을 얻기 위해 프라이버시를 침해하는 일이 잦기 때문이다.

영국에서 1997년 전前 왕세자비 다이애나가 뒤쫓아오는 파파라치를 따돌리려다 자동차 충돌 사고로 사망했다. 당시 다이애나는 국민의 큰 사랑을 받고 있었기 때문에 파파라치에 대한 비판이 거세게 일었다. 다이애나 사인死因 심의회에 참석한 배심원들에 의하면, 사고가 일어난 뒤 다이애나가 죽어가는 순간까지도 파파라치들의 촬영은 계속되었다고 한다.

이를 계기로 파파라치에 대한 비난이 빗발쳐 영국 신문불만처리위원회PCC에서 취재 및 보도 규제안을 발표했다.[2] 2007년 인터뷰에서 당시 PCC 부국장 스테판 아벨은 "다이애나 사고 이후, 규정이 즉시 바뀌었습니다. 오늘날 PCC의 윤리강령은 이후 생긴 변화에 기초를 두고 있습니다. 왜냐하면 그녀의 죽음이 파파라치들의 끈질긴 취재에 문제점을 드러내 주었기 때문입니다"라고 말했다.[3]

그러나 이런 규제안에도 불구하고 영국 왕실은 여전히 파파라치에 시달리고 있다. 2012년 9월, 영국 왕실 왕세손 윌리엄의 부인 케이트 미들턴의 상체 노출 사진이 프랑스 타블로이드 『클로저Closer』에 공개돼 영국 왕실의 권위가 훼손된 일이 벌어졌다.[4]

케이트 미들턴의 사진은 덴마크의 『세 오그 호르Se Og Hor』, 이탈리아의 『치Chi』 등 가십지에 잇달아 보도되었다. 26쪽에 걸쳐 노출 사진 수십 장을 게재한 『치』의 편집장 알폰소 시뇨리니는 영국 스카이스포츠와의 인터뷰에서 "영국의 로열패밀리가 얼마나 현대화됐는지를 담은 것이기 때문에 법적으로 잘못한 게 하나도 없다고 생각한다"며 당당한 모습을 보이기도 했다.[5] 영국 왕실은 『클로저』를 사생활 침해 혐의로 고소했고, 법원은 추가 보도 및 판매를 금지하고 2,000유로를 배상하라고 판결했다.

이와 같이 영국에서는 연예인뿐만 아니라 왕실에 이르기까지 파파라치의 프라이버시 침해가 문제되고 있으나, 파파라치의 사진들은 여전히 타블로이드를 통해 뿌려지고 있다. 타블로이드 언론들은 파파라치 사진을 실어야만 잡지가 잘 팔린다는 이유로 독자들에게 책임을 전가한다. 이런 책임 회피 속에 영국의 파파라치 산업은 날로 비대해지고 있으며, 영국의 타블로이드 언론은 '체크북 저널리즘'[6]이라는 악명을 얻었다.

미국의 파파라치

미국은 거대한 대중문화 시장 규모를 자랑하는 만큼 파파라치의 활동도 더욱 체계적이고 활발하다. 독일 시사 주간지 『슈피겔』에 따르면 미국의 파파라치 전문 회사인 '스플래시 뉴스Splash News'는 2011년 한 해에만 전년 대비 20퍼센트가 넘는 성장을 기록했다. 스플래시 뉴스는 영국의 유수 언론사에서 기자들을 대량으로 스카우트했으며, 세계에 1,000명이 넘는 사진기자들을 운용하고 있고, 각 나라에 수백 명의 유료 정보원들도 보유하고 있다. 운영자 케빈 스미스는 연예인들이 집결해 있는 로스앤젤레스의 호텔, 레스토랑, 극장, 병원, 공항 등에 100명이 넘는 정보원을 두고 있다고 밝혔다.[7] 파파라치들은 사진을 찍기 위해서 유명인을 뒤따라

걷거나 자동차 추격전을 벌이는 일은 물론이고, 접근이 제한된 곳은 헬기를 이용해 취재하기도 한다.

영국과 미국에는 파파라치와 잡지사를 연결해주는 이른바 파파라치 에이전시가 존재한다. 1992년에 설립된 영국의 파파라치 전문 회사 '빅픽처스'의 대표 대런 라이언스는 2007년 5월 8일 MBC의 〈김혜수의 W〉 방송에서 "사진만 좋으면 누구든지 돈을 벌 수 있습니다. 하지만 에이전트가 필요합니다. 혼자 사진을 파는 것은 어렵습니다. 우리 회사는 전 세계 30~40개국에 사진을 팔아서 최고의 가격을 받고 있죠"라고 말했다. 그 역시 파파라치 출신이며, 아마추어 파파라치를 양성하는 일도 하고 있었다.[8]

파파라치들이 사진을 찍는 이유는 단순하다. 높은 수익을 얻을 수 있기 때문이다. 미국 경제 전문지 『포브스』에 따르면, 할리우드 스타 데미 무어와 애쉬튼 커처 결혼사진이 연예주간지에 300만 달러에 판매되었다.[9] 프랑스에서 비공개로 치러진 여배우 에바 롱고리아와 농구 스타 토니 파커의 결혼식 사진 한 장이 200만 달러에 거래되기도 했다.

매체들은 파파라치들의 사진을 구입하는 데에 돈을 아끼지 않는다. 사진 한 장을 통해 판매 부수를 많게는 수십 배 이상 늘릴 수 있기 때문이다. 스타들이 초상권 침해 등을 사유로 소송을 걸어도 언론사 입장에선 오히려 남는 장사다. 소송에 대비해 각종 보험을 들어놓았을뿐더러 소송에 패해 지급해야 하는 배상금이 판매 부수 증가로 벌어들이는 금액에 미치지 못하기 때문이다.[10]

이렇듯 파파라치는 대중의 호기심과 수요를 기반으로 하며, 사진 한

장으로 높은 수익을 얻을 수 있다는 매력을 가지고 있다. 한국이나 일본보다 미국에서 파파라치 산업이 더욱 발전한 것도, 앞서 언급한 대린 라이언스의 인터뷰처럼 전 세계를 상대로 사진을 판매할 수 있기 때문일 것이다.

반대로 파파라치 사진이 강력한 홍보 수단으로 이용되기도 한다. 젊은 세대들에게 '파파라치'라는 단어는 할리우드 스타의 일상을 담은 사진을 떠올리게 한다. 사진 속 스타들은 평범함 옷차림을 하고 커피를 마시며 산책을 하거나 쇼핑을 한다. 파파라치를 통해 불륜, 열애 등의 스캔들이 밝혀지기도 하지만, 대부분의 사진이 스타들의 일상을 일거수일투족 담고 있다. 그래서 해외는 물론 국내에도 할리우드 스타들의 파파라치 사진을 모아놓은 블로그·홈페이지가 다수 존재한다. 대중은 사진을 통해 그들이 입은 옷, 가방, 들고 있는 테이크아웃 컵의 로고를 엿본다.

2005년 할리우드 배우 시에나 밀러는 국내 브랜드인 '아모레퍼시픽' 쇼핑백을 들고 있는 장면을 파파라치에게 찍혔다. 뉴욕 맨해튼의 '아모레퍼시픽 뷰티 갤러리 앤드 스파'에서 피부 관리를 받고 나오던 밀러가 파파라치를 발견하고 다급하게 쇼핑백으로 얼굴을 가리는 순간을 포착한 사진이었다. 그 덕분에 브랜드가 자연스럽게 노출됐다. 이후 미국의 주간지 『피플』은 밀러의 미용법을 다루면서 한국의 고급 화장품 브랜드인 아모레퍼시픽을 언급하기도 했다.[11]

이어 2008년에도 시에나 밀러가 아모레퍼시픽 쇼핑백을 들고 있는 파파라치 사진이 공개되면서, 2012년에는 아예 아모레퍼시픽의 모델로 발탁되기까지 했다. 이제는 파파라치 사진이 브랜드를 알리고, 연예인의 엔터테인먼트 활동에도 영향을 미치는 일이 자연스럽게 여겨지게 되었다. 이 경우 파파라치는 연예인과 공생하며 윈윈 하는 관계에 있다.

할리우드 스타들은 연애에 당당하다. 하루가 다르게 결혼과 이혼, 재혼 소식이 들려오고 핑크빛 열애와 결별 소식이 교차한다. 과거에 연인 사이였던 스타들을 연결하면, 그 관계도가 그물과 같을 정도로 복잡하게 얽힌다. 이렇듯 오히려 스타들이 일상의 대부분을 당당하게 내보이기 때문에, 스타들의 관계에 대한 이야기는 특종이 되지 못한다. 물론 불륜 및 열애 소식은 언제나 좋은 기삿거리지만, 파파라치들은 그에 그치지 않고 스타들의 패션과 일상을 사진에 담기 시작했다. 거의 24시간 쫓아다니면서 사진을 찍고 보도하기 때문에, 일상적인 사진의 비중이 큰 것은 당연한 현상이기도 하다. 예를 들면 연인과의 산책, 쇼핑하는 모습, 해수욕을 즐기는 모습 등이다.

보도되는 내용만을 봤을 때, 일본에 비해 자극적인 정도나 연예인의 이미지에 미치는 악영향은 훨씬 적다. 하지만 스토킹이라 해도 과언이 아닐 정도로 뒤쫓는 파파라치 때문에 스타들이 느끼는 스트레스는 상상 이상이다. 심지어는 이를 역으로 이용하는 파파라치도 많다. 스타들의 폭력적이고 감정적인 모습을 담기 위해 더욱 극한의 상황으로 몰아가는 것이다. 할리우드 스타들이 적극적으로 파파라치에 대응하는 모습, 화를 내는 모습이 카메라에 포착되면 전 세계적인 불명예를 초래하기도 한다.

예를 들어 팝스타 브리트니 스피어스는 온종일 집, 교회, 심지어 화장실까지 따라다니는 파파라치에 분노를 숨기지 못해 우산으로 공격하기에 이르렀는데, 이를 담은 사진이 전 세계에서 보도됨으로써 정신적 고통을 입은 바 있다.[12] 파파라치를 향한 부정적 대응 외에도 스타들의 망가진 모습은 파파라치의 좋은 소재가 된다. 〈김혜수의 W〉에서 경력 7년의 배테랑 파파라치로 소개된 찰리 파이크래프트는 "유명 인사들이 망가질수록 더 좋은 거죠. 술에 취하거나 파티에서 망가지는 등 하지 말아야 할 행동을 해서 물의를 빚는 경우 말입니다"라고 말했다.[13]

일본의 파파라치

반면 일본의 파파라치 보도는 폭로성이 짙다. 주간지를 통해 파파라치 사진이 공개되는 경우가 많은데, 대표적인 잡지로 『프라이데이』가 있다. 『프라이데이』가 1984년에 창간되었으니 파파라치식 보도가 시작된 지 30년 가까이 흐른 것이다. 『프라이데이』는 일본의 대형 출판사 고단샤講談社가 발행하는 주간 사진 잡지로, 현재 40만 부 이상의 발행 부수를 기록하고 있다. 이름과 같이 매주 금요일 잡지를 발행하며, 인터넷 프라이데이도 함께 운영하고 있다.[14]

이 잡지는 연예가 소식 위주로 채워지는데, 특히 유명인의 사생활을 몰래 촬영해 폭로하는 파파라치로 유명하다. 일본의 파파라치는 영국 및 미국과 비교했을 때, 연예인의 일상과 외적인 스타일을 촬영하기보다는 성 추문 및 열애에 초점이 맞춰져 있다. 그렇기 때문에 촬영 방식도 더욱 내밀하다.

최근에는 일본에서 한국 연예인의 인지도가 상승하면서 한류 스타들에 대한 폭로도 이어지고 있다. 2012년 9월 『프라이데이』는 그룹 빅뱅의

멤버 승리가 잠들어 있는 모습을 찍은 사진과 함께 그의 성벽性癖에 대한 폭로성 기사를 실었다. 기사에는 승리의 사진 두 장과 해당 사진을 찍었다고 주장하는 여성의 인터뷰를 게재했다.[15]

한국에서는 상상할 수 없는 아이돌 가수의 섹스 스캔들이었다. 하지만 현실적으로 사생활 침해가 분명함에도 보도 내용에 대해 소속사가 대응하기는 어려운 상황이었다. 이에 대해 이현우는 다음과 같이 말했다.

"『프라이데이』 보도 방식의 관행상 보도되어 공개된 사진보다 더 많은 사진이 있을 가능성이 높다. 국내에서 스캔들에 대응하는 것처럼, 일본의 해당 매체를 명예훼손 등의 방식으로 대응할 수는 있다. 하지만 그럴 경우 수위가 보다 높은 사진이 추가적으로 유포될 가능성이 있기 때문에 법적으로 대응하기 어려운 입장이다."[16]

일본에선 전문적으로 활동하는 파파라치가 아닌 제보자에 의해 스캔들 보도가 시작되는 경우도 있다. 예를 들어, 승리의 성 추문 보도는 승리와 잠자리를 함께했다고 주장하는 한 여성의 제보로 보도된 것이다. 또한 일본에서 최정상의 인기를 얻고 있는 아이돌 그룹 AKB48의 전前 멤버 사시하라 리노는 과거에 교제했던 남성이 사적인 사진을 제보함으로써 문제가 되었고, 결국 팀을 탈퇴한 바 있다. 미성년자 가수의 경우 사적인 자리에서 흡연하는 모습이 찍혀 활동을 잠정 중단한 경우도 있다. 유명인의 사생활 보도가 평범하게 여겨지고, 지인이 기삿거리를 제보하기에 이르렀으니 파파라치식 보도의 내용도 더욱 자극적일 수밖에 없는 상황이다.

한국에서 파파라치식 보도는 매우 빠른 기세로 커지고 있다. 한국형 파파라치 사진 게재 및 보도는 일본이나 미국에 비해 빈도가 낮으며, 보도 내용은 연예인들의 연애 및 일상 포착에 초점이 맞춰져 있다. 2012년 2월 8일자 『스포츠경향』은 파파라치의 잠복 취재가 더 이상 해외에 국한된 얘기가 아니라며 다음과 같이 말했다.

"최근 들어서도 가수 구하라와 용준형, 이효리와 이상순, 소희와 임슬옹 등이 파파라치 매체에 의해 찍힌 사진이 공개되면서 열애를 인정하거나 부인했다. 연예인 커플만이 아니다. 배우 송지효가 소속사 대표인 백창주 씨와의 열애를 인정한 것도, 배우 수애가 정태원 대표와의 열애설을 부인한 것도 파파라치 매체가 공개한 사진 때문에 빚어진 일이다."[17]

이러한 파파라치식 보도 매체들은 수십여 명의 사진기자를 고용해 연예인들의 주거 지역을 비롯해 출입이 빈번한 업소, 인천공항 등 연예인의 활동지에 상주하면서 취재 활동을 벌이고 있다. 이들은 잠복 취재를 통해 가십성 사진을 생산하며, 연예인 집 앞이나 강남 등지에서 밤새는 일도 허다하다고 한다.[18]

파파라치식 보도 매체 가운데 세간의 주목을 받고 있는 매체는 스포츠서울닷컴 연예팀 출신 기자들이 중심이 돼 2011년 3월 30일에 창간한 온라인 매체인 '디스패치' 다. 김태희 · 비, 이병헌 · 이민정, 김혜수 · 유해진, 구하라(카라) · 용준형(비스트), 소희(원더걸스) · 임슬옹(2AM), 신세경 · 종현(샤이니), 신민아 · 탑(빅뱅) 등은 모두 디스패치가 단독 보도했던 커플이다.

하지만 특종이 나올 때마다 디스패치의 파파라치식 보도는 논란의 대상이 됐다. 유명인이란 이유로 사생활을 무단 촬영했다는 이유에서였다. 그러나 디스패치 측은 연예 뉴스에 탐사 보도 정신을 접목시켰다고 자평하고 있다. 디스패치는 언론 보도의 공익적 측면과 관련, "연예인의 가십을 다루는 뉴스에서 공익성을 따지는 것은 난센스"라고 당당하게 밝혔다.[19]

파파라치를 홍보 수단으로 활용하는 사례 역시 늘고 있다는 점에서 미국의 파파라치와 비슷한 양상을 보이고 있다. 대표적인 예로는 트렌드로 자리 잡은 '공항 패션'이 해당된다. 공항 패션이 연예인이 무대 위에서 입는 화려한 의상 대신, 평소 스타일을 보여준다는 점에서 대중의 관심을 받았다. 자연스럽게 그들이 착용한 옷이나 가방, 신발 등에 대한 홍보가 이루어지는 효과를 얻는 것이다. 그래서 최근 연예인들은 자신이 모델로 기용된 브랜드의 옷이나 가방을 착용함으로써 고의로 브랜드를 노출하는 일도 잦아졌다.

한편 사진을 촬영하는 방식은 미국보다 일본에 가깝다고 할 수 있다. 공항에서의 촬영을 제외한 대부분의 파파라치 보도는 연예인 몰래 촬영된 사진이다. 그렇기 때문에 사진기자가 연예인 앞에 모습을 드러내지 않고 잠복하여 촬영하는 경우가 더 많다는 점에서 일본과 유사하다.

왜 한국에선 파파라치가 스타 앞에 모습을 드러내는 일이 거의 없을까? 한국의 대중은 스타의 사생활을 궁금해하면서도, 그들의 프라이버시 보호에 더욱 의미를 두고 있기 때문인 것으로 보인다. 할리우드처럼 공개적으로 연예인을 뒤쫓고 감정적인 대응이 오가는 상황이 발생한다면, 대부분의 대중은 연예인을 동정하고 파파라치 및 매체를 비판할 것이다. 그래서 대개의 경우 파파라치와 스타의 직접적인 대면 및 충돌은 발생하지 않는다.

왜 한국의 파파라치는 사진으로 돈을 벌 수 없나

외국의 파파라치는 사진으로 돈을 벌지만 한국에선 사진으로 돈을 벌 방법이 없다는 것도 한국 파파라치 문화의 특징이다. 왜 그럴까? 아무래도 연예계와 연예 매체가 암묵적으로 맺은 '신사협정'과 그에 따른 연예계 문화 때문인 것으로 보인다. 익명을 요구한 주요 스포츠 일간지 기자가 디스패치에 대해 다음과 같이 비판한 것이 그 점을 잘 말해준다.

"디스패치는 신흥 귀족으로 떠오른 연예인을 사진이란 증거물로 압박하며 대안 언론이란 프레임으로 시작했지만 연예 매체의 또 다른 극단을 보여주고 있다. …… 기존엔 오랜 신뢰 관계를 통해 취재하며 특종을 썼지만 디스패치는 팩트로 취재하겠다면서 파파라치 행태로 말도 안 되는 단독 보도를 내고 있다. 연예인과 기자는 서로 보호해줘야 할 때는 보호하는 공생 관계인데 디스패치는 일단 사진을 찍은 다음 당사자 측에 전화를 한 뒤 보라고 한다. 동업자 의식이 없다."[20]

그러나 디스패치는 '신사협정'을 불건전한 유착으로 본다. 디스패치는 기존 연예 매체의 그러한 관행을 비판하며 창간된 것이라는 주장이다. 디스패치 기자들은 과거 사회부와 스포츠부, 정치부 등에 있다가 스포츠서울닷컴 연예부에서 만난 사람들이다. 임근호 팀장은 당시를 회상하며 "연예계는 기자와 취재원이 형 동생 사이다. 친한 만큼, 술을 많이 마신 만큼 정보를 준다. 절대 비판이나 견제는 없었다"고 말했다.

임근호는 "스포츠지나 스포츠지 출신이 만든 인터넷 매체가 아니면 연예인 취재 접근도 어려웠다. 견제돼야 한다고 생각했다"며 "우리의 모토는 탐사 보도를 통해 팩트를 확인하겠다는 것이지 누구를 만나는지 감시하겠냐는 것이 아니다"라고 강조했다. 또 그는 "다른 연예 매체는 한류라는 타이틀 아래 대형 기획사의 연예인이나 영화를 홍보하며 정작 자기반성은 없다"고 말한 뒤 "영화 〈돈의 맛〉 (배급사인) 롯데엔터테인먼트에서 기자들을 데리고 칸 영화제를 갈 때 우리는 자비로 갔다. 기자들은 〈돈의 맛〉에 대한 비판적 기사는 거의 안 썼다. 우린 썼다"고 주장했다.[21]

이와 관련 문화 평론가 김교석은 "기존 연예 매체의 취재는 취재원과의 친밀감에서 비롯된다. 기자들 중 상당수가 끼리끼리 묶여오다가 그들 정서에 안 맞는 취재 방식이 나온 경우여서 반감은 당연히 있을 수 있다"고 분석했다. 그는 "이제 어떤 연예인과 친하다는 것이 취재에 전혀 상관없는 상황이 온 것"이라고 내다봤다.[22]

정리하자면, 영국 및 미국은 파파라치들이 스타들의 일거수일투족을 쫓음으로써 수많은 파파라치 사진을 쏟아내며, 파파라치가 공개적으로 스타와 대면하는 경우가 많다. 일본의 경우 내밀하게 잠복하여 얻은 정보나 스타의 주변인에게 제보받은 내용을 통해 좀 더 자극적인 스캔들을 터뜨린다. 한국의 경우는 연예인을 대상으로 한 열애 소식에 초점을 맞추고 있으며 주로 잠복하여 얻은 특종을 보도한다.

이런 차이에는 문화적인 배경이나 시장 규모에서 비롯된 파파라치의 수익성 정도 등도 작용했을 것으로 보인다. 그러나 각 국가에서 파파라치식 보도가 진행되어온 시간을 고려했을 때, 이는 국가별 차이라기보다 파파라치 산업 및 보도의 흐름이라고도 해석할 수 있을 것 같다. 파파라치는 대중의 호기심을 충족시키며 생겨난 직업이고, 시간이 흐름에 따라 유명인의 다양한 면모를 사진에 담았을 것이다. 시간이 흘러 대중이 파파라치의 사진에 익숙해지면 대중은 더욱 자극적인 장면을 기대하게 된다.

우리나라보다 훨씬 먼저 파파라치 산업이 발달한 미국과 일본에서 파파라치가 유명인의 프라이버시를 침해하고 명예를 실추시킬 정도의 보도를 하는 것도 바로 그와 같은 흐름이라고 생각된다. 반면에 시작된 지 10년도 채 되지 않은 한국의 파파라치 산업은, 대중의 비난을 받지 않는 선에서 유명인과 타협하여 보도하는 단계에 있다. 다만 디스패치의 새로운 활약은 그러한 기존 문법이 변할 수도 있다는 걸 시사한다.

1 「파파라치」, 두산백과: www.doopedia.co.kr.
2 PCC의 5개 주요 규제안은 ①사진 입수 경위에 대한 편집인의 확인 의무, ②취재 대상에 대한 기자들의 집단 봉쇄 행위나 괴롭히는 행위 금지, ③미성년자에 대한 취재 대가 지불 금지, ④유명인사 자녀들에 대한 기사화 금지 규정 강화, ⑤사진 촬영 금지, 개인 재산 구역 규정 확대 등이다.
3 〈김혜수의 W〉 92회, 2007년 5월 18일 방송분.
4 백무늬, 「케이트 미들턴, 상반신 노출로 英 왕실」 분노 영국 현지 '발칵'」, 『한국일보』, 2012년 9월 17일.
5 「케이트 미들턴 이번엔 하반신 노출 사진까지 등장, 파문」, 『조선일보』, 2012년 10월 3일.
6 언론사 간의 경쟁에서 비롯된 것으로, 독점 보도를 위해 취재 대상자에게 돈을 지불하는 관행을 말한다. 파파라치의 사진을 구입하여 매체를 통해 보도하는 것도 이에 해당된다.

7 심혜리, 「유명인사 사생활 찍는 '파파라치' 산업의 이면」, 『경향신문』, 2012년 2월 3일.

8 〈김혜수의 W〉 92회, 2007년 5월 18일 방송분.

9 「브란젤리나 가족사진 무려 38억 원」, SBS 뉴스, 2007년 7월 20일.

10 김윤희, 「연예계의 악어새, 파파라치의 세계」, 『헤럴드경제』, 2010년 3월 31일.

11 김현수 · 나성엽, 「어, 저건 우리 회사 제품 아나? "생큐! 파파라치"」, 『동아일보』, 2005년 12월 8일.

12 김하나, 〈할리우드는 지금 '파파라치'와 전쟁 중」, 『헤럴드경제』, 2010년 4월 4일.

13 〈김혜수의 W〉 92회, 2007년 5월 18일 방송분.

14 강수진, 「주간 잡지 프라이데이, 빅뱅 승리 잠자리 습관 공개?」, 『스포츠경향』, 2012년 9월 14일.

15 이현우, 「빅뱅 승리 최악의 스캔들, YG 무대응의 속내」, 『매일경제』, 2012년 9월 16일.

16 이현우, 앞의 기사.

17 오광수, 「한국에도 파파라치 시대 열리나」, 『스포츠경향』, 2012년 2월 8일.

18 오광수, 앞의 기사.

19 정철운, 「잇따른 연예특종, 탐사보도인가 파파라치인가」, 『미디어오늘』, 2013년 1월 5일.

20 정철운, 앞의 기사.

21 정철운, 앞의 기사.

22 정철운, 앞의 기사.

이정용

신문방송학과 2007학번

왜 한국은 스몰 볼,
미국은 빅 볼인가

한국 · 미국 · 일본의 야구 문화

왜 미국인은 축구를 싫어하고 야구를 사랑하나

"스페인에 장기간 머무르고 있는 친구가 이따금 공원에서 만난 미국인 관광객 청년과 이야기를 나눈 적이 있었다. 그는 그때, 일본은 미국과 같은 문화권에 있다는 걸 절감했다고 한다. 아무튼 오랜만에 신나게 야구 이야기를 할 수 있어서 눈물이 날 정도로 반갑고 마음이 달아올랐다고 한다. 확실히 미국은 야구의 발상지이고, 일본에서 야구는 국기國技인 스모를 능가할 정도로 국민적 인기를 얻고 있다. 그런데 쿠바나 동남아시아의 몇몇 국가를 제외하면, 대부분의 나라에서는 야구가 대체 무슨 스포츠인지를 이해하지 못할 뿐만 아니라, 그런 스포츠가 있다는 사실조차 모른다."[1]

일본의 유럽 전문가 요네하라 마리의 말이다. 그녀가 왜 한국을 빼놓았는지는 알 수 없지만, 아닌 게 아니라 전 세계적으로 보자면 야구를 하는 나라는 드물다. 야구는 범미국 문화권에 속한 나라들에서만 즐겨 하는 스포츠다. 미국인은 축구를 좋아하지 않는다. 왜 그럴까? 스테판 지만스키Stefan Szymanski와 앤드루 짐벌리스트Andrew Zimbalist는 "미국인과 유럽인들은 자신들의 스포츠 구조와 규칙을 정신세계에 흡수해 자신들의 생활방식으로 변화시켰다"며 다음과 같이 말한다.

"많은 미국인은 축구의 경우 약한 팀이라도 수비에만 전념하다 보면 종종 이기는 경우가 있는 것을 경멸하고(미국인들은 이를 불공정하다고 본다), 축구 경기의 3분의 1이 무승부로 끝난다는 점을 비웃으며(미국인들은 모든 경기에서 승자가 있어야 한다고 본다), 데이비드 베컴 같은 축구 스타들이 자기 나라를 떠나 이 팀 저 팀으로 옮겨 다니는 것을 혐오한다(이러한 선수들은 의리가 없다고 본다). 반면 유럽인들은 TV 방송에 적합하도록 경기 규칙을 수정하거나 실력이 엉망인 팀이 리그에 계속 참여할 수 있게 허용하는 것을 이해하지 못한다."[2]

미국의 공화당 대통령 후보 물망에 오르기도 했던 잭 켐프Jack Kemp는 1986년 의회 연설에서 미국의 월드컵 유치를 지지하는 결의안에 반대하면서 "축구는 유럽식 사회주의"라고 비난하기도 했다. 유럽에서 훌리건 난동이라도 일어나면 많은 미국인이 '축구 혐오증'의 당위성을 재확인하곤 한다.[3] 미국인의 축구 혐오증을 뒤집어서 보면 미국에서 야구의 인기가 높은 이유를 설명할 수 있다. 구트만A. Guttmann은 야구가 '수량화된 전원의 스포츠'로 "미국 문명의 구조와 완벽히 일치하기 때문에 국민 경

기가 되었다"고 주장한다.[4]

한국 · 미국 · 일본의 야구 삼국지

스포츠가 그토록 한 나라의 문화와 밀접한 관련을 맺고 있다는 게 놀랍다. 그런데 야구를 즐겨 하는 그 몇 안 되는 나라들마저 각기 다른 야구 문화를 갖고 있다는 것도 흥미롭다. 그 차이를 한국 · 미국 · 일본을 중심으로 살펴보자.

미국은 '선이 굵은 야구'를 한다. 이른바 '빅 볼Big Ball'이다. 번트보다는 강공(찬스 상황에서 번트를 대지 않고 타격을 통해서 공격을 밀어붙이는 것)을 하고, 도루를 거의 하지 않고, 홈런 또는 장타 등을 통해 경기를 이끌어 나가는 야구를 말한다. 반면 일본은 '현미경 야구' 또는 '데이터 야구'로 불리는 '스몰 볼Small Ball'을 한다. 번트를 많이 사용하고 도루를 많이 시도하며 개인플레이는 되도록 자제하고 팀플레이를 중요시하는 야구를 말한다.

한국의 야구는 스몰 볼과 빅 볼을 적절히 섞어서 하는 점이 특징이다. 우리나라에서 스몰 볼을 구사한 팀은 김성근 감독 시절의 SK 와이번스였다. 김성근이 SK 와이번스 감독으로 재임하던 시절에는 상대 선수를 철저히 연구하고 분석했다. 상대방의 허점을 알아내기 위해 끝없이 관찰하고 연구하여, 데이터를 모아서 분석하는 야구였다. 반대로 빅 볼을 구사한 팀은 제리 로이스터Jerry Royster 감독이 이끈 시절의 롯데 자이언츠를 들 수 있다.

미국에선 7~10세 때부터 야구를 시작한다. 고교에 진학하기 전까지 포니리그(리틀 야구)를 통해서 선수를 선발해 학생 야구로 발전하는 과정을 거치는데, 이들은 우리처럼 어릴 때부터 번트나 포크볼을 배우지 않는다. 다만 빠르게 던지고 강하게 치는 것만 배운다. 고등학교에 진학하여 콧수염이 나고 팔다리에 근육이 형성될 때부터 변화구와 번트를 배우고 웨이트 트레이닝을 한다(이때부터 남성 호르몬이 나오고 단백질이 근육을 만든다). 어릴 때부터 야구의 승부를 배우는 한국과는 달리 미국에선 프로에서 배운다. 루키 리그부터 싱글A, 더블A, 트리플A를 거치면서 야구를 배우는 것이 우리와 다른 점이다.[5]

달리 말하자면, 빅 볼은 '빠르게 던지고 강하게 치는 것'을 기본으로 삼는 야구라 할 수 있겠다. 그런데 처음부터 이런 야구를 했던 건 아니다. 미국도 오랫동안 스몰 볼을 했으며, 빅 볼로 완전 전향한 것은 미키 맨틀Mickey Mantle, 하몬 킬브류Harmon Killebrew 등과 같은 강타자들이 많이 나오기 시작한 1950년대부터였다.[6]

미국에선 스몰 볼로 진루하는 걸 가리켜 'manufactured run'이라고 한다. 제조된manufactured, 그래서 순수하지 못한 런이라는 의미가 내포된 말이다. 이런 방식의 플레이는 아메리칸 리그보다는 내셔널 리그에서 비교적 더 많이 나타나는데, 그건 내셔널 리그엔 지명타자 제도가 없어 투수도 직접 타자로 나서야 하기 때문이다.[7]

일본 야구의 대명사인 스몰 볼은 단기전에서 엄청난 효과를 볼 수 있다. 실제로 일본 야구는 월드베이스볼클래식WBC에서 빅 볼의 미국이나 남미 야구를 제치고 우승했다. 빅 볼을 추구하는 미국 야구도 단기전에선 스몰 볼을 구사한다. 초반부터 번트를 대고 8, 9회는 전날 완투한 투수를 투입하기도 한다(월드시리즈에서는 가능한 일이다). 우리가 말하는 스몰 볼은 일본의 경우 페넌트레이스 첫 게임부터 나타난다. 수시로 번트를 대고 감독의 작전에 의한 야구를 하며 이기기 위해서 스퀴즈도 마다하지 않는다.[8]

한국 · 미국 · 일본은 선수들의 성장 과정이 판이하게 다르기 때문에 야구 스타일이 다른 수밖에 없다. 지금까지 살펴본 바에 따르면 미국 야구가 빅 볼을 할 수밖에 없는 이유, 스몰 볼의 일본 야구가 번트를 중요시하고 작전에 의한 야구를 할 수밖에 없는 이유는 선수들이 어릴 때부터 그런 교육을 받아서지 감독에 의해서 야구 스타일이 갈라지는 것은 아니라는 결론이 나온다.[9]

야구를 통해 나타나는 문화와 습성

그렇다면 한국 · 일본 · 미국 이 세 나라의 야구 스타일이 다른 근본적인 이유는 무엇일까? 역사적 배경에 따른 각국의 문화와 습성 때문이라고 보는 게 옳을 것 같다. 한국은 모든 일을 빠르게 처리하는 것을 좋아하는 '빨리빨리 문화'를 가지고 있는데, 야구 또한 이 빨리빨리 문화의 굴레에서 벗어나지 못했다. 한국은 좋은 성적을 내지 못하면 시즌 중에라도 감독을 경질시키는, 지나친 성적 지상주의를 강조하는 풍토를 가지고 있다. 지난 2년간 여덟 개 구단 감독이 모두 교체됐다는 사실이 그걸 잘 말해준다.

이 빨리빨리 문화는 감독, 코치, 선수들을 불안하게 만든다. 단 며칠이라도 좋은 성적을 내지 못하면 언론과 팬들에게 비난과 질타를 받는다. 그래서 한국의 몇몇 프로야구 감독은 빅 볼과 스몰 볼 가운데 스몰 볼에 무게를 둘 수밖에 없다. 이기기 위해서 경기 초반에도 번트를 마다하지 않는 스몰 볼 야구가 단기간의 승리엔 유리하다고 보기 때문이다.

일본이 스몰 볼을 구사하는 이유는 역사적 특수성인 '신분 질서의 틀'을 통해 설명할 수 있다. 많은 역사학자는 일본인의 세분화 습성을 섬나라의 좁은 경작지란 환경적 요인에 도쿠가와 막부 이래 제한된 신분이동이 결합된 것으로 분석하고 있다. 좁은 농경지에 많은 사람이 모여 살던 일본에서는 제한된 식량을 활용하기 위해 어쩔 수 없이 강력한 신분 질서가 생겨났고, 이 신분 질서가 자연스레 계층 사회를 만들었다는 것이다. 계층 사회가 유지되기 위해선 계급의 사회화가 필연적이었고 계급의 이동은 극도로 제한되었다. 움직일 수 없는 신분 질서의 틀에서 개인이 취할 수 있는 성취의 방향은 자기가 속한 집단의 주어진 조건 속에서 가능한 수준의 극한을 추구하는 쪽으로 발전할 수밖에 없었다는 설명이다.[10]

이 같은 일본인의 삶과 직업의 세분화 및 이동 불가능성은 근대화 과정에서 서양 열강을 따라잡아야만 했던 일본의 후발성과 어울려 더욱 강해졌다. 근대화 과정에서 소수의 핵심 집단을 선정해 집중 투자하며 전문성을 키워나가는 전략을 취했기 때문이다. 근대화 과정에서 일본 정부는 소수의 기업을 선택해 특혜를 베풀었는데 이는 메이지유신 이래 구미 선진 제국에 뒤처지지 않는 최고의 군사력과 최상급 산업을 보유하기 위

한 전략에서 나온 조치였다.[11]

경제학자 모리시마 미치오의 표현을 빌리면 "일본은 산업계에 대표 선수팀을 구성해 이들을 특별 훈련시켜 일류로 만든 뒤에 팀의 규모를 확대해가는 방식"을 취했는데 세계 수준에 도달한 이 작은 핵들을 통해 짧은 시간 내에 세계 수준에 도달했다.[12]

이처럼 일본은 오랜 역사 속에서 그들만이 취한 특수성인 '선택과 집중'이라는 전략을 야구에 접합했다. 그래서 '현미경'처럼 세밀한 분석과 방대한 데이터를 결합한, 상대방의 약점을 집요하게 파고드는 스몰 볼을 구사할 수 있었다.

반면 미국의 메이저리그가 빅 볼을 하는 데 가장 큰 영향을 끼친 건 미국 특유의 '개인주의' 문화다. 19세기 미국에서 형성된 '개인적 책임의 정신'이 바로 야구의 정신이라는 주장도 있지만, 사실 여부에 관계없이 야구가 단체 경기 가운데 가장 개인주의적 성향을 띠고 있는 것은 부인하기 어렵다. 야구는 기록 경기이며, 그 기록이 대개는 팀보다는 개인의 것이고, 오래 기억되는 것도 개인의 기록이라는 점이 그걸 잘 말해준다.[13] 이처럼 개인의 기록을 중요시하는 것은 메이저리그의 야구 방식에도 적용된다. 메이저리그 선수 개개인의 기량에 맡기는 야구라고 해도 과언이 아니다.

축구와 달리 야구는 국제 경기보다는 국내 경기 위주인지라 이렇게 각기 다른 야구 문화가 충돌할 일은 많지 않지만, 메이저리그 출신 선수들이 적잖은 한국 프로야구에선 문화 충돌이 가끔 일어나기도 한다. 대표적인 게 홈런 세리머니다. "홈런 치고 펄쩍펄쩍 ⋯ 외국인 투수 '쟤 왜 저래!' : 차이 나는 한·미 야구 문화"라는 제목의 2012년 7월 5일자 『중앙일보』 기사 내용이 재미있다. 한국과 미국의 야구 문화 차이가 벤치 클리어링을 유발하곤 한다는 것인데, 그 사연인즉슨 이렇다.

"타자가 홈런을 때려낸 뒤 세리머니를 펼치는 한국과 달리 메이저리그는 대기록 달성 등을 제외하고는 대부분 홈런 세리머니를 하지 않는다. 지난해 KIA 투수 트레비스가 두산 양의지의 홈런 때 '천천히 그라운드를 돈다'는 이유로 신경전을 벌인 바 있다. 외국인 투수들은 그라운드를 천천히 도는 게 자신에게 모욕감을 준다고 생각한다. 메이저리거 출신인 최희섭도 '홈런을 친 후 빨리 베이스를 돌아야 한다. 트레비스를 이해한다'고 말했다. 한·미 야구 문화 차이는 다양한 상황에서 나타난다. 이적한 선수가 전 소속팀과의 경기에서 팬들에게 인사하는 것, 몸에 맞는 볼을 던진 투수가 선배 격인 타자에게 사과의 표현을 하는 것 등을 외국인 선수나 감독은 이해하지 못한다." [14]

단장의 야구와 감독의 야구

프로야구단은 의외로 매우 복잡하고 방대한 조직이다. 경기장의 선수 및 코치들이 하는 일을 제외한 나머지 모든 업무, 즉 구단 운영, 마케팅, 판촉, 구장 운영, 홍보, 선수단 수급, 트레이닝 등을 담당하는 사람들을 총칭해 프런트Front Office, 이 프런트를 이끄는 총 책임자를 단장General Manager이라고 한다.

그런데 야구단에서 차지하는 단장의 위상은 나라마다 다르다. 미국

메이저리그는 전형적인 '단장의 야구' 다. 단장은 감독, 코치진, 선수단, 프런트 등 야구단 전체 조직 구성에 관한 전면적인 인사권을 쥐고 있다. 신인 지명 및 방출, 트레이드 역시 단장의 몫이다. 미국 야구계에서는 요리사의 손맛, 즉 감독의 경기 운영 능력보다는 단장이 트레이드나 신인 지명 등을 통해 좋은 선수를 얼마나 많이 확보하느냐가 그 야구단의 성적을 좌우한다고 본다. 좋은 선수들을 확보할 때 다른 구단보다 돈을 적게 쓴다면 금상첨화다.[15]

반면 한국 및 일본 야구는 '감독의 야구' 다. 단장이 감독의 거취에 미치는 영향력이 메이저리그보다 훨씬 작다. 대부분의 감독은 상당한 카리스마를 지니고 있으며, 프런트에 크게 휘둘리지 않는 편이다. 선수 트레이드, 신인 지명 등에도 감독의 입김이 상당히 발휘된다. 김성근 전 SK 와이번스 감독, 오 사다하루王貞治, 왕정치 전 소프트뱅크 호크스 감독 등이 감독의 야구를 시현하는 대표적 인물이다.[16]

이처럼 단장의 위상이 높은 메이저리그에서도 독보적인 입지를 다진 단장이 있다. 바로 샌프란시스코 근교 도시인 오클랜드를 연고지로 둔 오클랜드 애슬레틱스의 빌리 빈Billy Beane 단장이다. 1998년부터 애슬레틱스 단장으로 재직한 그는 통계를 이용한 과학적 야구 분석 기법인 세이버메트릭스Sabermetrics를 적극 활용해 만년 하위 팀에 불과했던 오클랜드를 메이저리그에서 손꼽히는 명문 팀으로 바꾸었다.[17]

하지만 한국 프로야구도 시대의 흐름에 따라 메이저리그식 야구로 변화하고 있다. 감독의 야구가 대세인 일본에서도 메이저리그식 단장의 야구가 조금씩 자리를 잡고 있다. 실제로 2011년 일본 프로야구팀 요코하

마 DeNA 베이스타스는 감독 선임 작업 때부터 단장의 야구를 하겠다는 뜻을 보였고, 우리나라의 경우 김성근(전 SK), 한대화(전 한화), 김시진(전 넥센), 양승호(전 롯데) 감독들의 경질이나 사퇴가 시사하는 바와 같이 메이저리그식 운영을 차용한 단장의 야구가 대세를 이루고 있는 경향을 볼 수 있다.

■ 한국·미국·일본의 응원 문화 차이

세 나라의 야구 경기 관람 문화를 한 단어로 정리하면, 한국은 '열정', 일본은 '규격화', 미국은 '휴식'이라고 할 수 있다. 한국은 야구를 관람할 때 치어리더나 응원단장의 주도로 열정적으로 응원을 하지만 미국에서는 치어리더나 응원단장이 응원을 주도하지 않는다. 이따금 구단 마스코트가 덕아웃 위에 올라가기도 하지만 잠시 흥을 돋우는 역할이 전부다. 안전 그물이 대체로 포수 뒤쪽에만 설치돼 있기 때문에 경기 중 단체 응원은 대형 사고를 부를 수도 있다. 그래서 단체 응원보다 야구 자체를 즐기는 분위기다.[18] 즉, 야구 관람을 통해 휴식을 취하는 것이다.

야구 전문가 송재우는 미국인의 관람 모습이 경기에 집중하고 아낌없는 응원을 보내는 우리나라 야구팬들과는 달랐기 때문에 처음에는 이 사람들이 야구를 보러 온 건지 먹고 떠들러 온 건지 잘 이해되지 않았다고 한다. 하지만 차차 '이 사람들은 이런 방식으로 야구를 즐기는구나' 하고 이해할 수 있게 되었다고 한다.

그렇다고 응원이 전혀 없는 것은 아니다. 이따금 전광판을 통해 박수나 함성 정도는 유도한다. 또 홈팀이 지고 있으면 역전을 기원한다는 의미에서 모자를 뒤집어쓰라는 문구가 전광판에 뜨기도 한다. 치어리더가 있긴 하지만 응원보다는 티셔츠 등 구단 기념품을 던져주기 위한 목적이 더 크다.[19]

스포츠 경기를 볼 때 유럽인은 경기 내내 서서 보는 반면 미국인은 자리에 차분히 앉아 응원한다고 한다. 유럽인과 미국인의 스포츠 관람 태도가 다른 것을 스포츠 사학자들은 '역사적 차이' 때문이라고 분석했다. 체육 경기장 건축 전문가인 로드 셰어드는 "중세 시대 유럽에서 왕족과 귀족은 자리에 앉아 관람한 데 비해 평민은 선 채 경기를 봐야 했다"면서 "반면 모든 미국인은 스스로를 귀족으로 여긴다"고 분석했다.[20]

또 '스포츠의 상업성' 때문이라는 분석도 있다. 1862년 미국에서 처음으로 야구장 입장권을 돈을 받고 팔기 시작했는데 입석권을 비싸게 파는 대신 차와 케이크를 제공하는 방법으로 이익을 창출해냈다는 것이다. 이후 스포츠 열기가 더해질수록 미국 프로야구 구단들은 지정 좌석제를 확대, 입장권 가격을 올려 입장 수입을 극대화했다고 한다.[21]

한국의 응원 문화는 응원단을 떼어놓고 이야기할 수 없다. 팬들은 경기장에서 소리를 마구 지르거나 파도타기 응원을 하거나 응원단장의 지휘에 따라 응원을 하거나 치어리더의 춤을 따라한다. 또한 한국의 야구장에는 선수 개개인을 위한 응원가가 있다. 선수가 등장할 때 울려 퍼지는 테마송과는 다르다. 선수 개인 응원가 30곡은 들어야 한 경기가 끝난다. 이런 선수들의 개인 응원가를 주도하는 역할을 하는 사람들이 응원단이다.[22]

내야와 외야에서 자유롭게 응원할 수 있는 한국과 달리 일본에서는 1970년대 중반부터 사설 응원단이 외야에 자리를 잡고 응원하는 문화가 정착됐다. 일본에서는 2010년에 일본 나고야 지방재판소가 주니치의 사설 응원단원 100명이 일본프로야구기구NPB와 열두 개 구단을 상대로 낸 '악기 사용 금지 결정 취소 청구 소송'을 기각했다. NPB와 열두 개 구단은 2008년 3월 사설 응원단이 드럼, 트럼펫, 호루라기 등을 사용해 조직적인 응원을 할 수 없게 했다. 악기를 사용하면 지나치게 시끄러울 뿐 아니라 폭력 사태로까지 이어질 수도 있다는 판단 때문이다.[23]

자유롭게 깃발을 사용하는 한국과 달리 일본은 구단의 허가를 받은 사람만 사용할 수 있다는 점, 자유로운 복장으로 원정 응원을 가는 한국 팬과 달리 일본은 반드시 원정 유니폼으로 통일한다는 점 등이 양국의 미묘한 응원 문화 차이라 할 수 있다. 그뿐만 아니라 '키스 타임', '댄스 타임', '경품 추첨' 등으로 공수 교대 시간을 활용하는 한국과 달리 일본은 다소 차분하게 경기를 기다린다.[24] 야구는 축구에 비해 비교적 덜 뜨거우며 차분한 스포츠지만, 한국에선 야구도 축구 못지않게 뜨겁고 동적인 스포츠인 셈이다.

1 요네하라 마리, 조영렬 옮김, 『문화편력기: 유쾌한 지식여행자의 세계문화기행』(마음산책, 2008/2009), 26쪽.

2 스테판 지만스키 · 앤드루 짐벌리스트, 김광우 옮김, 『왜? 세계는 축구에 열광하고 미국은 야구에 열광하나』(에디터, 2005/2006), 12~13쪽.

3 프랭클린 포어(Franklin Foer), 안명희 옮김, 『축구는 어떻게 세계를 지배했는가』(말글빛냄, 2005), 328~330쪽.

4 레이몽 토마(Raymond Thomas), 이규식 옮김, 『스포츠의 역사』(한길사, 2000), 116쪽. 미국인의 축구 혐오론은 강준만 편저, 『재미있는 야구사전』(북카라반, 2009), 93~94쪽에서 재인용한 것임.

5 유승안, 「[유승안의 현장 속으로] 김인식, 김성근, 로이스터 감독의 스타일은」, 『OSEN』, 2008년 6월 23일.

6 「Small Ball」, *Wikipedia*.

7 「Small Ball」, *Wikipedia*.

8 유승안, 앞의 기사.

9 유승안, 앞의 기사.

10 김동욱, 「일본, 야구만 '현미경'인 게 아니다.-세밀」, 블로그 '한국경제'; http://blog.hankyung. com/raj99/227952.

11 김동욱, 앞의 글.

12 김동욱, 앞의 글.

13 윤득헌, 「[윤득헌의 스포츠 세상] 야구서 배우는 개인주의」, 『동아일보』, 2000년 5월 15일.

14 유병민, 「홈런 치고 펄쩍 펄쩍 … 외국인 투수 '쟤 왜 저래!': 차이 나는 한미 야구 문화」, 『중앙일보』, 2012년 7월 5일.

15 하정민, 「Leadership in Sports ④] 빌리 빈 오클랜드 애슬레틱스 단장」, 『신동아』, 2011년 8월, 466~479쪽.

16 하정민, 앞의 기사, 466~479쪽.

17 하정민, 앞의 기사, 466~479쪽. 세이버메트릭스는 미국 야구 전문가인 빌 제임스(Bill James)가 만든 용어로, SABR(Society for American Baseball Research)에서 비롯된 것이다. 여러모로 부실하긴 했지만, 언쇼 쿡(Earnshaw Cook)이 1964년에 출간한 『퍼센티지 베이스볼(Percentage Baseball)』이라는 책을 통해 훗날 세이버메트릭스로 불리게 될 야구통계학이 널리 알려지게 되었다. 「Sabermetrics」, *Wikipedia*.

18 최경호, 「[베이스볼 클래식] 관중 트렌드 변화와 한미일 응원문화」, 한국야구위원회; http://news.naver.com/main/read.nhn?mode=LSD&mid=sec&sid1=107&oid=322&aid=0000000120.

19 최경호, 앞의 글.

20 박광재, 「스포츠 관람응원문화 수준」, 『문화일보』, 2009년 5월 28일.

21 박광재, 앞의 기사.

22 최경호, 앞의 글.

23 최경호, 앞의 글.

24 서영원, 「[BaseballTalkTalk] '열정과 차분' 한일 야구 응원 비교」, 『엑스포츠뉴스』, 2012년 5월 2일.

6부

인간관계와
집단주의

intercultural
communication

유호인
김민규

경영학과 2005학번
신문방송학과 2009학번

왜 한국인은
정신과 상담을 두려워하나

세계 각국의 정신 질환에 대한 인식

정신 질환의 평생유병률 27.6퍼센트

2012년 10월 30일 부산의 한 아파트 옥상에서 소녀 세 명이 뛰어내렸다고 한다.[1] 기사를 보는 순간 가슴이 먹먹해졌다. '도대체 왜' 라는 답도 없는 도돌이표 달린 물음은 내 머릿속에서 가시지 않았다. '누군가 한 번쯤 붙잡아주길 바라지는 않았을까' 라는 생각이 가슴속을 더욱 휑하게 만들었다.

"이들은 평소 행동이나 자살 시도 등에 미뤄 스스로 목숨을 끊을 가능성이 높았지만 자살을 예방하는 상담을 받거나 우울증 치료를 받는 등 적극적인 주변 도움을 받지는 못했다." 기사의 이 부분이 자꾸 눈에 걸렸다.

특히 이들 가운데 두 명은 2012년 8월, 부산의 한 여관에서 연탄불을 피워 자살 시도를 했다가 업주에게 발견되어 목숨을 건진 경험이 있었다. 그 뒤 가족들은 인터넷에서 자살 사이트를 지웠지만, 또다시 가출한 아이들을 애타게 찾아다녔다. 하지만 정신과의 문을 두드리지 않았다. 그리고 아이들의 선택은 이전과 같았다. 깊은 마음의 병으로 삶과 죽음을 심각하게 고민하는 사람들에게조차 정신과의 문은 높았다. 비단 이들뿐만이 아니다. 일반 사람에게도 정신과의 벽은 너무 높다.

현재 우리나라에서 정신 질환을 앓고 있는 사람들의 수는 생각보다 많고 이들의 정신 의료 서비스 이용률은 생각보다 심각하다. 보건복지부가 2011년 7월부터 11월까지 넉 달 동안 전국 만 18~74세 성인 6,022명을 대상으로 진행한 「2011년도 학술연구 용역사업 보고서」(정신질환실태 역학조사: 서울대 의대 수행, 책임연구자: 조맹제 교수)에 따르면, 우리나라 18세 이상 성인의 14.4퍼센트인 519만 명이 평생 한 번 이상 정신 질환을 겪는 것으로 나타났다.[2]

또한, 25개 정신 질환의 평생유병률有病率: 어떤 시점에 있어서의 인구 중 환자가 차지하는 비율은 27.6퍼센트로 나타났고 25개 정신 질환의 일년유병률은 16.0퍼센트(남자 16.2%, 여자 15.8%)에 달했다. 즉, 우리나라 일반 인구의 27.6퍼센트는 평생 중 한 번 이상, 일반 인구의 16.0퍼센트는 최근 1년 내에 하나 이상의 정신 질환을 경험한 것으로 나타났다.

여기에는 니코틴과 알코올 사용 장애가 포함되어 있는데 그 둘을 제외하더라도 일년유병률은 10.2퍼센트(남자 6.1%, 여자 14.3%)에 달했다. 즉, 지난 1년 동안에만 일반인 10명 가운데 1명은 알코올 사용 장애나 니코틴 사용 장애 이외의 정신 질환을 앓았다는 것을 의미한다.

유독 한국만 정신 건강에 비상등이 켜진 것은 아니다. 2011년 보건복지부가 조사한 자료에 따르면 평생유병률과 일년유병률의 수치가 한국보다 높은 나라들을 쉽게 찾아볼 수 있다. 모든 정신 질환에 대한 평생유병률은 미국 46.4퍼센트, 유럽 25.0퍼센트, 벨기에 26.7퍼센트, 뉴질랜드 39.5퍼센트, 우크라이나 31.6퍼센트, 중국 13.2퍼센트 수준이었고, 일년유병률은 미국 26.2퍼센트, 프랑스 18.4퍼센트, 우크라이나 17.6퍼센트, 레바논 17.0퍼센트, 멕시코 12.1퍼센트, 이탈리아 7.3퍼센트 수준이었다.

문제는 수치와 상관없이 우리나라에서 정신 질환을 앓는 사람들의 다수가 정신병원을 찾는 것을 꺼려한다는 사실이다. 우리나라 정신 질환 이환자罹患者: 병에 걸린 사람의 정신 의료 서비스 이용률은 15.3퍼센트에 불과했고, 11.9퍼센트만이 정신과 의사를 방문한 것으로 밝혀졌다. 정신 의료 서비스 이용률이란 지금까지 평생 한 번 이상 이용한 적이 있는 비율로, 실제 적절한 치료를 받은 비율은 이보다 훨씬 낮을 것으로 판단된다.

우리나라의 정신 의료 서비스 이용률이 2001년 8.7퍼센트, 2006년 11.4퍼센트, 2011년 15.3퍼센트로 증가했다고는 하지만,[3] 미국 39.2퍼센트(2010), 호주 34.9퍼센트(2009), 뉴질랜드 38.9퍼센트(2006)인 것에 비하면 반에도 못 미치는 수준이다. 자살과의 연관성을 살펴보면 문제는 더욱 심각해진다. 평생에 한 번 이상 심각하게 자살을 생각해본 성인은 15.6퍼센트였고 이들 가운데 1개 이상의 정신장애를 경험한 사람은 57.0퍼센트에 달한다고 한다. 또 조사 대상자의 3.2퍼센트는 평생에 한 번 이상 자살을 시도했으며 이들 중 75.3퍼센트가 정신 질환을 경험한 것으로 나타나 자살과 정신질환 간에 밀접한 연관이 있는 것으로 확인했다.[4]

문제가 이렇게 심각한 데도 왜 정신과 상담을 받으러 가는 데 주춤거리는 것일까? 한 인터넷 포털 사이트에 '정신과 상담'이라고 검색해보면 많은 사람이 이 문제로 고민하는 것을 알 수 있다. 바로 기록에 남기 때문이다. '정신과 상담' 검색 결과에는, 정신과 상담이나 치료를 받게 되면 의료 기록에 남는지와 이 기록으로 고용, 보험, 건강 관련 서비스 등에서 각종 차별 대우 및 불이익을 받는지 궁금해 하는 글들과 실제로 차별과 불이익을 경험했다는 글이 많다.

정말 그럴까? 현행법만 살펴보더라도 아직까지는 걱정할 수밖에 없는 환경이라는 것은 부인할 수 없다. 현재 우리나라에서는 정신 질환자 상태의 경중도를 고려하지 않고 정신과 의사와 단순한 상담만 한 경우에도 정신 질환자로 규정하고 있다는 비난이 쏟아지고 있다. 이는 우리나라의 현행 정신보건법상 우울증, 불면증, 강박장애, 주의력 결핍/과잉행동 장애ADHD 같은 경증 정신 질환이나 정신분열증 같은 중증 환자 모두의 의료 기록에 'F 코드'가 찍히기 때문이다.

F 코드는 세계보건기구WHO가 정한 정신 질환에 대한 국제 질병 분류 기호로 정신과 의사와 상담한 뒤 '정신행동장애'로 판정되면 F 코드로 분류된다. F 코드는 뒤에 숫자를 붙여 병명을 구별하는데 예를 들면, 'F32'는 '우울증'을 나타낸다.[5] 이처럼 가벼운 증상과 중증을 고려하지 않은 채 F 코드가 찍힌다는 것도 문제지만 더욱 심각한 문제는 이 F 코드가 실제로 보험 가입이나 취업 등에 영향을 준다는 것이다.

이를 증명해주는 사례는 흔하게 접할 수 있다. 한 신문 기사에 의하면

회사원 김 모 씨는 생명보험을 들려고 했다가 가벼운 우울증 치료 기록 때문에 보험사에 의해 가입을 거절당했다고 한다. 보험사 모집인은 문제될 것 없다고 했지만 며칠 뒤 보험사에서 계약 철회를 통보받았다. 서울 월계동에 사는 박 모 씨 역시 몇 년 전 우울증 치료를 받은 경력 때문에 화재보험에 가입하려다 거절당했다. 보험회사는 상법상 '심신미약자와 심신박약자의 생명보험 계약을 무효로 한다'는 규정을 들어 진단서상의 F 코드를 보험 가입 제한 대상으로 삼고 있는 것이다.[6]

도대체 우울증과 화재가 무슨 관련이 있을까 의문이 들지만 한 보험사 관계자는 "정신 질환자들은 충동적이고 우발적으로 행동하기 때문에 사고 낼 가능성이 크다"라고 설명했다. 이 관계자의 말에 의하면 현재 우리나라에는 500만 명 이상의 잠재적 방화범이 존재하는 셈이다. 얼마 전까지는 운전면허 취득에도 제약이 있었다. 2010년 이전에는 우울증이나 불안장애 등 가벼운 증상으로 정신과 치료를 받을 경우 면허·자격 취득이 법률에 의해 제한되었다. 하지만 정신 질환자 개념을 기능 저하 정신질환자와 일반 정신질환자로 세분화해 일반 정신질환자에 대해 자격 취득 제한을 없애는 개정안이 국회에 제출되었다. 불과 2년 전이다.[7]

정신장애와 관련된 '낙인 효과' 연구에서 정신 질환 치료를 받은 사람들의 증언 두 개를 들어보자. "그때 보증을 서려고 했었는데 안 되어서…… 화가 났었는데…… 처음에는 상대한테 화가 났지만요. 결국 제도한테 화가 났었던 것 같아요. 그리고 보험 같은 것을 들 때도 못 들게 하구요. 그런 것들에 화가 났었습니다."(참여자 A) "친척들이 보면 '괜찮냐'고 물어보면 되는데 '요즘도 약 먹니?' 이렇게 물었을 때 가장 슬펐

어요. '나는 이정도밖에 안 되는구나' 하는 마음과 관심을 가져주는 듯 그냥 말을 던지는 것 같아요."(참여자 L)[8]

실제로 정신병원에서는 완치 판정을 받고 사회로 나갔다가 돌아오는 환자들이 많다고 한다. 병은 이미 완치되었고 사회생활을 하는 데 전혀 지장이 없는데도 불구하고 법·제도나 사회의 고정관념으로 인해 병이 재발된다고 한다. 편향된 시선이 그들의 흉터를 다시 찢는 것이다. 치료나 상담의 문턱에서 주저하는 사람들은 바로 이게 두려운 거다. 그냥 마음이 조금 아픈 것뿐인데 자신에게 '낙인Stigma'이 찍혀버릴 수도 있다는 것, 그로 인해 수많은 '정상인'과 '나' 사이에 보이지 않는 선이 그어지는 게 두려운 것이다. 낙인은 본래 가축에 빨갛게 달군 인두를 찍어 소유를 표시하는 것이지만 이는 가축의 살에만 찍히는 것이 아니다. 이처럼 눈에 보이진 않을망정 사람에게도 찍힐 수 있다.

우리나라에서 F 코드라는 낙인은 보험에서도, 외부의 시선에서도 자유로울 수 없다. 하지만 언제까지 이런 따가운 시선 속에 갇혀 살아야 하는가? 잘못된 현실을 바꾸기 위해 정신 질환에 대한 치료와 상담 시스템 그리고 정신 질환자의 인권 개선을 위해 정부가 많은 노력을 쏟고 있는 미국과 호주를 살펴볼 필요가 있겠다.

미국과 호주는 우리와 어떻게 다른가

미국은 평생유병율 46.4퍼센트(니코틴 사용 장애 제외), 일년유병률 26.2퍼센트로 조사 대상 국가 가운데 가장 높은 수치를 기록했다. 이 때문일까?

정부가 환경 개선을 위해 적극 개입한 미국은 현재 정신질환자의 치료와 예방에서 선진화된 시스템을 가지고 있다고 평가된다. 정신건강위원회를 두어 정신질환자의 권리에 관한 조항을 검토하고 개정하는 역할을 하도록 했고 주별로 제정한 정신보건법에서도 정신질환자에 대한 차별을 금지하고 있다. 또한, 보험 계약 시 정신질환자에게 불리한 대우를 하려면 보험회사가 통계 자료 등을 근거로 정당성을 입증해야 한다. 보험 혜택도 신체적 장애나 정신적 장애로 구분하지 못하도록 제도화되어 있다.

특히 매사추세츠 주는 정신보건법에 따라 정신질환자가 입원이나 시설에 감금돼 있다는 이유로 결혼이나 계약, 직업, 면허, 자산 소유 등에서 정신질환자를 차별하거나 권리를 제한해서는 안 된다. 다만, 우리나라 민법상의 행위무능력자처럼 법원 판결로 후견인이 지정되면 일정 범위 내에서 권리가 제한될 수 있다.[2]

이와 관련해 1814년에 매사추세츠 주에서 일어난 중요한 사건 하나를 살펴볼 필요가 있다. 교사직을 은퇴하고 매사추세츠 주 교도소에서 순회 강연을 하던 도로시 딕스는 그곳에서 치료받지 못하고 방치되어 있는 정신질환자를 발견하게 되었다. 딕스는 환자들이 제대로 된 치료시설에서 치료받아야 하며, 그에 대한 재정적인 부분은 주정부가 부담해야 한다고 주장했다.

그 결과, 이전까지 개인이 알아서 받아야 했던 정신과 치료를 주립 정신병원에서 받을 수 있게 되었고, 1880년까지 미 동부의 여러 주에 걸쳐 32개의 주립 정신병원이 건설되었다. 이 사건은 주정부가 국민의 정신과 치료를 맡고 나서게 한 출발점이 되었다. 이후에도 주립 정신병원의 환경 개선 운동, 환자의 장기적인 병원 수용으로 인한 사회적 퇴행과 기능 상실을 막기 위한 '탈수용화 정책' 등이 정부의 주도하에 추진되었다. 이를 토대로 정신질환자의 환경과 인권 개선에 앞장설 수 있게 된 것이다.[10]

호주의 경우에는 하나의 보고서가 정신보건 제도와 환경에 많은 변화를 주었다. 1989년, 호주의 인권평등위원회는 집이 없는 아이들과 젊은 성인을 대상으로 한 국가 조사 보고서인 「우리의 집 없는 아이들Our Homeless Children」을 발표했다. 이를 통해, 호주의 정신보건 정책의 실패 때문에 수많은 아이들이 정신 질환에 대해 제대로 보호받지 못하고 있다는 사실이 밝혀졌다. 또한, 정신장애에 대한 무지와 편견이 존재함을 깨닫고 국가적 차원의 조사를 시행하기로 결정했다.

이에 브라이언 버드킨Brian Burdekin 위원이 1990년 6월 정신장애인 인권에 대한 조사를 공표했고 비밀 유지 원칙하에 15개월간 17곳에서 총 456인을 대상으로 한 공청회와 300명 이상이 참여한 공개 토론, 60명 이상이 참여한 개인적 청취, 약식 상담, 시설 방문을 통해 조사를 시행했다. 그의 이름을 따 '버드킨 보고서'로도 알려져 있는 이 정신장애인의 인권에 대한 국가 조사 보고서가 1990년에 시작되어 1993년 발표되는 과정 속에서 권리와 책임에 대한 정신보건 협정 선언이 체결(1991년)되었고, 많은 사회적 관심을 이끌어내 '국가 정신보건 전략'이 수립(1992년)되는 등 정신장애인의 인권 증진에 큰 영향을 끼쳤다.

또한 이 조사가 시작된 이후 연방, 주 보건부 장관들은 국제조약에 명시된 정신장애인의 인권에 관한 권리들이 정신보건법에 구체화되도록 하겠다고 약속했고, 정부는 정신장애인의 권리를 보장하기 위한 제도적

장치를 마련하겠다고 약속했다. 보고서 발표 이후, 연방정부와 주정부는 정신장애인을 위한 프로그램과 서비스를 위해 6억 호주달러의 기금을 배정했고, 개인의 법적 보호와 보건 시스템을 위한 국가 기준이 도입되었으며 다수의 개인 교육 프로그램도 만들어졌다. 미국에서는 은퇴한 한 명의 교사가 정부의 지원을 이끌어냈듯이, 호주에서는 하나의 보고서가 국가 제도와 환경을 변화시킨 것이다.

현재 호주는 1993년부터 시행된 '국가 정신보건 전략'과 호주정부위원회가 2006년부터 시행 중인 '국가 정신보건 실행 계획' 두 주요 정책을 토대로 인간 서비스 시스템의 변화, 정신보건 재정의 지속적 확충, 지역사회에 기반을 둔 의료 시스템, 정신과 병상 수의 감소(탈수용화), 정신장애인에 대한 편견 해소 등에서 큰 성과를 보이고 있다.[11]

예를 들면, 연방정부 차원에서 '정신보건의 권리와 책임에 관한 성명서'를 내고 정신질환자도 다른 시민이 가질 수 있는 모든 권리를 향유할 수 있다고 명시한 것과 호주 뉴사우스웨일스 주에서 정신질환을 '정신기능에 심각한 장해가 있는 상태'로 한정하여 중증과 경증을 고려한 제도를 만든 것을 들 수 있다. 중증과 경증의 구분 없이 F 코드로 낙인찍는 우리나라와는 다른 시스템이라 할 수 있다.

이외에도 영국에서는 2007년부터 정신질환자에 대한 차별과 낙인을 반대하기 위해 "다섯 명 가운데 한 명은 비듬이 있습니다. 네 명 가운데 한 명은 정신 건강에 문제가 있습니다"라는 슬로건으로 범국가적 '타임 투 체인지(이제는 달라져야 할 때)' 운동을 추진하고 있다. 유럽에서는 정신질환 치료를 위해 연 1조 달러(7,980억 유로)가 들어간다고 유럽 두뇌위

원회EBC가 밝히기도 했다.[12]

보건복지부의 '정신건강 증진 종합 대책'

이처럼 우리보다 정신장애인에 대한 편견이 덜하다고 생각되는 나라들에서도 다양한 낙인은 존재했고 또 존재하고 있으며 이를 극복하기 위해 다양한 시도를 하고 있다는 사실을 확인할 수 있다. 특히, 국가의 정책적, 재정적 지원은 정신질환자의 인권 개선이나 편향된 시각을 바로 잡는 데 큰 역할을 한다.

물론, 우리나라에서도 정책적 변화를 통해 정신질환자의 인권, 환경 개선 또는 사회적 낙인을 감소시키려는 움직임이 활발하게 나타나고 있다. 대표적으로, 보건복지부가 2012년 6월 22일 '정신건강 증진 종합 대책'을 내놓은 것을 들 수 있다. 국민의 정신 건강 문제를 해결하기 위해 정부가 적극 나서기 시작한 것이다. 보건복지부가 2013년부터 시행하는 이 대책의 내용을 살펴보면 정신질환자의 인권과 실질적 치료 및 예방을 위해 많은 부분을 고려했다는 것을 알 수 있다.

첫째, 정신보건법상 정신질환자의 범위를 축소한다. 정신질환자는 '정신질환을 가진 사람 중에서 정신보건 전문가가 일상적인 사회 활동이 어렵다고 인정하는 사람'으로 한정되며, 정신보건법 상의 정신질환자는 입원 치료 등이 요구되는 중증환자로 범위가 축소된다. 현행 정신보건법은 증상의 심각성을 고려하지 않은 채 정신과 전문의와 단순한 상담을 한 경우에도 F 코드가 남겨져 정신질환자로 규정됐지만, 앞으로는 약물처방이 없는 단순 상담의 경우에는 건강보험 급여 청구 시 정신질환명을 명기하지 않고 '일반 상담(Z 코드)'으로 청구할 수 있도록 시스템이 개선된다. 상담과 복약으로 일상생활에 지장이 없는 경중 정신 질환을 앓는 사람은 정신질환자의 범위에서 제외됨에 따라 불합리한 사회적 차별을 받지 않게 된다.[13]

둘째, 생애주기별 정신 건강 검진을 시행한다. 건강보험공단이 검진 도구를 우편으로 개인에게 발송하고 자기 기입식(취학 전은 부모 기입)으로 회신해 평가하는 방식으로 운영되며, 이를 통해 자신의 정신 건강 수준을 확인할 수 있고 위험군에 대해서는 조기 치료가 가능해지도록 하는 것이다. 검진은 취학 전 2회, 초등생 때 2회, 중고생 때 각 1회, 20대에 3회, 30대 이후 연령대별로 2회씩 실시된다. 이는 정신 질환의 주 발병 연령대를 고려한 것이며 특히, 20대 때 3회 검진을 받도록 한 것은 진학, 취업, 입대에 따른 스트레스와 환경 변화 등으로 정신 질환이 주로 발병하는 연령대라는 점을 고려했다.[14]

셋째, 학생과 직장인을 대상으로 한 정신 건강 프로그램이 확대된다. 학교 폭력, 자살, 학업 부담 증가 등으로 인한 학생 정신 건강 문제에 대응하기 위해 학교 내 상담 기능이 강화되고, 중소기업이나 영세 사업장 근로자의 정신 건강 증진 프로그램은 확대된다. 소방서, 경찰서 등 업무 스트레스가 높은 공공기관에 대해서도 심리 검사나, 전문 상담 서비스가 확대된다.

넷째, 자살 고위험군과 그 주변인에 맞춘 심리 지원을 실시한다. 우리나라는 하루 평균 42.6명의 자살자가 발생하며 경제협력개발기구OECD 국가 가운데 독보적인 1위다. 이중규 정신건강정책과장은 "한 번 자살을 시도한 사람이 4년 안에 다시 자살을 시도하는 확률이 21퍼센트에 달하는 만큼 꾸준한 관심이 필요하다"고 설명했다. 이에 따라 보건복지부는 응급실 내원 자살 시도자·유가족·주변인에 대한 심리 지원을 실시하고 응급실에 내원한 자살 시도자를 집중 관리하는 방침을 세웠다. 이들은 1차적으로 병원 내 정신과 치료를, 퇴원 후에는 지역 내 정신보건센터를 통해 사후 심리 지원을 받게 된다.[15]

다섯째, 효과적인 입원 치료 체계를 구축한다. 우선 시범적으로 처음 정신의료기관에 입원하는 의료 급여 중증 정신질환자에 대해 일정 기간 건강보험 수가를 적용할 방침이며 이를 통해 입원 초기에 집중적인 치료 및 조기 퇴원이 이뤄질 수 있도록 계획한다고 한다. 퇴원 후에는 정신보건센터 및 사회 복귀 시설과 연계해 원활한 사회 재활이 되도록 지원이 뒤따른다. 이를 위해, 정신보건법을 정신건강증진법, 정신보건센터를 정신건강증진센터로 명칭을 변경하고 2014년 국립정신건강연구원 이 신설된다.

국립정신건강연구원이 문을 열면 국립 정신병원 5곳(서울병원, 춘천병원, 나주병원, 부곡병원, 공주병원)과 183개 지역 정신보건센터가 유기적으로 연결되며 각 병원의 특성에 맞춰 학교 폭력 가해 피해자 치유 학교, 자폐아 재활센터, 일반 기업체 및 공공기관 근무자 정신건강 증진 서비스 등 민간이 하지 못하는 영역으로 특화된다. 해당 지역의 주요 정신건강 문제 등 지역별 특수성을 고려한 치료가 가능해지는 것이다.[16]

보건복지부는 2012년 정신보건 시설 인권 교육 지침 개정을 발표했는데 이는 정신 질환을 앓는 사람들의 인권을 향상시키고 전문적인 관리를 위해 정신 의료 기관, 정신 요양 시설, 사회 복귀 시설 등 정신질환자를 치료하고 관리하는 곳을 대상으로 운영자 및 종사자들을 교육시키고 전문 강사를 양성한다는 계획을 담고 있다.

턱없이 모자란 정신과 의사 수

'정신건강 증진 종합 대책'의 내용이 현실화된다면 우리나라가 정신질환자를 위한 선진화된 시스템을 갖춘 모범 국가가 될 수 있을 것이다. 하지만 좀 더 꼼꼼히 현실을 짚어볼 필요가 있다.

아픈 사람이 많다면 치료를 해줄 수 있는 사람도 많아야 한다. 보건복지부가 밝힌 내년도 검진 대상자는 최소 400만 명. 그렇다면 이를 치료해줄 수 있는 전문의의 수는 충분한 걸까? 2011년 말, 정신과 전문 과목을 표시한 의원급 의료기관은 전국에 742개소, 현업에 종사하는 정신과 전문의는 총 2,814명, 전문의 한 명이 맡게 되는 환자의 수는 평균 1,421명 이상이다.[17]

2009년 자료에 의하면 OECD 국가의 정신과 의사 수는 인구 10만 명당 10~20명 사이이다. 가장 높은 수치를 보인 나라는 인구 10만 명당 42명인 스위스였고, 몇몇 북유럽 국가(아이슬란드, 노르웨이, 핀란드, 스웨덴)와 프랑스가 10만 명당 21명에서 23명 정도로 그 뒤를 이었다. 스페인의 경우, 정신과 의사 수는 상대적으로 적지만 일반의와 정신과 의사가 긴밀히 협조하여 일반의가 정신과 의사를 소개해주는 비율이 높다. 그 때문

에 정신 질환을 앓는 사람들이 정신과를 찾는 비율은 정신과 의사가 많은 나라보다 높았다.[18]

한국은 조사 당시 인구 10만 명당 정신과 전문의의 수가 5.1명으로 멕시코, 터키, 헝가리에 이어 가장 낮은 수치를 보였다. 그동안 정부의 무관심이 인구당 정신과 의사 수의 비율을 낮추는 데 큰 몫을 했겠지만, 수요의 문제도 간과할 수 없다. 환자가 아파도 찾아가질 않으니 공급이 늘기 어려운 것이다.

다른 문제는 본인이 아프다는 사실을 모른다는 데에 있다. 보건복지부가 발표한 '2011년도 정신 질환 실태' 학술 연구 보고서에서 정신 의료 서비스를 이용하지 않는 이유를 살펴보면 치료나 상담을 받지 않는 첫째 이유는 본인에게 있음을 알 수 있다. '나는 정신 질환이 없다(정신 건강상의 문제가 없다)고 생각했다', '그 정도 문제는 스스로 해결할 수 있다', '문제가 저절로 좋아질 거라고 생각했다', '문제로 인해 많이 괴롭지 않았다' 항목 등이 많은 부분을 차지했음을 볼 때 실제로 정신적인 문제가 있음에도 불구하고 제대로 인지하고 있지 못하거나, 심각성을 깨닫지 못하는 경우가 많다는 사실을 알 수 있다. 바로 이것이 현재 한국 사회의 정신 건강 문제에서 가장 시급한 문제이며, 고쳐야 할 인식 가운데 하나다. 한마디로 한국인에게 아프다는 것은 '몸의 병'만을 의미하는 것이다. 이는 '마음의 병'이 자신에게 얼마나 고통을 주고 있는지 모른다는 뜻이다.

나 역시 이와 관련된 경험을 한 적이 있다. 나는 2010년부터 2012년 1학기까지 총 5학기를 휴학했다. 하고 싶은 일을 해보겠다는 일념 하나로 시작된 휴학이 처음 계획보다 점점 길어졌고, 자신감은 바닥을 기었다. 휴학생인지 백수인지 나조차 혼동될 무렵엔 온갖 잡병을 다 가진 나를 발견하게 되었다. 약은 하루도 쉬지 않고 먹어서 덕분에 '약쟁이' 라는 별명도 얻었다. 병원에 갈 때마다 '원인을 확실히 알 수 없다', '검사가 더 필요하다', '스트레스성이다' 라는 말만 반복해서 들었고 불안은 불신과 불만으로 변해 최선을 다한 의사의 몫으로 돌아갔다. 그렇게 난 인터넷을 통해, 소문을 통해 용하다는 병원을 찾아다녔지만 가는 곳마다 결과는 같았다.[19]

결국 용돈 30만 원을 털어 MRI 촬영을 하였는데, 결과는 역시 '스트레스로 인한' 이었다. '스트레스는 원인이 될 수 없다' 는 내 고집 때문에 날린 '내 돈 30만 원' 을 생각하며 분노가 머리끝까지 치밀었다. 그렇다고 딱히 없는 병을 만들어낼 수는 없었고 원인을 모른 채 시간은 흘러 복학하게 되었다. 지금은 신분이 명확해지고 하려고 하는 일이 더욱 분명해지면서 자신감도 되찾아 어느 누구보다 건강하다.

그렇게 많은 병원을 돌아다니면서 들은 진단은 '스트레스' 가 원인일 수도 있다는 것뿐이었고 난 단 한 번도 정신과에 가볼 생각은 하지 않았다. 왜냐하면 정신과는 '이상한' 사람만 간다고 생각했기 때문이다. 그리고 그 정도 스트레스는 누구나 받고 있고 그것을 조용히 견뎌내야만 한다고 생각했다. 아픈데 아픈 건지 모른다는 것, 이게 어쩌면 가장 치명적인 병일지도 모르겠다.

세계 각국의 정신 질환에 대한 인식

나와 달리 프랑스에서 유학을 한 한 후배는 실제로 그곳에서 정신과 상담을 받은 경험담을 들려주었다. 어느 날, 프랑스 친구에게 우울하다고 말했더니 마치 이가 아플 때 치과에 가보라고 하는 것처럼 정신과 상담을 받아보라고 권했다는 것이다. 그래서 정신과에 방문해서 치료라기보다는 단순히 스스로의 문제점을 다 털어놓고 고백을 하고 나왔는데 마음의 짐을 내려놓은 것처럼 가벼워졌다고 한다. '이가 아플 때 치과에 가보라고 하는 것처럼'이라는 말이 내게는 신선한 충격이었다. 이 말에는 정신적인 문제를 치료받으러 가는 것이 당연하다는 인식이 깔려 있기 때문이다. 그렇다. 의료가 발달하지 못한 아프리카 어느 원주민에게 감기가 생명을 위협하는 치명적인 병이 될 수 있는 것처럼 프랑스에선 '마음 감기' 같은 병이 지금 우리에겐 치명적인 병일 수 있는 것이다.

정신과 치료, 상담에 대한 인식에서 한국과 많은 차이를 보이는 나라로 미국을 빼놓을 수 없다. 미국은 드라마나 영화에서 내 시각에서는 지극히 멀쩡한 드라마 주인공이 정신 상담하는 장면을 쉽게 볼 수 있다. 각종 영상 매체에서는 상담하는 장면을 많이 내보내는데 실제로 의자 상담Couch Therapy, 전문 심리 치료, 그룹 상담 등 다양한 방식이 있다.

영화배우 존 보이트Jon Voight는 한 텔레비전 프로그램에서 이런 말을 했다고 한다. "I'm as insane as everybody else(나 역시 다른 사람들처럼 제정신이 아니다)." 정상적인 사람이라면 정신적인 문제를 가지고 있는 것이 당연하다고 말하는 이 모습이 우리나라에서는 익숙하지 않은 것이 사실이다. 미국에서 직접 정신과 상담을 받아본 한 경험자에 의하면 미국에서 정신과 상담을 받는다는 것은 몸이 아플 때 병원에 가는 것과 별반 다르지 않게 여겨지고 심지어는 정기적으로 상담받는 여유로운(?) 삶을 부러워하는 사람들까지 있다고 한다.[20] 앞서 후배의 경험담처럼 프랑스와 비슷한 것 같다.

우리나라 사람들의 '나는 정신 질환이 없다'는 진술은 많은 것을 생각하게 하는 말이다. 우리나라에서 평생에 한 번 이상 정신 질환을 앓을 확률은 27퍼센트로, 즉 전체 인구 가운데 3분의 1이 평생 한 번 이상 마음의 병을 얻게 된다. 하지만 주위를 둘러봐도 정신과의 문을 여는 사람은 쉽게 찾기 힘들다. 주위의 시선이 두려워 안 가는 것도 있겠지만 본인이 아픈지 모르기 때문이다. 그저 이 사회 속에서 살아남기 위해 당연히 참아내야 할 하나의 과정으로 보는 것 아닐까 하는 생각이 든다.

1970~1980년대 전 세계 어느 나라도 하지 못한 경제 기적을 보여준 한국인 중에 누구 하나 힘들지 않은 사람이 없었다. 몸이 아파 움직이기 힘들 때도 가족을 위해, 나라를 위해 죽자고 일만 했다. 이런 사람들이 마음이 우울하다고 해서 병원 문을 쉽게 열었겠는가? 그냥 아무 일도 아니라는 듯 참아왔다. 하지만 지금은 다르다. 지금 우린 너무 힘들지만 '아프다'의 기준은 여전히 과거에 머물고 있다. 그저 견디지 못할 때까지 참아내는 것이다.

이젠 마음이 힘들고 아플 때 정신과를 찾아가는 지극히 정상적인 행동에 많은 용기가 필요하지 않았으면 좋겠다. 힘들 때 당연히 받아야 하는 치료를 지금 우린 비정상적으로 참아내고 있다. 이젠 달라져야 한다. 자신에게 한번 물어보자. 난 지금 정상일까? 원치 않는 답이 나와도 좋다.

세계 각국의 정신 질환에 대한 인식

그것 또한 정상이다. 그러니 눈을 감고 천천히 자신에게 한 번 더 되물어

보자. 난 지금 괜찮은 걸까?

1 김우람, 「부산서 10대 女 3명 동반투신 사망 … 자살사이트 연관 추정」, 『머니투데이』, 2012년 10월 31일.

2 노지현, 「정신건강검진 내년부터 전 국민 대상 실시」, 『동아닷컴』, 2012년 6월 25일.

3 홍성익, 「일반인 정신 질환 평생유병률 '27.6%'」, 『디지털보사』, 2012년 8월 8일.

4 이지현, 「성인 16% "자살 심각하게 고려"」, 『머니투데이』, 2012년 2월 15일.

5 「F코드란?」, 블로그 '언제나 푸른 울산지부'; http://blog.daum.net/tkanls22/120.

6 박유미, 「정신과 진료 한 번 받았을 뿐인데… 무서운 'F 낙인'」, 『중앙일보』, 2007년 11월 8일.

7 박도제, 「우울증 환자도 운전면허 딸 수 있다」, 『헤럴드경제』, 2010년 11월 23일.

8 현명선·김영희·강희선·남경아, 「정신장애인의 낙인(stigma) 경험」, 『대한간호학회지』, 제42권 제2호(2012년 4월), 231쪽.

9 박유미, 「미국, 법원 판결 없이 정신질환 어떤 차별도 금지」, 『중앙일보』, 2012년 5월 10일.

10 김유광 외, 『정신과 의사들의 정신병 이야기』(신지성사, 2000), 113쪽.

11 국가인권위원회, 연구책임자 홍선미, 『정신장애인 인권개선을 위한 각국의 사례연구와 선진모델 구축』 2009년.

12 「유럽 정신질환 비용 年 1조 달러」, 『연합뉴스』, 2011년 10월 5일.

13 안성용, 「정신병원 다니면 무조건 정신질환자? … '입원치료'로 범위축소」, 『CBS』, 2012년 6월 24일.

14 남도영, 「'생애주기별 정신건강 검진' 내년부터 전 국민 대상 실시」, 『디지털타임즈』, 2012년 6월 24일.

15 허운주, 「생애주기별로 … 복지부 정신건강 증진 종합대책」, 『노컷뉴스』, 2012년 6월 25일.

16 김지섭, 「국민 '정신건강증진' 종합대책 추진」, 『닥터더블유』, 2012년 6월 24일.

17 김성지, 「[2012 국감] 준비 안 된 국민정신건강검진, "전시졸속행정" 우려」, 『국민일보』, 2012년 10월 8일.

18 「한눈에 보는 OECD보건지표 2011」, 『OECD대한민국 정책센터』, 2011년.

19 김유광 외, 앞의 책, 15쪽, '병원 순례' 인용.

20 「미국 사람이 한국 사람보다 속 편하게 사는 이유」, 블로그 '이방인의 블로그'; http://strangerca.tistory.com/305.

김하영
정지은

신문방송학과
2011학번

신문방송학과
2011학번

왜 한국인은
해장도 끼리끼리 하는가

세계 각국의 해장 문화

한국의 해장 문화

"해장술로 라면과 같은 매운 음식을 좋아하는 사람이 많은데, 숙취를 빨리 풀기 위해서는 평소처럼 밥과 국을 먹는 것이 가장 좋다. 특히 위에 부담이 되지 않는 북엇국, 조갯국, 콩나물국처럼 맑은 국물이 더 좋다. 북엇국에는 메티오닌이라는 아미노산이, 조갯국에는 타우린 성분이, 콩나물국에는 아스파라긴산이 들어 있어 간장을 보호해 간의 해독 작용을 돕기 때문이다. 또한 수분을 많이 섭취해 체내의 알코올을 소변으로 빼내면 숙취가 빨리 풀리는데, 아침을 챙겨 먹기 부담스럽다면 꿀물, 식혜, 이온음료, 과일주스 등을 마시면 된다."[1]

어느 사보私報에 실린 '생활 정보' 다. 사실 이런 정보는 어디서든 쉽게 접할 수 있다. 우니라라 직장인의 63.7퍼센트가 최고의 해장법으로 해장국을 꼽을 만큼 한국에서 가장 사랑받는 해장법이다.[2] 거리마다 해장국집이 하나는 꼭 있을 만큼 한국의 해장국 사랑은 대단하다. 심지어 경주에는 팔우정 해장국 거리가 형성되어 수많은 애주가의 발걸음이 끊이지 않는다.

이렇게 많은 사랑을 받는 해장국은 본디 해정解酲국에서 나온 말이다. 흔히들 술에 찌든 장腸을 풀어준다解는 의미의 '해장解腸'국으로 생각하지만 그게 아니다. 여기서 '정酲'은 숙취를 의미하는바, 해정은 '아침 식전에 술 속을 풀기 위해 술을 조금 마심'이란 뜻을 가지고 있다. 술 마신 다음 날 쓰린 속을 달래기 위해 또 술을 마신다는 말이다. 술을 술로 다스리니 참으로 아이러니하지 않은가.

한국 최초의 해장국에 대한 기록은 고려 말의 중국어 회화 교본인 『노걸대』에 나타난 '술 깨는 국'이라는 뜻의 '성주탕醒酒湯'이다.[3] 우리 민족은 오랜 세월을 두고 살고 있는 기후 풍토에 맞추어 '국과 밥' 문화를 고유한 식생활 양식을 형성했다. 따라서 해장도 국밥으로 하는 것이 자연스러운 일이라 할 수 있다. 우리의 해장 문화가 값싸고 흔한 재료를 쓴 고단백 습식濕食이며, 콧물 길게 빼고 국물을 훌훌 마시는 뜨거운 열식熱食인 국밥으로 이루어진 것은 우리의 자연 환경과 사회 환경에 따른 것으로 볼 수 있다.[4] 그렇지만 시대가 변하면 사람들의 기호도 그 흐름에 따라 변화하는 법이다.

요즘에는 현대인의 기호에 맞는 신개념 해장법이 뜨고 있다. 뜨끈한 국물에 든든하게 밥 한 끼 먹고 쉬는 것이 최고겠지만 바쁜 직장인은 다음 날 해장도 못하고 출근해야 할 경우가 많다. 이 때문에 최근 간편하게 집 또는 회사에서 속을 풀 수 있는 숙취 음료, 농축형 액상 형식의 해장국, 컵 스프 등의 해장 제품들이 인기를 얻고 있다.[5]

중국 · 러시아의 해장 문화

중국인은 과음한 다음 날 보통 진하게 달인 녹차에 레몬이나 식초를 넣어 마시거나 죽 또는 '싱주링' 이라는 차를 마신다. 싱주링은 인삼, 귤 껍질, 칡뿌리 등 6가지 천연 재료를 섞어 만든 전통차로 기원전 200년부터 중국인의 사랑을 받아왔다. 중화요리로 잘 알려진 사천 지방과 광동 지방은 우리와 비슷하게 국물로 해장을 한다. 사천 지방에는 잉어탕鯉魚湯이 있다. 잉어를 곤 뽀얀 국물에 마늘과 향채를 넣고 시원하게 끓여낸다. 이는 우리나라의 북엇국과 비슷하다. 광동 지방에서는 우리의 라면 국물 격인 완탕몐魚蛋麵과 홍소우뉴러우몐紅燒牛肉麵으로 속을 푼다.[6] 그중 홍소우뉴러우몐은 고기와 사골로 만든 육수에 면을 담고, 소고기로 고명을 얹은 면 요리로 고추기름을 넣어서 매콤하게 만든 것이라서 우리의 육개장과 맛이 비슷하다.

세계 음주율 1위인 러시아와 2위인 한국의 술 문화는 어딘가 모르게 닮아 있다. 러시아 사람들은 그냥 술을 마시는 것보다 건배를 하고 마시는 것을 좋아한다. 러시아에서는 그냥 '건배!' 라고 말하기도 하나 '당신의 건강을 위하여' 라는 말이 자주 쓰인다. 상황에 따라서 건배의 내용도 다르다. 한국처럼 술을 따라줄 때 병을 두 손으로 잡는 풍습은 없으나,

러시아 사람도 한국 사람과 같이 술병 라벨을 손바닥으로 대고 손바닥이 꼭 아래 있어야 한다는 예절을 지킨다. 또한 술을 '완샷'으로 마신다는 것, 속주를 즐긴다는 점은 분명한 두 나라의 공통점이다.[7]

애주가라면 러시아 술인 보드카의 도수가 우리의 소주와 비교할 수 없을 만큼 높다는 것은 알고 있을 것이다. 재밌는 것은 그 보드카의 높은 도수로 인해 숙취를 일으키는 주범인 '퓨젤유' 등과 같은 불순물이 잘 걸러진다는 점이다.[8] 그러나 아무리 보드카 자체가 숙취를 줄여준다 한들 해장만큼의 효과가 있을까. 40도에 달하는 독한 술을 먹고도 거뜬한 러시아인에게도 그들 나름의 해장법이 있다.

러시아인이 술을 마시는 일차적 원인은 영하를 크게 밑도는 혹한에서 추위를 견디기 위함이었다. 독주를 마셔 몸의 온도를 높이고 그 독한 술을 해장하기 위해 뜨거운 고깃국을 먹고, 뜨거운 물에 샤워를 하며 숙취를 해소한다고 한다. 추운 환경에 적응하기 위해 자연스레 배어나온 음주 문화인 것이다.

한국의 한 숙취 해소 음료 업체는 2012년 러시아에서 50만 달러(약 5억 3,000만 원)어치를 팔았다는데,[9] 이런 한국의 신新숙취 해소법이 앞으로 얼마나 러시아인의 지지를 받을지 두고 볼 일이다.

미국의 해장 문화

대륙을 넘어가면 문화도 달라지듯이 해장 문화도 달라진다. 국물이 있는 습식이 아닌, 우리 생각으론 '절대로' 해장이 될 것 같지 않은 건식으로 변한다. 영어권에는 원래 해장 문화가 없다. 굳이 '해장하다'를 표현하려면 'relieve hangover'나 'cure hangover'가 적절하다.

얼마나 많은 사람이 이 방법을 쓰는지는 모르겠지만, 영어엔 "take a hair of the dog that bit you(해장술을 마시다)"라는 재미있는 표현이 있다. 이 표현의 시작은 고대 로마 시절로 거슬러 올라간다. 병이나 상처가 났을 때 고대 로마에서 많이 쓰인 민간요법 가운데 하나는 문제를 일으킨 원인을 해결의 방도로 쓰는 것이었다. 기원전 8세기경 그리스 시인인 호메로스의 『일리아드Iliad』에 나오는 아킬레우스의 창에 의해 생긴 상처는 그 창에 슨 녹을 포함한 연고에 의해 치료될 수 있다는 이야기도 맥을 같이하는 것이라 볼 수 있겠다. 이른바 이열치열의 원리였다. 이 원리에 따라 개에 물렸을 경우엔 그 개의 털을 조금 잘라 불에 태운 다음 그 재를 상처에 발랐다(한국에서도 많이 쓰인 민간요법이다). 독을 독으로 푼다는 점에서 해장술을 마시는 것도 그런 원리의 적용으로 볼 수 있겠다.[10]

미국에서는 식은 피자나 햄버거 같은 기름진 음식으로 해장하는 사람이 많다. 자정 무렵 술을 마신 사람들이 햄버거 가게 앞에 길게 줄 선 풍경을 자주 볼 수 있다고 한다. 간편하게 날달걀 또는 노른자위에 소금과 후추, 브랜디 등으로 간을 맞춘 음료 '프레리 오이스터Prairie Oyster'도 숙취 해소 음식으로 많은 사랑을 받고 있다.[11]

사실 '느끼하다'라는 말은 동양권에서만 쓰는 말이다. 그래서 영어로 번역할 말도 없거니와 서양인은 느끼하다는 느낌이 무엇인지도 잘 모른다. 정확하게 설명할 수 있는 단어는 없지만 영어 단어에서 그나마 가까운 표현이라면 'thick(진한)', 'rich(풍부한)'나 'strong(강한)' 정도를 들 수 있다. 그리고 그들은 이런 표현을 쓸 수 있는 아주 느끼한 치즈나 버터의 함량이 높은 음식들이 해장에 도움이 된다고 생각한다.

또한 우리가 자주 말하는 '시원하다' 는 말도 외국인은 이해하지 못한다. 이규태는 한국 사람이 뜨거운 것을 먹을 때도 '시원하다' 라는 말을 쓰는 이유를 외피감각적外皮感覺的인 청량감뿐 아니라 뜨거운 해장국이 술로 엉킨 창자 속을 풀어주는 내피감각적內皮感覺的 청량감도 시원하다고 말하기 때문이라고 설명한다.[12]

자유의 천국이지만 술에 관한 한 자유롭지 못한 곳이 미국이다. 미국은 법률을 적용하는 방식이 매우 복잡해서 한쪽에서는 외부에서 술을 마셔도 되고, 다른 쪽에서는 내부에서만 술을 마실 수 있게 되어 있다. 그리고 그 적용 방식이 각 주에 따라 다르다.[13] 미국의 위스키라 불리는 옥수수와 호밀로 만든 '버번 위스키' 를 포함해 미국은 각종 위스키의 원산지지만 그다지 사람들이 술을 많이 마시지 않는 것도 이와 같은 이유 때문일 것이다.

미국에서는 기본적으로 집 밖에서 술을 마실 수 없다. 술 판매 제도가 매우 엄격해 지정된 업소 이외에서는 판매가 금지돼 있다. 미국의 대표적 편의점인 세븐일레븐에서도 술을 팔지 않는다. 판매하려면 주 정부나 시 당국에서 허가를 받아야 한다. 술에 관한 엄격한 법규도 존재한다. 오하이오 주의 음주 규정을 보면 쉽게 확인할 수 있는데, 길거리에서 술에 취해 걸어가면 안 되고 옥외에서 술을 마셔서도 안 된다.[14] 우리가 영화 속에서 접하는 미국의 음주 문화와 실제 음주 문화는 확연히 차이가 난다. 이런 엄격한 규제 때문에 해장 문화가 발달하지 못한 것은 아닐까?

술에 관한 한 반전의 모습을 지닌 나라가 있으니, 바로 영국이다. 신사의 나라라 불리는 것과는 모순적이게도 폭음을 즐기고 있다. 청소년 음주에 대한 규제도 약하고, 의학계와 정부가 제시하는 적정 음주량도 다른 나라에 비해 높은 수준이다. 'Binge Drinking(빈지 드링킹)'은 영국의 음주 문화를 한마디로 표현하는 단어다. Binge는 미친 듯이 먹어대거나 마셔대는 모양새를 의미한다.

또한 영국의 술 문화에서 펍Pub을 빼놓을 수 없다. 저널리스트 조용준은 펍에 대해 이렇게 말한다. "만일 당신이 영국에 관심이 있다면, 〈셜록 홈스〉 시리즈나 〈반지의 제왕〉의 팬이고 비틀스와 엘튼 존을 즐겨 듣는다면, 드라마 〈튜더스〉나 영화 〈노팅힐〉을 좋아하고 축구팀 '첼시'나 '맨체스터 유나이티드'의 경기에 잠 못 이룬다면, 영국을 여행할 때 놓치지 말고 들러야 할 곳이 있다. 바로 '펍'이다."

특이하게도 펍은 영업시간이 제한되어 있다. 특별한 경우를 제외하고는 오전 11시쯤부터 문을 열며 밤 11시 이후에는 주류를 판매하지 못하도록 돼 있다. 이런 영업시간 제한은 제1차 세계대전 이후, 노동자들을 펍이 아닌 군수공장으로 이끌기 위해 영업시간을 규제한 것에서 시작되었다. 최근 들어 이 영업시간 제한이 영국 정부의 노동자층에 대한 엄격한 통제의 수단이며, 그들의 삶의 즐거움을 빼앗으려 하는 의도에서 시작되었다는 비판의 목소리가 나오고 있다. 그리하여 2005년 새로운 법안이 통과되어 2008년부터는 24시간 영업이 가능해졌지만 아직까지 일반적이지는 않다.[15]

술 문화가 발달한 영국은 숙취 해소법 역시 발달해 있다. 달걀 프라이와 토마토, 소시지, 버섯 등을 함께 먹는 '얼스터 프라이' 라는 해장 음식이 유명하다. 홍차는 꼭 마셔야 하는 숙취 음료라 한다. 엽기적이게도 일부 주당은 레몬을 반으로 잘라서 겨드랑이에 문지르는 것을 확실한 숙취 해소법으로 알고 이를 행하는 것으로 알려져 있다. 이 숙취 해소법은 문지르는 방향도 정해져 있는데, 북반구 사람들은 시계 방향으로 문지르고, 남반구 사람들은 반시계 방향으로 문지른다고 한다.[16]

이탈리아의 해장 문화

세계적인 와인 생산국인 이탈리아는 로마 시대부터 시작된 3000년의 와인 역사를 가지고 있다. 그 역사의 배경엔 지리적 영향이 컸다. 이탈리아는 세로로 길게 뻗어 있어 북쪽의 피에몬테나 아오스타에서 눈이 내릴 때에 남쪽의 나폴리나 사르데냐에서는 수영할 정도로 기온 차이가 심하다. 그렇기 때문에 다양한 품종의 포도가 자라고 각 지방의 개성이 잘 반영된 와인이 탄생한다고 한다.

이탈리아인은 대낮부터 와인을 마신다. 낮부터 붉은 얼굴로 일을 해도 아무도 꾸짖거나 비판하지 않는다. 경찰, 은행원, 점원 그리고 택시기사도 거의 붉은 얼굴이다. 이쯤 되면 이런 식으로 어떻게 국가가 유지되는지 의아하기도 하나 이탈리아인에게 와인은 자양분이 많은 음식으로 이해된다고 한다.[17] 또한 이탈리아에서는 보통 10대 초반에 음주를 경험한다고 한다. 포도 재배 지역이어서 와인을 구하기가 쉽고, 어린아이도 자주 와인을 마시도록 권유받기 때문이다.

와인을 사랑하는 이탈리아인의 숙취 해소법은 무얼까. 대부분 진한 에스프레소를 마신다. 커피의 카페인 성분이 간 기능을 활발히 해 알코올 분해를 촉진시킨다고 한다. 에스프레소는 원래 이탈리아의 전통 커피다. 고농축 커피의 일종으로 단시간에 공기를 압축하여 짧은 순간에 커피를 추출하기 때문에 카페인 양이 적고 커피의 순수한 맛을 느낄 수 있다.[18] 아마 이탈리아인은 에스프레소를 숙취의 효능보다 하나의 습관이 돼버렸기 때문에 마시지 않을까 생각된다.

핀란드의 해장 문화

핀란드는 소주 가격의 20배에 달하는 국민 술인 코스켄코르바koskenkorva를 마신다. 술의 가격이 비싼 이유는 알코올이 사회문제를 야기한다고 인식한 핀란드 당국이 주세를 일부러 높게 책정했기 때문이다. 핀란드 사람들은 평소에 술을 많이 마시면 알코올 중독자라는 생각을 가지고 있다고 한다. 그래서 주말에 술을 즐기는 경우가 많은데 사우나의 본고장인 만큼 사우나 하기 전, 사우나 할 때, 사우나 한 후, 이 모든 경우에 술을 즐기는 문화가 있다. 그리고 술 먹은 다음에는 절인 청어로 만든 전통 음식으로 해장을 한다.

"핀란드의 해장 음식은 굉장히 짜서 사실 저는 먹지 않아요. 그래서 한국의 해장 문화는 아주 좋은 것 같아요. 제 생각엔 해장을 위해서는 국물이 꼭 있어야 하는 것 같아요. 콩나물국 같은 해장국을 먹으면 숙취 해소에 효과적인 것 같습니다. 한국에서 친구들과 밤새도록 술을 마시고, 아침 6시~7시쯤 해장국 한 그릇을 먹고 집에 가서 자는 게 정석이죠. 또한 한국에 있는 각종 숙취 해소 음료도 좋은 것 같아요. 제 주변에 술을 아주 많이 마시는 외국인 친구가 있는데요. 그 친구는 술을 먹기 전에 한국의 숙취 해소 음료를 마시고, 술이 많이 취했다 싶으면 하나 더 마시고, 자기 전에도 하나 더 마신다고 해요. 한국에서는 이런 숙취 해소 음료를 편의점에서 손쉽게 살 수 있지만, 핀란드에는 이런 음료가 없답니다."

KBS 2TV의 〈미녀들의 수다〉에 출연해 유명세를 탄 핀란드인 따루는 자국과 한국의 해장 문화에 대해 위와 같이 말했다. 또한 술을 권하는 문화, 술을 즐기는 문화가 있다는 것은 핀란드와 한국의 공통점이라고 덧붙였다. 하지만 한국은 서열화가 심해 술자리에서 윗사람 앞에서의 제약이 많은 반면, 핀란드는 수평화되어 있어 조금은 편한 분위기에서 술을 먹는 차이가 있다고 했다.

■ 해장: 속상한 한국인의 속풀이

한국에서 술은 공동체 속에서 끼리끼리의 공감대를 확인하고 또한 좀 더 폭넓은 연대의 무의식적 흔적을 추적하는 효과적인 길잡이가 된다. 술의 공동체적 기능은 일상과 탈일상, 진부함과 변덕스러움, 우울과 폭발, 도피와 해방이라는 양극단의 스펙트럼 위를 변주하며 삶의 공동체가 갖는 끈질긴 감성을 공유한다는 데서 찾을 수 있다. 술자리는 사방으로 흩어지는 개인들을 위로하고 끈끈하게 이어주는 공감의 묘약을 제조하는 자

리가 되는 한편, 현대인의 스트레스 해소와 일상 탈출의 가장 유효한 기회로 자리 잡고 있는 것이다.[19]

한국의 음주 공동체적 술 문화를 미국의 『워싱턴포스트』는 다른 시각으로 바라보았다. 이 신문은 2011년 5월 1일 "서울에서의 밤샘 폭음"이란 제목으로 한국의 음주 문화를 소개하면서 "한국에서는 술자리가 1차, 2차, 3차까지 가는 게 다반사"라며 "처음엔 저녁 식사로 시작하지만 이것이 밤새 술집 순례로 이어지기 십상"이라고 했다. 그러면서 "술집을 옮기며 차수를 늘려갈수록 더 가까운 사이가 된다는 얘기가 있다"며 "종종 3차에서 중요한 계약이 성사되는 경우도 있기 때문에 게슴츠레한 눈을 무릅쓰고 이 길고 살찌기 쉬운 (음주) 여행을 한다"고 했다.[20]

한국의 해장 문화는 마치 음주 문화의 연속처럼 보인다. 술 마신 다음 날에 해장하는 동안 어제 술자리의 모든 상황, 즉 마신 술의 종류와 양, 언어, 대화, 행동, 제스처, 색色, 술집 분위기 등이 되새김된다. 술자리를 함께한 '어제의 용사들'은 쓰린 속을 달래는 해장 점심을 '때리면서' 술 마시며 일어난 특이한 일들을 이야기하며 폭소를 나눈다. 이런 술자리 뒤의 에필로그는 그들의 의도와 무관하게 '주원酒源결의'를 재점검하는 절차가 되는 수가 많다. 이 술자리에 참여하지 못한 사람은 이야기 그물에서 배제되고, 누적되면 관계의 그물에서 배제된다.[21]

한 외국인은 직장 동료와 고주망태가 될 때까지 술을 마시는 우리네 음주 문화에 대해 상상할 수도 없는 희한한 문화라고 평가했다. 이런 역기능을 부정할 수 없지만 우리나라에서 술자리는 사실상 술 마시는 자리이기보다는 사회적 동지 관계가 형성·강화되는 일종의 장이며, 술은 하나의 '미디어'다.[22] 미디어란 인간 사회에서 자신의 의사나 감정을 서로 주고받을 수 있도록 마련된 수단인데 그 역할을 술이 하고 있는 것이다. 이렇듯 한국인은 자신의 그물 안에 있는 사람과 해장까지 함께하여 사회적 연대성, 즉 술자리를 같이 한 사람에게서 느끼는 친밀감을 이어나가기를 원한다. 우리 사회에서 술과 술자리는 스트레스의 해소를 넘어 일의 성패에 절대적으로 관여하는 '조직의 생산 메커니즘' 혹은 '사회적 재생산 메커니즘'인 것이다.

이와 관련, 『한국인과 술에 관한 48가지 리포트』는 "육자배기 장단에 고래고래 고함소리, 때로는 주먹질까지……. 저마다 우국충정을 토로하는 소리, 대통령부터 직장 상사까지 싸잡아 흉보는 소리, 남 헐뜯는 소리……. 낮 동안 잠자코 억눌러야 했던 온갖 사연들이 한 잔의 술에 제동이 풀리면서 폭포처럼 쏟아져 나온다. 이는 오랜 억압의 세월을 사라온 민초들의 애환이다"라며 다음과 같이 말한다.

"우리 민족은 신분의 설움에서 일제의 압정을 거쳐 좌우충돌, 6·25, 군사정권에 이르기까지 입 한 번 벙긋거릴 수 없었던 억압의 역사였다. 게다가 집에서는 소리 한 번 질러보지 못하는 가부장적인 엄한 규범 속에 생활, 또한 목숨 걸고 있는 직장의 숨 막히는 조직 속에서 퇴근 후 대포집이라는 것이 유일한 위안의 장이었던 생활이다. 그래서 마셔야 했다. 마시지 않을 수 없었다. 한 맺힌 술잔이라 표현할 수 있다. 그것은 곧 설움의 술잔이었던 것이다. 억눌린 가슴을 열고 욕지거리라도 한판 해야 숨통이 터질 것 같은 생활을 해야 했다. 그러다 보니 술에 취하면 내일은 삼수갑산을 가더라도 하고 싶은 말을 다 하고 보는 문화가 형성된다."[23]

고영삼은 한국의 이런 음주 문화를 이른바 '압축 성장'의 관점에서 해석한다. "한민족은 서구에서 약 7~8세대를 거쳐서 이룩한 산업화를 1~2세대 만에 달성했다. 이것은 경제적으로는 좋을지 몰라도, 문화적으로 엄청난 혼란을 주고 있다. 한강의 기적이라는 절대 명제를 달성하면서 지속적으로 역사의 분단, 민족 정체성의 훼손, 정치권력 및 부 형성의 정당성 부재, 일상화된 국가적 동원 체계, 급격한 도시화, 시민 가치관의 혼란, 그리고 그놈의 '개방적' 서구화 등으로 혼란을 경험해왔다. 도대체 이렇게 짧은 기간에 이렇게 많은 사건과 사고를 경험하는 사람들이 의지할 수 있는 것은 무엇일까. 아마도 술이 어느 정도의 해답이었던 것으로 보인다."[24]

우리나라는 전통적으로 술 문화가 아주 격조 높아 근대에 이르기까지 세계에서 가장 아름다운 풍속을 이루어왔다. 일찍이 『소학小學』에서부터 술 마시는 예절을 가르침으로써 누구나 주법이 깍듯했으며 선비들이 여럿이 모여 술을 마실 때면 노래와 춤과 시조도 곁들임으로써 운치를 돋우어 우아하고 고결한 풍류로 승화시켰던 것이다. 우리 조상은 지나치게 술을 많이 마셔 이성을 잃어버리는 것을 특히 경계했다. 그래서 성인례를 치른 성인에게만 술을 권했다. 책임감 있는 음주를 위한 기본 소양이 음주자의 인격에 있음을 잘 알고 있었던 것이다.[25] 이처럼 조상들의 아름다운 음주 문화를 우리는 이어 가야 한다. 이질적인 사람을 접붙이는 화이부동和而不同의 음주문화, 공동체적 정신을 복원하는 술의 문화를 형성해나가야 할 필요가 있다.[26]

숙취를 깨우는 해장국은 과연 '술의 천적'일까 아니면 '술의 동반자'

일까?[27] 해장이라는 것은 일종의 관념이 아닐까? 오히려 많은 국물의 섭취는 위장의 기능을 약화시켜 소화에 악영향을 줄 수도 있다. 큰 효력이 없음에도 해장국이 대중에 사랑받는 것은 효력에 대한 믿음이 아닌 해장국을 먹는 것 자체에 대한 익숙함 때문인 것 같다.[28] 술도 그런 게 아닐까? 술 그 자체보다는 술을 매개로 한 인간관계의 '알고리즘'이 문화적 타성으로 굳어진 건 아닐까? 술을 마시는 자리에서 공동체적인 정서를 충족하면서도 술을 강요하지는 않는 새로운 음주 문화는 그런 알고리즘의 변화를 요구하는 것인지도 모르겠다.

1 박성하, 「건강 음주법? 절주가 답」, 『코바코 광장』, 163호(2012년 11~12월), 65쪽.

2 강영연, 「가장 꼴불견은요 … "해장술 시키는 인간"」, 『한국경제』, 2011년 12월 13일.

3 「해장국」, 네이버 지식백과사전.

4 이효진·장혜진, 「주식류의 문헌적 고찰」, 『韓國食生活文化學會誌(Journal of the Korean Society of Dietary Culture)』, 제4권(1988), 210쪽.

5 조규공, 「라면에서 스무디까지, '간편한 해장식품' 어때요?」, 『국민일보』, 2011년 12월 28일.

6 이우석, 「[이우석의 식음털털] 술의 천적 해장국, 해외 해장음식[下]」, 『스포츠서울』, 2009년 9월 28일.

7 Kirill V. Ermakov, 한국과 러시아 술 문화 비교, http://newsletter.kf.or.kr/korean/print.asp?no=298.

8 남태우, 『술술술 주당들의 풍류 세계』(창조문화,1994), 232쪽

9 이가혁, 「러시아선 숙취해소 음료 팔거나 주차타워 지어라」, 『중앙일보』, 2013년 1월 9일.

10 강준만, 『교양영어사전』(인물과사상사, 2012), 224쪽.

11 김현상, 「술에 장사 없어도 해장엔 비법 있다」, 『서울경제』, 2009년 12월 9일. 프레리 오이스터엔 '송아지 불알을 써서 만든 요리'라는 뜻도 있으며, 캐나다의 유명한 컨트리 뮤직 그룹의 이름이기도 하다. 강준만, 『교양영어사전』 (인물과사상사, 2012), 514쪽.

12 이규태, 「[이규태 코너] 해장 김치」, 『조선일보』, 2000년 12월 14일.

13 니시카와 오사무, 『행복한 세계 술맛기행』(나무발전소, 2011), 232쪽.

14 안용갑, 「[지구촌 탐험] 세계 각국의 음주문화와 숙취 해소법」, 『월간 조선』, 2010년 6월호.

15 「Pub」, *Wikipedia*.

16 안용갑, 앞의 기사.

17 니시카와 오사무, 앞의 책, 101쪽.

18 「에스프레소」, 네이버 지식백과사전.

19 박재환, 『술의 사회학』(한울아카데미, 1999), 93쪽.

20 김상연, 「요상韓 술문화? WP '서울 밤샘폭음' 소개」, 『서울신문』, 2011년 5월 2일.

21 박재환, 앞의 책, 53쪽.

22 박재환, 앞의 책, 53쪽.

23 SBS 보도국 기자들, 『한국인과 술에 관한 48가지 리포트』(서지원, 1997), 6~7쪽.

24 고영삼, 「넘치는 술, 주본주의 사회」, 박재환 외, 『술의 사회학: 음주공동체의 일상문화』(한울아카데미, 1999), 73쪽.

25 정헌배, 『정헌배 교수의 술나라 이야기』(예닮, 2011), 182쪽.

26 박재환, 앞의 책, 75쪽.

27 이우석, 앞의 기사, 2009년 9월 28일.

28 유미상, 「"해장은 관념이다?"」, 『레디앙』, 2006년 12월 9일.

홍초희
강희재

신문방송학과 2009학번
국어국문학과 2007학번

왜 한국인은
판을 좋아하나

퍼레이드 축제 문화와 판 축제 문화

한국 축제의 공통점

'축제'라는 단어를 들었을 때에 어떤 이미지가 떠오르는가? 전주 사람들은 단연 '전주 소리문화 축제'를 가장 먼저 떠올리지 않을까 싶다. 2012년 12회를 맞이한 전주 소리문화 축제. 무대에서는 소리꾼이 판을 하고 관람객은 둘러앉아 구경을 하고 가끔씩 "얼쑤!", "잘한다!"를 외치며 즐기는 모습이 축제라는 단어를 들었을 때에 가장 먼저 연상되는 모습이 아닐까 싶다.

다른 지역의 사람들은 축제라는 단어를 들었을 때에 어떤 이미지가 떠오를까? 축제 정보 전문 커뮤니티인 '참살이'에서 뽑은 2012년 '올해에 가볼 만한 축제 20선'에서 분야마다 1위, 2위로 꼽힌 축제는 문경 전통

찻사발 축제, 강진 청자 축제, 양양 송이 축제, 장수 한우랑 사과랑 축제, 제주 들불 축제, 김제 지평선 축제, 거창 국제 연극제, 충주 세계 무술 축제 등이다. 이런 축제들은 한 가지 공통점이 있다. 바로 무대, 즉 판의 형태를 취하는 축제라는 점이다. 이동성보다는 어느 한 구역에서 벌어지는 판의 축제인 것이다.

캐나다에서 한창 게이 축제를 구경할 때 옆에 있던 친구가 한 말이 떠오른다. "우리나라도 이런 축제가 있으면 좋을 텐데, 우리나라는 왜 이런 퍼레이드를 하지 않을까?" 당시에는 나도 그 말에 공감했다. '우리나라는 아직은 먹고살기 바쁜 나라이기에 이런 축제를 열고 즐길 줄 모르고 경제적으로 여유가 있거나 문화적으로 개방되어 있는 선진국일수록 이런 퍼레이드 축제가 많이 활성화되어 있겠구나' 라는 생각을 했다.

그런데 2012년 여름에 간 엘살바도르에서 국가 독립기념일 축제를 퍼레이드 형식으로 하는 것을 보면서 축제의 양식은 선진국이나 개발도상국 같은 경제적 차이 혹은 문화적 개방 정도의 차이에서 오는 것이 아니라, 그 나라의 독특한 생활양식이나 오랜 문화적 배경에서 비롯된 것이라는 생각을 다시 하게 되었다.

이런 깨달음은 한국의 축제를 바라보는 시각을 다르게 바꿔주었다. 왜 한국은 해외와 다르게 퍼레이드 축제가 아닌 무대 위주, 판 위주의 축제일까? 이런 축제 형태는 어떤 사회문화적 배경이 작용한 결과일까? 나는 이 글에서 세계의 퍼레이드 문화와 다른 모습을 보여주는 한국 문화의 독창적인 '판' 중심 축제의 진화 과정을 세계의 축제와 비교하는 데 초점을 맞추어 이야기해보고자 한다.

축제의 사전적 의미는 "축하하여 벌이는 큰 규모의 행사"다. 영어에선 축제를 지칭하는 말로 페스티벌Festival, 카니발Carnival 등이 있다. 페스티벌은 한국의 축제에 가까운 개념으로 예술적 요소가 가미된 제의祭儀를 의미하고, 카니발은 예전 유럽에서 대개 술과 육식을 끊고 수도하기 직전 전날 밤에 거행되던 기독교적 축제다. 축제祝祭의 축祝 자도 경축이나 경하 이외에 신에게 빌고 원한다는 의식에서 왔다.[1]

축제는 형식 측면에서 크게 판 형식과 퍼레이드 형식으로 나눌 수 있다. 판 형식은 일이 벌어지는 장소에서 이동이 없는 공연 양식을 말하며, 무대에서 상연되는 것이나 마당에서 펼쳐지는 마당극이나 판소리, 대학에서 펼쳐지는 천막 형식을 들 수 있다. 퍼레이드 형식은 시가지를 화려하게 행진하는 것을 말한다. 특이한 점은 세계 10대 축제 가운데 리우 삼바 카니발[2], 유럽 최대 거리 축제인 영국의 노팅힐 축제[3], 태국의 물 축제인 송크란 축제[4], 영국의 에든버러 축제[5]가 모두 퍼레이드 형식이라는 사실이다. 이처럼 퍼레이드 형식이 세계 축제의 주축을 이루고 있음에도 한국의 축제는 대부분 무대 또는 천막 형식이다.

'판'이란 무엇인가? 『한국민족문화대백과』에서는 "판은 현장이다. '바로 이 순간, 이 자리'라고 할 현장이다. 그것은 크게는 생(삶)을 포괄한 모든 인간 행위이며 사건의 현장이다. 지금 당장 인간이 행위하고 있는, 사건이 벌어지고 있는 현장이다. 일이 터지고 있는 마당 또는 장場이라고 일컬을 수도 있다. 달리는 시간적 함축성이 강한 계제階梯: 순서나 절차, 계기란 말로 대체될 수도 있다. 사건과 행위는 인간 생의 과정, 역사의 경과를 비롯해서 일상생활의 영위營爲며 경영 그리고 놀이까지를 포괄하지만 예능과 관련되어서는 흥행이며 공연 등 연희도 포함한다"며 다음과 같이 말한다.

"판은 마당과 비슷한 말일 수 있고 바탕과 동의어일 수도 있다. 열린 공간이란 뜻으로 판은 마당이고, 사건의 현장이란 뜻으로는 '한바탕'의 바탕이다. '한바탕' 난리를 또는 야단을 치렀다고 할 때의 바탕은 '한판 벌어졌다'고 할 때의 판과 매우 유사하다. …… 강한 시사성, 현장성을 갖춘 데다 관중의 참여를 유도하고, 유도된 참여에 따른 즉흥성도 높게 갖추고 있다. 그것은 엄청난 어우럼판이다. 이 같은 마당놀이의 마당다움은 판굿(놀이)의 판에 옮겨질 수 있다. 이 경지에서 판은 마당과 거의 구별할 수 없게 된다. 어느 쪽이나 '대동놀이'라고 할 때의 대동성을 갖추고 있기 때문이지만, 판놀이의 판다움이나 마당놀이의 마당다움을 말할 때, 또는 그 판 및 마당다움을 강조할 때, 이 대동성大同性은 참여성이나 어우러짐의 또 다른 이름으로 기억되어야 할 것이다. 판은 한국인이 우리가 될 수 있는 열린 현장이다. 판은 한국인이 우리로서 함께 공존할 터전이다."[6]

그렇다면 한국에선 처음부터 판 형식의 축제가 주를 이루었는가? 역사 자료를 찾아보면 그것은 아니다. 오히려 서양의 퍼레이드 이상으로 신명 나게 이곳저곳을 휘젓고 다녔다. 이번에 '2012 대한민국 전통연희축제'[7]에서 과거의 퍼레이드 축제를 되살린 모습을 보면 한국의 퍼레이드 문화가 얼마나 대단했는지 알 수 있을 것이다.

세계의 모든 퍼레이드에 음악이 함께하듯 한국의 퍼레이드에도 '농악', 특히 풍물놀이가 함께했다. 꽹과리, 징, 장구, 북, 소고, 태평소, 나발 등의 풍물은 마을공동체에서 공동으로 관리할 만큼 필수적인 악기이자 신성한 재산이었으며 일 년 열두 달 내내 유기적으로 연관된 일과 놀이, 제의, 잔치를 하나로 묶어주고 공동체의 유지와 발전에 일정한 역할을 수행했다. 전통 사회에서 풍물놀이는 어떤 일의 성사를 빌고 하례하는 축일祝日과 신령에게 정성을 드리는 제일祭日로써 유희와 종교성의 의미가 담긴 '축제'였고 마을 사람들의 공감대 속에서 함께 즐기는 '생활 음악' 이었으며 농경 생활의 세시풍속 및 의례와 연관된 '민속 예술'이었다.[8]

한국인은 거리를 흥겹게 행진하며 액땜하기도 했고, 상여가를 부르며 장례 절차인 발인을 하기도 했고, 전통 혼례에서 흥을 돋우기도 했다. 사람의 희로애락, 삶과 죽음 모두를 농악이라는 음악과 함께 전형적인 퍼레이드 축제 문화를 꽃피웠던 것이다. 그렇다면 이런 퍼레이드 문화가 판 문화로 바뀐 이유는 무엇일까?

■ 축제를 억압해온 역사

한국의 전통적인 축제는 마을 굿이었다. 이를 잘 보여준 고대 사회의 축제로 부여의 영고, 고구려의 동맹, 동예의 무천 등을 들 수 있다. 이것들이 가장 오래된 축제이자 나라 굿으로 고대 축제의 전형을 이룬다. 이런 축제는 고려 시대까지 널리 행해졌으나, 조선 시대부터 정치 이념인 성리학의 영향으로 인해 나태로 치부되었으며, 우리 축제의 근본이 될 수 있는 '굿'이라는 무가적 사상이 천시되고 억압되었다. 또한 불교의 퍼레이드 축제도 척불승유斥佛勝遊 정책으로 바로 계승되지 못했다. 이런 억압적 단절로 인해 한국 고유의 축제 양식이 사라지고 말았다.

축제의 억압은 일제강점기에 이르러 더욱 심해졌다. 일제는 민족 말살 정책의 일환으로 축제에 직접적인 탄압을 가했다. 전통성의 강조로 애국·애향심을 불러일으키는 농악이나 굿 등을 미신 행위로 간주하고 탄압했다. 또한 퍼레이드 축제가 낳을 수 있는 저항성의 폭발을 염두에 두고 통제를 가했다.

일제의 통제로 지배층의 수탈에 맞서는 민중의 의식이 풍물 굿에서 사라지게 되었다. 일제는 농악대전과 같은 무대 형식의 대회를 만듦으로써 축제를 감시하고 관리하는 방식을 택했다. 또한 풍물을 민중에서 강제로 분리시켜 민중이 스스로 창작할 수 있는 길을 봉쇄함으로써 능동적인 참여 문화를 죽이고 말았다.

이런 탄압은 해방 이후에도 다른 형태로 지속되었다. 해방 정국의 이데올로기 투쟁, 6·25전쟁, 남북 분단 등은 지역사회의 공동체를 파괴함으로써 공동체를 기반으로 하는 축제의 존립을 매우 어렵게 만들었다. 또한 기독교 신앙이 급속도로 전파되면서 무속이나 마을 신앙과 연계된 축제는 미신으로 치부되며 사실상 탄압의 대상이 되었다.

박정희 정권의 '전통문화 복원 운동'이 미친 악영향도 무시할 수 없다. 운동의 이름은 전통문화를 되살리기 위한 운동 같지만, 박정희 정권은 과거 생산 대중의 진보적인 민중 문화를 형식적인 측면에서만 복원하여 축제를 관광을 위한 박물관 문화로만 남게 했다. 또한 새마을운동을 통해 그나마 남아 있는 풍물을 미신으로 몰아 없애버렸고, 풍물과 민중을 분리했다. 민중적 내용성을 상실한 풍물의 복원은 지배층의 지배 논리를 대변하는 것밖에 되지 않았던 것이다.

그렇다고 해서 민중의 저항 정신을 완전히 사라지게 할 수는 없는 일이었다. 당시 대학생과 일부 지식인은 제한된 공간인 대학 내에서나마 민족의 전통 예술인 탈춤 또는 이를 계승하는 마당극을 통하여 군사 정부의 반민주적 정책에 저항하기 시작했다. 퍼레이드 문화에서 판 문화로 바뀐 대표적인 사례가 역설적이게도 전통문화의 재탄생을 불러일으키기도 했는데, 그게 바로 사물놀이[9]의 등장이다.

사물놀이는 1978년 대학로 소극장 공간사랑에서 김덕수, 이광수, 최종실, 김용배(작고) 4인에 의해 탄생했다. 김덕수는 "시위 문화에 빠지지 않고 등장하는 악기가 꽹과리와 징 그리고 북이었다. 그렇기에 군사정권에는 그러한 악기를 들고 밖에 나가는 것 자체가 문제가 되어 잡혀가기도 하였다. 그래서 우리는 어느 한 공간 안에서 연주를 할 수밖에 없었고, 공간상 제약 때문에 풍물 중 몇몇 악기를 사용하게 되었다"라고 회고했다.[10]

이런 사물놀이의 탄생 배경이 시사하듯 그런 억압적인 사회 분위기에서 퍼레이드 축제가 가당치 않았기 때문에, 자연스럽게 한정된 공간에서 벌어지는 판 형식으로 축제 문화는 그 명맥을 이어나갈 수밖에 없었다. 세월이 흐르면서 그런 판 형식의 축제가 주류로 자리를 잡은 셈인데, 앞으로 또 어떤 변화를 겪을지 관심 있게 지켜볼 필요가 있겠다.

그런 역사와 더불어 지방자치 시대에 축제의 주요 동력이 지방자치 단체들에서 나오고 있다는 점에 주목할 필요가 있겠다. 이런 축제는 불가피하게 상업적 요소를 가질 수밖에 없는데, 이런 목적에 적합한 축제 양식이 이른바 '거리 축제' 다. 한국의 거리 축제는 축제가 벌어지는 거리의 길이가 수 킬로미터에 달하기도 하는 서양의 유명 거리 축제와는 달리 거리의 길이가 매우 짧은 게 특색이다. 즉, 거리 축제는 퍼레이드 축제와 판 축제가 결합된 형식이지만, 기본적으론 판이 좀 확장된 판 축제라고 볼 수 있는 것이다.

한국형 거리 축제의 성장 요인은 무엇일까? 이무용은 ①도시 공간 구조의 변화와 이로 인한 상권의 재편, ②대중 소비문화의 선택적 확산, ③지방화 시대의 지역 개발 전략, ④투쟁의 거리에서 축제의 거리로의 변화 등 네 가지를 지적했다. 또 이무용은 거리 축제의 개최 목적으로 ①상권 활성화, ②지역 이미지 개선, ③지역 주민의 화합과 단결, ④독특한 지역 문화 창출, ⑤문화 서비스 제공 등 다섯 가지를 지적했다.[11]

이런 거리 축제는 일상과 축제가 결합된 진정한 의미의 '대동제' 와는 거리가 멀지만, 오늘날 그런 전통적인 축제는 찾아보기 어렵다는 점을 감안해야 할 것이다. 즉, 거리 축제는 자본에 의해 상품으로써 생산·소비되는 '이벤트 행사' 의 성격을 지니고 있다는 비판에도 불구하고, 오늘날 한국에서 이뤄지는 축제의 주류 문화로 자리 잡은 현실을 인정하고 수긍할 필요가 있지 않겠느냐는 것이다. 바로 그런 현실적 제약 조건이 판 축제 문화를 키운 추가적 요인일 수 있다.

주

__1__ 유기준, 「한일 축제문화 비교연구 천안흥타령축제와 오하라마츠리를 중심으로」, 「일본문화학보」, 제 38집(2008년 5월), 111쪽.

__2__ 매년 2월 말부터 3월 초에 브라질의 리우데자네이루에서 열리는 축제.

__3__ 영국 런던의 노팅힐에서 매년 8월 마지막 주말에 열리는 유럽 최대의 거리 축제.

__4__ 매년 4월 13일부터 15일까지 타이에서 열리는 축제.

__5__ 매년 8월 영국 에딘버러에서 열리는 축제.

__6__ http://terms.naver.com/entry.nhn?cid=1645&docId=531092&mobile&categoryId=1645.

__7__ 대한민국 전통연희축제는 전통 연희를 온 국민이 함께 즐길 수 있는 문화 예술 축제로 발전시키는 것을 목적으로 2007년에 시작된 문화체육관광부 주최의 축제다.

__8__ 「공동체 의식 함양을 위한 풍물놀이 지도 방안 연구」, 채성희, 한국교원대, 2012

__9__ 북 · 장구 · 징 · 꽹과리 등 네 가지 민속 타악기로 연주되는 음악, 또는 그 음악에 의한 놀이.

__10__ tvN, 〈백지연의 피플 INSIDE〉 265회, 2012년 10월 22일.

__11__ 이무용, 「공간의 문화정치학: 공간, 그곳에서 생각하고, 놀고, 싸우고, 만들기」(논형, 2005), 325~326쪽.

7부

대학 문화와
소통

intercultural
communication

유세은

국어국문학과 2008학번

왜 한국에선
수업 시간에 질문하기가 어려운가

한국과 프랑스의 토론 문화

국어국문학과 유 모 양은 지난 학기 황당한 일을 겪었다. 어느 날 저녁 집으로 귀가하던 길에서 마주친 남학생이 거칠게 붙잡아 화를 낸 사건이다. 얼떨떨하고 당황스러운 상황에서 남학생이 떠들어대는 자초지종을 들어보니 그는 이전 학기에 그녀와 같은 교양 수업을 들었던 학생이었다. 그학생의 리포트 발표 이후 토론 수업으로 이어지던 중 유 모 양이 질문을던졌는데 적당한 대답을 하지 못하고 쩔쩔매던 남학생은 교수님 앞에서창피를 당했다고 생각한 모양이었다. 마침 술도 한잔 걸친 상태에서 그녀를 마주치니 그때의 상황이 생각나 붙잡아 화풀이를 한 것이다. 다행스럽게도 지나가던 다른 학생들이 구해줘 봉변을 면했지만 지금도 그때를 생각하면 가슴을 쓸어내리곤 한다.

프랑스의 토론 문화

프랑스를 생각하면 떠오르는 단어 가운데 결코 빠질 수 없는 것이 바로 '카페café' 다. 카페는 커피를 뜻하는 프랑스어이기도 하지만 동시에 커피나 음료를 마실 수 있는 장소를 뜻하기도 한다. 프랑스의 거리를 걷다 보면 우리나라 편의점만큼이나 아니 그보다 더 자주 카페를 발견할 수 있다. 그리고 카페가 단순히 음료를 마시는 공간이 아닌 문화 공간임을 발견하게 된다.

프랑스에는 많은 유명한 카페가 존재한다. 볼테르, 몰리에르, 발자크, 루소, 빅토르 위고, 나폴레옹이 단골이었다는 프랑스 최초의 카페 가운데 하나인 르 프로코프le procope, 실존주의 철학자인 사르트르와 보부아르가 단골이었다는 카페 드 플로르café de flore, 피카소, 에디트 피아프, 헤밍웨이가 사랑했던 레 되 마고deux magots 등 수백 년 역사를 쌓아온 유명 카페와 그 외의 많은 카페들이 시간의 흔적을 고스란히 간직한 채 아직도 성업 중이다.[1]

프랑스인은 토론을 즐긴다. 프랑스를 발전시킨 철학과 예술은 프랑스인의 일상적인 토론 문화에서 시작되었다고 해도 과언이 아닌데, 바로 그 토론 마당이 카페였다.[2] 특히 철학 카페는 프랑스의 문화 공간으로 자리 잡아가고 있는데, 철학에 관심 있는 사람이라면 누구든지 참석할 수 있다. 고교생과 은퇴한 노인이 세대 차를 뛰어 넘어 인생에 대한 이야기를 나누기도 하고 각계각층의 다양한 사람의 의견을 생생하게 접할 수도 있다. 평소에는 가까이할 수 없는 대학 교수를 만나 이야기를 나눌 수 있는 좋은 기회가 되기도 한다.

이처럼 함께 풀어야 할 문제나 의문점이 생기면 프랑스인은 언제나 카페에 모여 습관적으로 토론을 한다. 그래서 자신의 의견을 피력하고 다른 이의 견해를 수용하는 데에 거리낌이 없으며, 따라서 이런 논리적이고 합의적인 방법으로 좀 더 나은 결론에 다다를 수 있게 되는 것이다. 이것이 프랑스 토론 문화의 시발점이다.[3]

프랑스 텔레비전 프로그램이나 영화를 우연히 보고서, 정말 지루하고 재미없다고 생각한 적이 있다. 하지만 프랑스의 문화를 조사하고 탐구할수록 그들의 방송에 그들의 토론 문화가 그대로 반영되어 있음을 알 수 있었다. 또 텔레비전에는 드라마나 쇼 프로그램 대신 각종 토론물과 시사 다큐멘터리물이 상대적으로 많으며 시청률 또한 매우 높다고 한다. 정형화되고 엄격하게 진행되는 우리 토론 프로그램과 달리 다양한 사람들이 나와 편안하고 재미있게 토론하는 것도 특징이다.

프랑스의 〈드르와 드 레퐁스droit de réponse〉나 〈뢰르 드 베리테L' Heure de vérité〉 같은 프로그램에는 다양한 분야에서 종사하는 많은 사람이 출연하여 자신의 의사를 밝히고 상대방의 의견을 경청하며 토론과 논쟁을 전개한다. 그들은 텔레비전 토론 프로그램에 참여하는 것을 시민적 권리이자 의무의 하나라고 여긴다. 학교 교육과 사회생활을 통해 토론 문화를 어렵지 않게 접하고 스스로 일상적 토론에 참여하는 토론 풍토가 잠재적 출연자군을 형성하고 있는 것이다.

왜 한국에선 토론이 어려운가

『나는 빠리의 택시운전사』의 작가인 홍세화는 "한국과 프랑스가 어떻게 다른가에 대한 고민을 키웠는데, 양국의 가장 큰 차이 중의 하나는 토론 문화"였다고 한다. 예를 들면, 『르몽드』의 경우 적어도 20년 전부터 매일 2~3면을 토론에 할애한다. 누군가 실업 문제에 대한 의견을 개진하면 며칠 후 정치인이나 학자 등이 반론을 같은 면에 게재하고, 또 다른 사람이 재반론을 싣는 형식이다. 실업 문제의 당사자인 실업자나 당국자도 토론에 적극 참여한다.

이에 비해 우리나라는 "한쪽 편향의 주장만 실리는 일방적인 토론으로 이뤄지는 것이 보통이고, 한국에서의 주요한 결정들은 토론에 의한 사회적 합의가 아니라 '힘'"인 것이 현실이다. 이러한 '힘의 논리'로 점철된 문화를 극복해야 하며 지금까지 상호 부정 속에 토론 문화가 자리 잡지 못했다면 앞으로는 합리적 논거에 바탕을 두고 경쟁하는 관계로 바뀌어야 한다. 그간 '힘만 있으면 뭐든지 할 수 있는데 무슨 토론이 필요하냐'는 분위기가 지배했지만, 이제는 토론으로 주요 결정을 합의하는 문화를 만들어야 할 것이다.[4]

사실 우리나라에도 수많은 카페가 있지만 프랑스의 카페 문화와는 많이 다르다. 우리나라에서 토론은 토론회 같은 공식적인 자리에서 진행되고 그 주제 또한 사회 현실, 물질적 이해관계를 놓고 하는 경우가 많다. 이는 사회적 분위기와도 무관하지 않을 것이다. 자유로운 논의는 드물고 소수 의견은 배척하는 모습을 비롯하여, 정부가 주최하는 공청회마저 이해가 얽힌 사람들의 폭언으로 자주 중단되는 모습을 보면 토론 문화가 정착되지 못 했음을 단적으로 알 수 있다.

우리는 인간관계의 첫 만남부터 서열을 따진다. 이른바 3연이라는 지연, 학연, 혈연을 바탕으로 서열을 나누는데 이를 통해 철저하게 상하 관계를 따진다. 우리나라는 군부 시대를 거친 획일적인 관료제의 나라이기 때문에 공적인 단체나 권력을 드러내는 단체일수록 이런 서열 의식이 강하다. 이런 문화는 토론에도 장애가 될 수밖에 없다. 토론자가 서로 같은 위치에서 대화해야 하지만 엄격한 서열 때문에 자유로운 의사소통보다는 상명하달이 되기 십상이다.

이처럼 위에서 아래로 향하는 의사소통은 주입식 교육으로 이어진다. 어릴 적부터 우리는 선생님이 가르치면 이를 무비판적으로 받아들이는 것을 배운다. 이런 교육 방식은 초, 중, 고등학교를 거쳐 대학까지 이어진다. 우리 사회의 전반적인 분위기 탓이라고 해도 젊은 지성의 공간이라 할 수 있는 대학에도 주입식 교육이 만연한 것은 큰 문제가 아닐 수 없다.

실제로 강의계획표를 보고 토론으로 진행하는 수업이 있으면 일부러 피하는 학생이 부지기수다. 토론 수업을 듣는 학생도 토론으로 수업을 진행하는 것에 대해 큰 부담감을 느낀다. 더 심각한 것은 토론은 물론 단순히 자신의 의견을 드러내는 것조차 꺼리는 학생이 많다는 것이다.

이러다 보니 교수들도 토론 수업을 진행하는 데 어려움을 느낀다. 현재 전북대에서 토론 수업을 하는 몇몇 교수와의 인터뷰를 통해 토론에 대한 학생들의 태도를 엿볼 수 있었다. 토론 수업을 진행할 때 학생들의 참여도에 대한 질문에 한 교수는 "학생들이 학과 지정 과목이어서 어쩔 수 없이 듣고 있기 때문에 상당히 수동적이다. 당연히 높은 참여도를 기대할 수 없다"고 말했다. 더 근본적인 문제로는 "토론이라는 것이 합리적인 사고를 효과적으로 표현하는 점이 기본이 되는데, 대부분의 학생들은 자신의 사고를 표현하는 데 서투르다. 따라서 그냥 앵무새처럼 읽거나 주제에서 벗어난 방향의 대답을 하기도 한다"며 학생들이 토론을 꺼리는 이유로 '표현의 부족'을 꼽았다.

이처럼 대부분의 학생이 토론 문화에 익숙하지 못하고 부정적이기까지 하기 때문에 상대적으로 소수인 토론을 즐기는 학생들도 자유롭게 발언하지 못하는 경우가 다반사다. 예를 들어 수업이 끝날 때쯤 질문하라는 교수의 말에 손을 들었다가는 주위에서 따가운 눈빛을 받기 일쑤다. 물론 교수들이 수업이 끝나갈 때쯤에야 형식적인 질문 시간을 마련하는 것도 문제이긴 하다. 이런 분위기 때문에 소수의 학생들은 점점 더 소수가 되고, 결국 질문과 토론을 하고 싶은 학생들도 점점 입을 다물게 된다.

그러나 토론에 대한 학생들의 부정적인 인식을 무조건 그들만의 책임으로 돌릴 수는 없다. 이를 야기한 주변 환경 차원의 문제도 분명 존재하기 때문이다. 이를 대표적으로 보여주는 예가 우리나라 교실의 자리 배치 모양이다. 교실을 떠올려보면 줄 맞춰 나열돼 있는 책상과 그 앞에 위치한 교탁이 생각난다. 이런 배치는 학생들의 시선을 한곳으로 집중시키는 효과를 낸다. 다시 말해서 수업 시간에 오로지 한곳만 쳐다보라는 무언의 압박을 행사하는 것이다.

다름에 대한 존중, 이분법의 극복

한국과 프랑스의 토론 문화의 차이는 집합주의적 사회와 개인주의적 사회에서 오는 차이로 볼 수도 있다. 서양에서는 의사소통을 가르칠 때 자신의 생각을 분명하게 표현해야 한다고 가르치며 대화 과정에서 오해가 발생하면 그것은 말하는 사람의 잘못이라고 강조한다. 이와는 매우 대조적으로 동양에서는 아이에게 듣는 사람의 입장에서 말할 것을 강조한다. 미국인은 동양인의 속마음을 알 수가 없다고 푸념하곤 하는데 이는 동양인이 간접 화법을 사용하기 때문이다. 반면 동양인은 서양인이 가끔 무례하다 싶을 정도로 직설적이라고 생각한다.

자신의 생각을 논리적으로 표현하고 그것을 다른 사람과 공유하는 능력은 전문화, 개별화가 심화되어가는 미래 사회를 살아가는 데 반드시 필요한 요소다. 화법 교육 영역에서 토론이 중요하게 자리 잡고 있는 이유도 세계와 소통할 수 있는 시민을 양성하는 것과, 배려와 나눔의 정신으로 공동체 발전에 참여하는 사람을 형성하는 데 토론 능력이 직접적인 관련이 있기 때문이다.

최근 들어 각종 언론이나 교육 현장에서 토론의 필요성을 주장하는 논의가 활발해진 것과 대학생 토론 대회를 포함한 각종 토론 대회가 부쩍 많아진 것도 바로 그런 이유 때문일 것이다. 하지만 일선 학교에선 토론 교육은 고사하고 토론 수업을 찾아보기 힘든 것이 현실이다. 토론 교육에 대한 필요성은 공감하면서도 우리 학생들이 토론을 배울 수 있을 만한 문화가 정착되어 있지 않은 것이다.

무엇보다 프랑스를 비롯한 여러 유럽 국가의 토론 문화가 올바른 방향이라고 이야기할 수 있는 이유는 토론을 나누는 이들이 철학자에서 어린 학생까지 다양하다는 점이다. 이는 누구나 평등하다는 사상과 이를 표현하는, 다시 말하면 철학자와 고등학생이 서로 자유롭게 커뮤니케이션을 할 수 있는 사회적 분위기가 조성되어 있다는 걸 뜻한다. 그뿐만 아니라 어릴 적부터 교육을 통해 나와 다른 남을 인정할 줄 아는 자세를 키운 것도 중요한 의미를 갖는다. 그런 자세는 타인의 판단과 소수 의견이 존중되는 사회를 조성하는 기초가 되기 때문이다.

한국의 토론 문화가 발전하기 위해선 무엇보다 '다름'을 '틀림'으로 보지 않는, 열린 자세의 생활화가 필요하다 하겠다. 토론 문화에 큰 영향을 미치는 방송사들이 "세상의 하고많은 이슈들 모두를 그저 찬성과 반대 두 가지 모드로만 해석하고 설명하고자 하는 태도"[5]를 넘어서 토론의 재미를 다원화해보려는 발상의 전환을 하는 것도 좋을 것 같다.

1 서꽃님, 「프랑스의 예술과 문화가 시작되는 곳」, 블로그 '트래블라이프'; http://travel.chosun.com/site/data/html _dir/2010/12/17/2010121701565.html.

2 임현정, 「악마의 음료가 만들어낸 놀라운 업적」, 블로그 '루이까또즈'; http://louisien.com/39.

3 박언영, 「표현력 기르고, 남의 의견 존중하게 하는 프랑스의 토론교육」, 블로그 '파리의 한국아줌마'; http://blog.daum.net/parismadame/8792340.

4 김성재, 「'한국의 토론문화'를 토론한다」, 「한겨레」, 2005년 5월 9일.

5 전상인, 「TV 토론 프로, 이대론 안 된다」, 「조선일보」, 2007년 5월 4일, A34면.

박혜레나

어문교육 대학원 박사 과정1

한국 학생과 외국 학생은
어떻게 다른가

한국어를 배우는 한국어학당에 비친 풍경

■ 　　　　　　　　　　**〈전주스타일〉을 만든 미국 대학생들**

싸이가 '강남스타일'로 전 세계를 강타하기 시작할 무렵, '전주스타일'이라는 패러디 뮤직 비디오가 유튜브에 올라왔다. 서서히 입소문을 탄 이 패러디는 한국의 공중파 3사 텔레비전에서 모두 소개되었고, 방송사들은 미국 명문 대학생들이 만든 이 비디오가 싸이의 인기를 입증하는 것이라고 뿌듯한 듯 소개했다.

이 비디오를 만든 주인공은 지난여름, 미국 국무부의 외국어 교육 프로그램인 'CLS Critical Language Scholarship'를 통해 전북대학교에 온 미국 대학생들이다.[2] 외국인들이 한국의 전통 도시인 전주를 소개하는 비디오를 만들어서인지 패러디 비디오임에도 16만 회가 넘는 조회 수를 기록했는데, 아마도 '강남스타일'의 패러디물 가운데에서도 최고 인기작이 아닐까 싶다.

'강남스타일'뿐만 아니라 몇 해 전부터 시작된 한류의 영향으로 많은 외국인이 한국 문화와 한국어에 큰 관심을 보이고 있다. 여러 매체에서 한국에 매료된 외국인이 소개되기도 하여, 최근 들어 한국어 교육에 관심을 보이는 예비 한국어 교사도 상당하다.

전북대 언어교육부에도 다양한 외국인 학습자들이 한국어를 배우고 있다. 전북대 한국어학당에 속해 있는 외국 학생의 국적은 중국과 몽골이 3분의 2 이상을 차지하고 있으며, 일본, 베트남, 필리핀, 미국, 볼리비아, 네팔, 케냐 등의 학생이 나머지를 구성하고 있다.

한국어 교육에 익숙지 않은 일반 사람은 어학당에서 한국어를 공부하는 외국인을 두고 대부분 '한국어를 좋아해서', '한국 문화가 좋아서', '한류 스타를 만나기 위해서' 등의 이유로 한국에 왔을 거라고 생각하기도 하는 듯한데, 사실 그렇지는 않다. 전북대 한국어학당의 학습자들은 대부분 대학교나 대학원 진학을 목표로 한국어를 배운다. 이들은 한국어 연수반에서 중급 정도 이상의 한국어 실력을 쌓은 뒤, 서류와 면접시험을 거쳐 학부 및 대학원에 진학하게 된다.

나는 전북대 언어교육부에서 3년여 동안 한국어를 가르치며 교실에서 많은 학생을 만났다. 한국어를 목표 언어로 삼아 열심히 공부하며 유학 생활을 견디는 학생들을 보면, 안쓰러움과 대견스러움이 교차할 때가 많다. 10주간의 수업[3]을 끝내고 학생들과 헤어지려고 하면 진한 아쉬움과 섭섭함을 느낄 때도 많은데, 이는 아마도 타지에서 겪을 외로움과 고생,

문화 차이 및 언어 소통의 어려움으로 인한 답답함 등을 학생들을 곁에서 지켜본 담임으로서 충분히 이해하고 있기 때문일 것이다. 학생들이 이와 같은 어려움을 딛고 한국의 대학교에 입학하거나 졸업하여 취업했다는 소식을 전해올 때에는 교사로서 보람을 느끼지 않을 수 없다.

조화롭지만 소극적인 중국인 학습자

외국 학생의 교육 과정에서 일어나는 소통상의 오해나 혼란은 문화 간 커뮤니케이션을 연구하는 학자들의 오랜 관심 사항이다.[4] 외국 학생을 교육하는 교실은 기본적인 에티켓의 문제를 넘어서 '창의적인 아이디어'를 높게 평가하는 문화권과 그렇지 않은 문화권 사이의 차이처럼 가치 지향성의 문제까지 갈등으로 불거질 수 있는 현장이기도 하다.[5]

그동안 내가 가르친 학생들의 국적은 다양하긴 했지만 대부분이 아시아권이었다. 비교적 동질적인 문화권 학생들이었기 때문에 교사로서의 어려움은 사실 그리 많지 않았다. 유교 영향권에 있는 그들은 예의 바른 태도와 언어로 교사에게 존경을 표시한다. 교사의 말에 미소로 화답하고, 잘 이해가 되지 않아 재질문할 때에도 매우 미안해하며 질문을 한다. 마치 선생님은 아주 설명을 잘해주셨으나 자신이 부족하여 잘 이해 못했다는 표정으로 말이다.

물론 학습자 개인의 차이는 있긴 해도 전반적인 분위기는 교사가 말하는 것을 경청하고, 자신이 말할 차례를 기다린다. 또한 교실의 전체적인 분위기를 흩트리는 학생이 있으면, 의식적·무의식적으로 해당 학생을 제재하기도 한다. 간혹 어수선한 교실 분위기에 대해 교사가 주의를 주면 고개를 숙이며 교사에게 잘못했다는 신호를 보내기도 한다. 이러한 학습자들의 태도가 교사의 입장에서 편한 것도 사실이다. 왜냐하면 교사에 대해 조심스러운 태도로 임하는 학습자들에게서 교사는 존중받고 있다는 생각에 자존감이 높아질 수 있으며, 확신을 가지고 가르칠 수 있기 때문이다.

그러나 중국 학습자를 가르칠 때는 주의해야 할 것이 하나 있다. 바로 '체면'과 관련된 것이다. 몇 년 전, 중간고사를 치르기 위해 들어간 반에서 한 중국 학습자가 부정행위를 저지른 일이 있었다. 부정행위이기 때문에 그 자리에서 엄중하게 경고하고 제지를 할 수밖에 없었다. 그런데 순간 그 학습자의 표정이 일그러지고 지금까지와는 다른 매우 무례한 태도를 보이더니, 시험을 끝내고도 인사도 없이 나가버렸다. 그 후부터 그 학습자는 내 얼굴을 쳐다보지도 않고 수업 시간에도 매우 불성실한 태도로 임했다.

수업 마지막 날, 조용히 그 학습자와 이야기할 기회가 있었는데 왜 그런 행동을 했는지 물어보았더니, 그 학습자의 대답은 이러했다. 아무리 자신이 잘못했어도 다른 사람 앞에서 그렇게 창피를 주면 자기 체면이 어떻게 되냐고 말이다. 그래서 모든 학생이 치르는 시험이라 그럴 수밖에 없었다고 해도 그 학습자는 자신은 너무 창피했고 그 후부터 수업을 듣기 싫었다고 고백했다. 자신의 잘못에 대한 자책보다는 자신이 다른 사람 앞에서 당한 창피가 더 큰 아픔으로 다가왔던 것이다.

외국어 교육은 표현 영역과 이해 영역으로 이루어진다. 표현 영역은 말하기와 쓰기 영역이며, 이해 영역은 읽기와 듣기 영역이다. 이 영역을 나누어 교육하기도 하고 한 수업에서 통합하여 가르치기도 한다. 지금까지 외국어 교수법에는 다양한 변화가 있어왔는데,[6] 현재까지도 목표어로 의사소통 능력을 향상시킨다는 목표 아래 많은 연구가 이루어지고 있다. 외국어 학습자의 의사소통 능력 배양을 위해서는 표현과 이해 영역을 적절하게 잘 수행해낼 수 있도록 가르치는 것이 중요한데, 특히 은행 가기, 비행기 표 예약하기, 택배 배달시키기 등 일상생활 과제 수행에서는 말하기가 무엇보다 중요하다.

그런데 중국인 학습자 중에서는 말하기 수업 시간의 활동에 적극적이지 않은 경우가 있어 교사들이 애를 먹기도 한다. 말하기 수업의 대화 연습이나 상황극 등을 귀찮아하거나 필요 없는 것이라 여겨 소극적인 태도로 일관하거나 침묵하는 학생들이 있다. 특히 상황극을 직접 구성하고 발표하는 수업에서는 심드렁한 반응을 보여 수업 진행에 어려움을 겪기도 한다. 이것은 대학 입학 시에 필요한 한국어 능력 시험TOPIK[7]에 말하기가 포함되지 않는 것도 한 이유가 될 수 있겠지만, 근본적으로는 중국 학습자들이 '다른 이들 앞에서의' 말하기나 역할극에 어색해하기 때문이 아닐까 한다.

중국 학습자는 여러 학습자가 모여서 자유롭게 대화할 때 교재에 의존하는 등 소극적인 반응을 보이며, 극을 구성하는 역할극에서 흥미로운 구성물을 만들어내지 못하는 경우가 많다. 또한 지금까지도 중국 내 한국어 교육이 문법을 중심으로 문형을 제시하고 뜻을 설명하는 방식이다 보니, 중국의 학습 방법에 익숙해져 있어, 한국 내 어학당 수업에서의 말하기 활동이 그저 '놀이'에 불과한 것이라 여기는 경향도 있다.

그리고 중국인 학습자들은 대답을 잘 하지 않는다. 정확하게 아는 답이 아니라면 용기 있게 나서서 대답하는 학습자가 많지 않다. 교사가 한 학생을 지적하여 질문을 하면 곧잘 대답하지만, 학생들에게 공통적으로 질문을 던져 자유롭게 대답하는 경우는 아주 단순한 흥미 위주의 생활 대화 외에는 드물다. 서로 눈치만 볼 뿐이다.

물론 중국에서의 학습 경험, 개인 성향 등 여러 복합적인 면이 중첩되어 발생되는 현상이긴 하나, 근본적으로 집단주의적 사회에 속하여 체면을 중요시 하는 중국인의 문화 특성 때문일 것이라 생각된다. 많은 교사가 공감하는 중국인 학습자의 공통적 특성은 '문법 수업을 좋아하며, 말하기 수업은 별로 참여적이지 않다. 그리고 정확한 답이 아니면 대답하려 하지 않는다'는 것이다. 이와 같은 소극적인 반응에 교사들이 어려움을 겪는 경우가 많다.

너무나도 개인주의적인 미국 학습자

전북대학교는 2010년부터 CLS 프로그램의 한국 교육 기관으로 선정되어 미국 정부 장학생으로 구성된 학습자들을 여름 학기 8주 동안 가르치고 있다. 나는 2012년 여름 학기에 처음 CLS 프로그램을 맡았다. 예전에도 미국 학습자를 가르쳐본 적이 있긴 하지만 이렇게 미국 학습자로만 구성된 학습자 집단은 처음이라 미국 학습자의 특징이나 주의할 점 등을 긴장된 마음으로 익힌 기억이 아직도 생생하다.

CLS에서 먼저 가르친 선배 교사들이 프로그램 시작 전에 들려준 일화들이 어쩌면 나를 더 긴장되게 했던 것도 같다. 미국 학습자들은 말하기 수업을 선호하며, 무엇이든 호불호가 확실할 것이고, 수업 태도가 우리가 보아왔던 아시아권 학습자하고는 달리 '심하게' 자유로울 것이며, 거침없는 질문과 선생을 고려하지 않은 표현, 수업 때 바로바로 이어지는 질문 등으로 교사를 긴장하게 할 것이라고 말이다.

2012년부터 전북대학교는 심층 교육을 위해 오전 수업으로 이루어지던 하루의 수업 시간을 오후 3시까지 확대했고, 일주일에 두 번 한국의 유명 인사를 초청해 이야기를 듣는 특강 프로그램 및 다양한 특기 교실을 마련했다. 그동안 CLS 프로그램 학습자들은 미국 정부의 장학금을 받고 배우는 학생이라는 강한 자부심과 함께 한국어에 대해서도 어학 공부 이상의 수준을 원했기 때문에 이런 학습자들의 요구 사항을 적극 반영하기 위한 프로그램 개편이었다.

학생들이 도착하고 레벨 테스트를 실시한 후 급수에 따라 반이 나뉘고 각 반에 담임이 배정되었다.[8] 나는 이번에 발음 수업을 맡게 되어 급수별 담임이 아닌 전 반을 다 들어가게 되었다. 교사와 학생들 모두 긴장을 많이 해서였을까. 초반에는 생각보다 학생들이 교사들을 잘 따라주었고 한국어 공부에 강한 열정을 보여 수업이 쉽게 흘러가는 듯했다. 아시아권 학습자들과 크게 다를 것 없이 교사들에게 예의를 지키려고 애썼고 따뜻한 시선으로 교사를 대하는 모습이 긴장했던 나를 안심시켰던 것이다.

CLS 프로그램은 프로그램 중반에 교사가 학습자를 평가하는 것이 필수다. 담임은 학습자의 학업 성취도 및 수업 태도, 교우 관계 등을 종합적으로 평가한다. 마찬가지로 학습자도 프로그램 및 교사를 평가한다. 이런 평가를 통해 교육 프로그램을 점검하고, 교사들의 교수법 및 학습자들의 요구들을 살펴본 뒤, 후반기 프로그램을 조정한다.

그런데 이 중간 평가에서 우리가 예상하지 못한 불만이 제기되었다. 다른 게 아니라 수업 시간이 너무 많다는 하소연이었다. 그들은 수업 시간을 줄이고 자신들 스스로 공부할 시간을 확보하고 싶다고 토로했다. 그들은 지금까지 단 한 번도 이렇게 강도 높게(?) 공부한 적이 없으며, 세 시쯤 수업을 마치고 돌아가면 너무 피곤하여 복습할 시간을 비롯해 각자가 공부할 시간을 마련하기가 너무나 힘들다고 했다.

집으로 일찍 돌아가 수업 시간에 내준 과제를 하고 나서 자신이 부족하다고 느끼는 부분들을 보충할 수 있는, 즉 개인 공부 시간이 절실하다고 했다. 매일 7시에 등교해 밤 10시가 넘어서야 집에 돌아오는 우리나라 학생들과는 달라도 너무나 다른 삶을 살고 있던 것이다.

CLS 수업에서 A라는 학생이 기억난다. 그는 부유한 환경에서 우수한 성적으로 대학을 다니는 학생이라 자부심을 넘어서 약간의 자만심까지 있었던 것 같다. 그 학생은 수업 시간에 다른 학생이 틀린 대답을 하면 농담인 듯 깐죽거렸고 코웃음 쳤다. 처음엔 장난이라 여겼던 다른 학생들도 점점 반응이 싸늘해졌다.

또 그 반의 B라는 학생은 수업에 매우 심드렁한 태도를 취했다. 멍하니 딴생각을 하다가 수업 내용을 이해 못하는 경우도 많았고, 활동에서도 제대로 따라오지 못해 분위기를 흩트리기도 했다. 중국인 학습자들 사이에 이런 학생이 있으면 학습자들이 옆에서 '눈치껏' 주의를 주며 제재를 가해 공동체적인 교실 환경을 만들려고 애를 쓴다. 더욱이 교사와의 관계가 껄끄러워지지 않도록 그들 스스로 행동을 주의시키고 조화롭게 적응하려 하는 데 반해, 미국인 학습자들은 그런 것이 전혀 없었다. 아무리 옆 친구가 분위기를 깨뜨려도 눈치를 주거나 제재하는 등의 반응을 보이지 않았다. 그저 묵묵히 자기가 할 몫에만 집중했다.

지금 생각하면 어쩌면 그들은 옆 친구의 행동이 분위기를 깨뜨린다고 생각하지 않을 수도 있다. 내 수업에 방해만 안 되면 된다는 생각으로, 다양한 개인들이 수업을 받고 있으니, 그들의 수업 태도나 교사에 대한 태도 등은 지극히 개인적인 문제이기에 다른 사람이 관여할 바가 아니라고 여겼을 것이기 때문이다.

또 하나 당혹스러웠던 일이 있다. 그것은 교사들의 '선생님'이라는 지칭에 대한 지적이었다. 외국어 교육에서는 성인 학습자를 목표어에 서툴다는 이유만으로 어린아이 다루듯이 대하지 않도록 조심해야 한다. 이것은 성인 학습자의 자존감에 상처를 주는 것이며, 서툰 목표어로 인해 인격이 존중받지 못한다는 느낌도 줄 수 있다.

그런데 CLS 수업에서 교사 가운데 의식하지 못한 채 버릇처럼 교사 자신에게 '선생님이', '선생님은'이라고 지칭하는 경우가 있었던 듯하다. 우리는 '직업'이나 '직위' 등을 호칭어나 지칭어로 사용하는 경우가 흔하니 무심결에 나온 말이었을 것이다. 그러나 미국인 학습자 중에서 '우리는 어린이가 아니니 그렇게 '선생님이', '선생님은'이라고 하지 않았으면 좋겠다'는 의견을 피력한 학습자가 있었다. 교사의 '선생님'이라는 지칭이 '선생님'과 '학생'이라는 상하 관계를 의도적으로 연상시켜

수평적 관계가 되기 어렵다는 지적이었다.

교사의 실수라고 해도 전통적으로 '선생님─학생'의 관계를 수직적 관계로 인식하는 중국인 학습자들에게는 이런 표현이 그리 귀에 거슬리지는 않았을 것이다. 지금껏 그런 불만을 제기했다는 일을 주변에서도 들어본 적이 없는데, 미국인 학습자는 예민하게 받아들였다고 생각하니 새삼 우리의 교실에서의 언어 습관과 함께 아시아 문화에 익숙한 교사 자신의 모습을 돌아보지 않을 수 없었던 경험이었다.

또한 교사의 권위는 무엇보다 시험으로 드러난다. 시험을 통해서 평가받게 되니, 아무리 삐딱한 학습자라 해도 교사보다 약자가 될 수밖에 없다. 그런데 앞서 이야기한 A와 B는 CLS의 시험에도 강한 불만을 품고 담임에게 대들며 항의했다. 그들은 '나는 미국에서 훌륭한 학생이었으니 성적이 좋지 않은 것은 내 문제가 아니라 교사의 문제'라는 것이었다. 그들은 나쁜 시험 유형 때문에 자기 실력을 발휘하지 못했으니 교사가 책임져야 한다고 강한 불쾌감을 보였다.

이때도 아무 문제 없이 시험을 치른 옆 학습자들은 A, B와 교사의 대립을 침묵으로 일관했다. 그것도 내가 상관할 바는 아니라는 것이었다. 돌이켜보면, 개인주의적인 사고방식과 함께 일부 학습자에게는 제3세계에 대해 약간의 우월감이 있지 않았나 하는 생각도 든다. CLS의 특강 프로그램에 대해서 '책을 보면 다 알 수 있는 것이니 굳이 이런 강의를 들을 필요가 없다'라거나 '미국에서는 내 한국어 실력이 좋았는데, 지금 내가 한국어를 못하는 것은 교사의 책임'이라는 일부 반응은 단순히 프로그램에 대한 불만이 아니라 제3세계 문화 및 교육에 대한 강한 불신으로 느껴졌기 때문이다.

교육 프로그램이 모든 학습자의 요구를 만족시키기는 어렵다. 그렇다고 이런 불만을 입막음하기보다는 이러한 일부의 불만이 다음에는 다시 반복되지 않도록 개선해가야 하는 것이 옳은 일일 것이다. 그러나 학습자들이 우월적 시각으로 교육 프로그램을 평가하고, 자신들의 평가에 의해 교사가 교체될 수 있다는 것을 알고서 행하는 다소 무례한 행동이 아직도 교사들의 마음에 큰 상처로 남아 있는 것도 사실이다.

■ 창의성과 문화

다시 '전주스타일' 이야기로 돌아가 보자. 이 패러디물은 CLS 프로그램 수료식 때 공개된 학생들의 작품이다. 이 뮤직 비디오는 교사들의 지시로 만든 것도, 수료식을 위해서 만들어진 작품도 아니다. 수료식 진행 때 학생들이 자신들이 만든 뮤직 비디오를 틀어달라는 요청이 있어서 참석한 모두 함께 감상한 것이었다.

다들 뮤직 비디오를 보며 그 기발함에 감탄하지 않을 수 없었다. 많은 학습자를 가르쳐왔지만 이렇듯 적극적이고 창의적으로, 학생들 스스로 뮤직 비디오를 제작하고 드라마를 만드는 모습을 일찍이 경험하지 못했기 때문이었다. 그들은 많은 사람 앞에서 '말춤'을 추었고, 다른 이들의 시선에 아랑곳하지 않고 학교 앞, 백화점, 에스컬레이터, 버스 안에서 비디오를 촬영했다.

그것은 신선한 충격이었는데 그도 그럴 것이 내가 가르치던 학생들 대부분은 성실하긴 했으나 상당히 소극적인 성격이었기 때문이다. 특히 학생들 '스스로' 창작물을 만들어서 모든 이들에게 공개한 기억은 지금까지 없었다. 그런데 CLS 프로그램에 참여한 대부분의 학생은 수료식을 위한 반별 장기 자랑에서도 교사의 지시를 넘어서 좀 더 창의적인 결과물을 만들기 위해 분주히 뛰어다녔고, 그들 스스로 각본을 짜고 촬영한 '전주스타일'을 수료식 때 모든 이에게 자신 있게 공개한 것이다.

물론 중국인 학습자들이 창의력이 없다는 뜻은 결코 아니다. 동서양의 창의성을 비교하여 동양인이 창의적 환경이나 창의적 성격에서 서양인에 비해 불리하다는 연구도 있으나, IT 산업의 발달, 최근의 한류 문화 등의 문화 현상을 보면 동서양의 창의성을 단순 비교하는 것이 무리가 있다는 지적 또한 만만치 않다.[2]

현장에서 각국의 학습자들을 직접 만나면서 느끼는 점은, 이론적으로 규명하기는 많은 난관과 어려움이 있을지는 모르나 체감하는 차이는 분명히 존재한다는 것이었다. 그러나 이러한 차이는 개개인의 능력의 차이가 아니라, 그 학습자가 받은 교육 체계와 교육 체계가 녹아 있는 문화의 종합적인 영향 때문이기에 이것으로 우열을 비교해서는 안 될 것이다.

문화의 차이, 사회적 거리

앞서 제시한 예들의 근본적인 원인은 동서양의 문화 차이에서 나오는 것이다. 중국을 대표로 하는 아시아 문화는 대체적으로 집단주의적 문화이며, 미국 문화는 개인주의적 문화이기 때문이다. 네덜란드의 심리학자

한국 학생과 외국 학생은 어떻게 다른가

헤이르트 호프스테드Geert Hofstede는 개인주의 대 집단주의 차원과 관련된 교사·학생 간, 학생·학생 간 상호작용의 차이에 대해서 다음과 같이 구분하여 설명했다.

집단주의적 사회에서 ①개별 학생들은 수업에서 교사가 개인적으로 질문할 때에만 말을 하며, ②개개인들은 끼리끼리, 소집단 내에서만 대화한다, ③공식적으로 교실 속에서 늘 조화가 이루어지며, ④학생과 교사는 서로 체면을 살려주어야 한다, ⑤교육은 특권과 신분 상승을 위한 하나의 수단이며, ⑥능력보다는 증서 취득이 더 중요하고, ⑦교사들이 특정 학생을 편애하는 것은 어쩔 수 없다고 여긴다.

이에 반해 개인주의적 사회에선 ①학생들은 지목되지 않아도 교사의 질문에 모두 참여하여 응답하고, ②개개인들은 끼리끼리 이야기하기 보다는 모두가 참여할 수 있는 대집단에서 이야기를 한다, ③학습에서 도전을 두려워하지 않고 이견이 나올 수 있으며, ④체면에 대한 생각은 그리 하지 않는다, ⑤학위보다는 능력이 더 중요하며, ⑥교사들은 절대로 편파적이지 않아야 한다.[10]

이런 문화 차이는 외국어 학습에도 많은 영향을 미친다. 문화가 외국어 및 제2 언어 학습에서 미치는 영향에 대해서는 '사회적 거리'라는 개념을 이해할 필요가 있다. 이는 존 슈만John Schuman에 의해 제기된 가설로, 목표어에 대해서 제2 언어 학습자 집단이 정치적·문화적으로 지배적인가 종속적인가, 각 집단의 통합 양상이 통합적인가 분리적인가, 학습자 집단이 응집적인가, 두 집단의 문화가 유사한가, 학습자 집단이 목표 언어 집단에서의 거주 기간이 어떻게 되는가에 의해서 결정되는 개념이다.

한국어를 배우는 한국어학당에 비친 풍경

슈만은 두 문화 간 사회적 거리가 멀수록 언어 학습에서 더 큰 어려움을 겪게 되며, 사회적 거리가 가까울수록, 즉 두 문화 간의 유대감이 클수록 제2 언어 학습 효과가 더 좋아질 거라고 했다.[11] 서구권 학습자보다 아시아권 학습자들이 한국어 습득 속도가 비교적 빠른 것도 이러한 사회적 거리 때문이다. 이에 교사도 교수할 때 학습자 집단의 문화적 특성과 학습자 집단과 목표어 집단 간의 사회적 거리를 고려하여 학습 수준과 향상도의 차이 등을 감안해야 할 것이다.[12]

이와 더불어 교사 역시 학습자들의 문화 속 관습 및 신뢰 체계를 존중하는지, 타 문화에 대한 선입견이나 고정관념이 없는지, 또한 학습자들의 성향이 개인주의적인지 혹은 집단주의적인지, 학습자들의 불확실성 회피는 어느 정도인지 등을 끊임없이 자가 점검하여 학습자들에게 다가가야 한다.[13]

한국의 달라진 위상과 한류의 영향으로 인해 한국어에 관심을 보이는 학습자가 계속해서 늘어나고 있다. 각국의 다양한 학습자가 한국어를 배우고 싶어 하며, 이러한 요구에 맞는 한국어 교수법을 만들기 위해 많은 연구가 이어지고 있다. 그러나 현장에서 접하는, 국적에 따른 학습자 간의 차이는 이론적으로 밝히기에는 미묘한 부분이 많다. 학습자와 교사의 관계, 목표어 및 목표어 집단에 대한 관심, 학습자의 성격 등이 복합적으로 작용하기 때문이다. 문화권별로 학습자들이 교사를 대하는 자세 또한 달라서 교사들이 적잖이 당황하는 경우도 있다.

한국어 교사 생활을 하면서 느끼게 되는 것은 그 무엇도 정답은 없다는 것이다. 그리고 '상식'이 '상식'이 아닐 수 있다고 생각하는 열린 마음이 그 무엇보다 중요하다. 우리가 상식이라고 생각하던 것도 어떤 문화권에서는 몰상식한 것이 되어버리기 때문에 늘 수정 가능성을 염두에 둬야 한다. 한국어 교사들은 한국어를 가르치면서 다른 나라의 문화를 배운다. 가르치면서 배우는 이 경험이 교사들에게는 큰 즐거움이다. 오늘도 나는 교실에서 세계를 본다. 그리고 이런 경험이 쌓여 좀 더 넓은 시각으로 세상을 바라볼 수 있게 하리라는 것을 믿는다.

1 박헤레나는 대구평화방송 아나운서를 거쳐 현재 전북대학교에서 한국어 강사로 일하고 있다.

2 CLS는 2006년 시작된 미 국무부의 언어집중 교육 프로그램으로, 미국 정부에서 선발된 학생들이 총 16개국에 이르는 목표 언어국에 가서 집중적으로 언어를 배운다.

3 전북대학교 한국어학당은 급수당 10주 수업을 실시하고 있으며, 60주 동안 1,200시간의 수업 후, 6급을 수료하는 시스템이다. 학부 입학 기준이 4급 수료 이상, 혹은 한국어 능력 시험(TOPIK) 3급 이상 자격증 취득이라, 4급 수료 후 학부나 대학원에 입학하는 학습자들도 많다.

4 Geert Hofstede, Cultural Differences in Teaching and Learning, *International Journal of Intercultural Relations*, Vol. 10(1986), p. 301.

5 정현숙, 「제8장. 언어와 문화간 커뮤니케이션」, 김숙현 외, 『한국인과 문화간 커뮤니케이션』(커뮤니케이션북스, 2001), 187~188쪽.

6 외국어 교수법은 초기 라틴어를 번역하여 해석하는 문법 번역식 교수법에서부터 구조주의적 관점으로 패턴 연습에 중점을 둔 청각 구두식 접근법, 기능주의적 관점으로서 의사소통 능력 향상에 목적을 둔 의사소통적 교수법, 최근의 문법의 정확성이 부족한 의사소통적 교수법을 보완해 문법 교수를 의사소통적 교수법에 통합하는 형태 초점 교수법 등으로 발전되어왔다.

7 외국인 한국어 학습자의 한국어 능력을 검증하는 국내 공인 시험 가운데 하나이다. 특히 국내 대학 및 대학원에 입학 하려면 TOPIK 점수 3급 이상이 반드시 필요하여, 연수기관에서 한국어를 배우는 학습자의 상당수가 한국어 수업과

TOPIK 공부를 병행하고 있다. 이 시험은 표현(쓰기)-이해 영역(듣기, 읽기)과 함께 어휘 문법 영역을 더해 시험을 실시하고 있으며, 말하기는 포함되지 않는다.

8 미국 학생 수는 총 34명이었는데, 6개 반으로 나뉘어 각 반은 6명 내외로 구성되었다.

9 성은현, 「동서양의 창의성 차이 고찰」, 『영재와 영재교육』, 제5권 제1호(2006), 56~57쪽.

10 Geert Hofstede, Cultural Differences in Teaching and Learning, *International Journal of Intercultural Relations, Vol. 10*(1986), pp. 301~320; 더글러스 브라운(H. Douglas Brown), 이흥수 외 옮김, 『외국어 학습교수의 원리』, 제5판(피어슨에듀케이션코리아, 2008), 216쪽에서 재인용.

11 더글러스 브라운, 앞의 책, 210~211쪽.

12 연세대 한국어학당의 경우, 한국어 과정엔 1년 반 과정과 2년 과정이 있다. 1년 반 과정은 일본인 및 중국인 학습자가, 2년 과정은 서양권 학습자들이 주로 등록하여 듣는다. 1년 반 과정에서 학습의 현저한 차이가 있어 2년 과정이 후에 생겨난 것이다. 이러한 시스템은 언어를 포함하는 문화 및 사회적 거리로 인한 학습의 차이를 고려한 것으로 풀이된다. 전북대학교의 경우 아직 2년 과정은 개설되지 않았다.

13 더글러스 브라운, 앞의 책, 227쪽.

조혜영
김다솜
김채리

신문방송학과 2011학번
신문방송학과 2011학번
신문방송학과 2011학번

왜 한국에선

한 시간 알바로 커피도 못 사먹나

한국 · 일본 · 네덜란드의 알바 문화

동네북으로 전락한 알바

2012년 현재 한국의 최저시급은 4,580원이다. 그리고 2013년 최저시급은 6.1퍼센트 상승한 4,860원으로 책정되었다. 밥값도 500원씩 오르는데 최저시급은 겨우 280원 오른 것이다. 세계의 물가를 비교하기 위해서 흔히 '빅맥지수'[1]가 사용된다. 각 나라의 최저시급을 빅맥지수와 비교해보았더니 다음과 같은 결과가 나왔다. 현재 한국의 최저시급 4,580원으로는 빅맥 하나와 1,000원 미만의 디저트를 구입할 수 있다. 일본의 경우, 시급이 10,297원으로 빅맥 두 개 구입이 가능하다. 호주는 빅맥 세 개에 껌까지 사먹을 수 있다.

빅맥지수와 비슷한 것으로 '라떼지수'도 있다. 스타벅스 카페라떼를 기준으로 한 지수인데, 여기서도 한국은 최저시급으로 커피 한 잔 빠듯하게 사먹을 수 있다. 미국은 두 잔, 뉴질랜드는 두 잔하고도 반을 더 사먹을 수 있다.

물론, 각국의 임대료나 인건비 등도 포함해서 계산했을 때 빅맥지수나라떼지수로 물가를 평가하는 것은 한계가 있다. 또 소득 수준 차이도 감안해야 할 것이다. 그러나 그 모든 걸 감안하더라도 한국의 최저시급이 경제 수준에 비추어 너무 박하다는 데에 이의를 제기하긴 어려울 것이다.

그나마 제대로 다 받지도 못한다. 서울시가 2012년 근로자 10인 미만 편의점·커피전문점·패스트푸드점·일반음식점·주유소 등 9개 업종 소규모 사업장 1,789곳을 방문 조사한 결과, 근로기준법상 최저임금인 시급 4,580원을 못 받은 사람이 100명 가운데 12명(12.2%)에 달했다. 또 근로 기간에 상관없이 반드시 서면으로 작성하도록 하는 근로계약서를 실제 작성한 경우는 63.4퍼센트에 그쳤고, 근무 중에 식사 시간을 포함한 휴식 시간이 없다는 응답도 35.8퍼센트에 달했다.

특히 아르바이트 학생이 많은 편의점의 근로 환경이 열악했다. 조사 대상 편의점 직원의 35.3퍼센트가 최저임금보다 적게 임금을 받았고, 41.7퍼센트가 초과 근무 수당을 받지 못했다. 또 서면으로 근로계약서를 작성하지 않은 경우가 2명에 1명꼴(50.2%)이었고, 정산 때 돈이 모자라면 33.6퍼센트가 무조건 책임을 저야 했다. 4대 보험에 모두 가입한 경우는 100명 가운데 5명에 불과했고, 86.9퍼센트는 4대 보험에 단 한 개도 가입되지 않았다.[2]

2010년 기준 한국 노동자 평균임금 대비 최저임금 비율은 33퍼센트밖에 되지 않는다. 유럽연합EU의 경우 평균 임금의 50퍼센트, 중위 임금 60 퍼센트 수준으로 최저임금을 인상할 것에 대한 논의가 있었고, OECD에서도 평균 임금의 50퍼센트를 최저임금으로 제시한 것에 비하면 턱없이 부족한 금액이다.[3] 왜 한 시간 일하고 햄버거 세트도 아닌 단품 햄버거 하나 겨우 먹는 현실이 지속되고 있을까? 왜 편의점은 최저시급을 받지 못해도 '편하니까' 라고 당연시 여기게 되었을까?

학생들에게 '아르바이트(알바)' 라는 주제가 주어지면 금세 얼굴에 어두운 그림자가 스쳐지나간다. '동네북' 이라는 말이 나오면서 사장들의 근로계약서 작성 회피나 막말, 외모에 대한 모욕적 발언, '엿장수 마음대로' 의 임금 지급 등을 흥분된 목소리로 고발한다. 박노자는 이런 현실에 대해 다음과 같은 문제를 제기한다.

"결국 아르바이트라는, 절반 정도의 대학생들이 겪어보는 사회화의 과정에서 배우게 되는 것은 무엇인가. 힘 있는 자(사용자)가 힘이 약한 자(아르바이트생)에 대해서 기본적인 법적 절차(계약 작성, 정확한 사례 지급)를 무시해도 된다는 무법 사회의 '역학 관계의 법칙', 상위자는 하위자의 인격을 존중할 필요가 없다는 수직 관계 위주 사회의 인간적 존엄성 무시의 관행, 최저임금 이하의 월급으로 무력한 '알바' 들을 등쳐먹는 업체가 흑자만 내면 '효율적 경영' 이라는 신자유주의의 일그러진 '경제상식'."[4]

그런데 왜 그럴까? 왜 그렇게 된 걸까? 경제적으론 영세한 자영업 과잉 등 여러 이유가 있겠지만,[5] 문화적 관점에서 보자면 한국 특유의 육체노동 천시 문화, 승자 독식 문화, 일방적인 '갑을甲乙 관계' 문화 등을 지적하지 않을 수 없다. 이젠 널리 알려진 사실이지만, 아르바이트 세계에도 '계급'이 있다. 정규직 세계의 계급 구분보다 더 엄격하다. 흔히 대졸이상의 학력이 필요한 외국어 강사나 개인 과외가 상류층을 형성하고 판매 보조, PC방, 노래방, 주유소, 편의점 아르바이트가 하류층으로 분류된다.[6] 바로 이 계급 구분에서도 육체노동 천시 문화와 승자 독식 문화가잘 드러난다.

대학가 주변에선 아시아권 외국인 유학생의 급증과 그에 따른 아르바이트 공급 과잉도 알바생의 시급과 대우를 낮추는 요인으로 작용하고 있다. 실제로 한국개발연구원은 외국 인력의 유입에 의해 국내 저숙련 노동자의 임금이 하락할 수 있다고 지적했다.[7] 대부분의 알바 자리가 저숙련 노동인 것을 감안하면 이런 영향은 대학생 알바에게도 적용된다고 할수 있다. 특히 중국인 유학생은 시험 기간에도 일을 빠지지 않고, 한국학생처럼 최저시급이나 근로기준법을 따지지 않기 때문에 업소 주인들에게 선호의 대상이 되고 있다고 한다. 그래서 "한국 대학생―중국 유학생 '알바 전쟁'"이라는 말까지 나왔다.[8]

중등 교육 졸업자의 비교적 높은 대학 진학률로 인해 아르바이트를 하겠다는 학생들이 너무 많아 수요 공급 간 큰 괴리가 빚어지는 것과 아르바이트를 원하는 청소년 연령의 하향화도 중요한 이유다. 2011년 고용노동부의 설문조사에 따르면 13~18세 청소년 10명 가운데 3명(29.1%)이 "최근 1년간 아르바이트를 해본 적이 있다"고 답했다.

특히 방학 때 청소년 아르바이트생이 급증하는데, 이때가 연중 근로환경이 가장 나빠진다. 이때엔 "일 배우는 시간이 필요하다"며 최저임금보다 낮은 시급을 주는 업소가 많다. "최저임금은 받아야 하는 것 아니냐"고 말하면 업주는 "방학 때라 중학생도 서로 하겠다고 난리다. 싫으면 관두라"며 되레 호통을 치곤 한다.[9]

일본의 비정규직 문화

일본은 어떤가? 일본은 1990년대 이후 장기 불황 가운데 기업이 인건비 삭감, 고용 조정의 용이함 등을 추구하면서 파트타임 근로자, 아르바이트 등 비정규직 자리를 늘려왔다.[10] 1997년 파견 근로자의 자유화와 함께 규제 완화 추진 계획이 결정되었고, 1999년에 파견이 원칙적으로 자유화되었다. 최근의 금융위기를 포함한 장기적인 경기침체가 비정규직 증가의 주요한 이유가 되기도 했다.[11] 또한 '노동의 유연화'가 한창 진행되고 있어 최근 10년간 비정규직이 급속히 증가하는 추세다.

일본에서 비정규직은 크게 단시간(파트타임) 근로자, 아르바이트, 파견, 계약 사원, 촉탁 등으로 구분된다. 일본의 고용 근로자에서 파트타임 근로자가 차지하는 비율은 1990년 11.6퍼센트에서 2000년 14.7퍼센트, 2010년 17.1퍼센트로 계속해서 증가하고 있다.[12] 노동 유연화를 앞세운 자민당의 '고이즈미 개혁'은 말기에 반짝 호황이더니 2008년에 금융 위기로 인해 다시 장기 침체로 돌아섰다.[13] 이런 신자유주의적 개혁은 일본 사회를 지탱해오던 전통적인 경제 시스템을 붕괴시켜 빈곤층의 사회안전망과 일본 사회 중산층의 유지 축을 해체시켰다. 민주당은 곧 신자유주의적 개혁의 반대 분위기를 읽어내, 글로벌 경제화와 신자유주의 반대와 높은 실업률과 고용불안정에 대한 대처 체제, 복지국가형 생활 보장 시스템 제공 등을 주장하며 총선에서 승리를 거뒀다. 이때 민주당은 비정규직 균등 처우, 고용보험 적용, 최저임금 상향 조정(시간당 800엔) 등의 공약을 내세우기도 했다.[14]

그렇다면 일본인은 비정규직에 대해 어떻게 생각하고 있을까? 일본의 비정규직 '만족도'는 한국에 비하면 눈을 의심할 정도로 높다. 1999년 일본 후생성 실태조사에 따르면, 임금, 노동 시간, 근무 체제, 처우 등의 항목에서 오히려 비정규직의 만족도가 정규직보다 높았다. 또한, 비정규직의 76.1퍼센트가 "현재의 일을 계속하고 싶다"고 답변했다고 한다.[15] 그 이유를 분석하기 위해 경제 위기 극복 과정을 보니, 일본은 고용 축소보다는 임금 삭감을 중심으로 불황에 대응하고 있었다. 일본은 노동 시장의 특징은 다른 나라에 비해 고용 변동이 적다는 것이다. 왜냐하면 고용 변동에 비해 일본의 임금 소득이 크게 변동하고 있기 때문이다.[16] 이를 통해 우리는 일본의 가족주의 정신을 엿볼 수 있다. "일본은 사회주의 국가 못지않게 보이지 않는 끈으로 연결"되어 있고, "그 끈은 바로 그들의 집단의식"이라는 이야기가 있을 정도이니 말이다.[17]

프리터와 니트족

일본에서는 1980년 '프리터freeter'라는 단어가 생겼다. 이 단어는 자유free와 아르바이터arbeiter를 합성한 신조어로 일본에서 처음 사용되었는데, 15~34세의 남녀 가운데 일정한 직업 없이 아르바이트나 파트타임으로

왜 한국에선 한 시간 알바로 커피도 못 사먹나

생활을 유지하는 사람들을 가리키는 말이다.

일본 대졸 신입사원의 평균 월급이 25만 엔 정도(약 350만 원)다. 그리고 한 달에 20여 일 정도 밤부터 아침까지 편의점 야간 알바를 하는 근로자는 약 28만 엔(약 390만 원), 연봉으로 4,700만 원 정도(2012년 10월 환율 기준)를 번다. 이처럼 정규직보다 비정규직이 많은 월급을 받을 수 있기 때문에 일본에서는 굳이 정규직으로 일하지 않고 파트타임을 하려는 프리터 족이 계속해서 늘어나는 것이다.

일본의 프리터는 노조의 움직임이 활발하다. 프리터 노조에는 비정규직만이 아니라 트랜스젠더·외국인·유흥업소 여성은 물론 빈곤자, 무직자 등이 포함되며 10대에서 60대까지 다양한 연령, 계층, 국적을 가진 사람들이 모여 있다. 최근에는 도쿄 전력 원전에 반대하는 시위를 벌이는 등의 활동을 하고 있다.

한국에도 이와 비슷한 단체가 있다. 한국 청년들이 청년의 노동권 향상을 위해 자발적으로 만든 한국 최초의 세대별 노동조합인 청년유니온이다.[18] 청년유니온은 만 15세부터 만 39세 이하로 비정규직, 정규직, 구직자, 일시적 실업자 등 고용 형태에 관계없이 누구나 가입할 수 있다. 이 단체에서는 30분 배달제 폐지 요구,[19] 공기관·공공기관 정원 3퍼센트 청년 고용 이행 촉구[20] 등의 운동을 해왔다.

이처럼 청년유니온은 청년 세대의 권익을 위해 행동하고 의견을 대변하는 청년 공동체로서 활동하고 있다. 기존 노조처럼 사업장별 투쟁이 아닌 불안정한 노동 조건을 개선하려는 사회적 요구와 소통에 나선다는 점에서 프리터 노조와 청년유니온의 활동은 유사하다.

두 단체의 결정적인 차이는 '노동'에 대처하는 자세다. 청년유니온은 '일자리를 달라'고 주장하지만 프리터 노조는 기업에 고용당해 개성을 잃으면서 일하는 '소외된 임금노동'에 반대한다. 2011년 일본의 프리터 노조 활동가와 한국의 청년유니온 위원장이 만났다. 프리터 노조 활동가 와타나베 노부타카는 그 자리에서 "얼마든지 일하지 않고 살아도 좋다는 기조를 가지고 있어 청년유니온 단체에 비해 우리 쪽이 훨씬 불성실한 단체 같다"고 말했다. 이는 프리터 노조가 정규직을 목표로 삼지 않기 때문에 빚어진 일이다. 청년유니온 측은 일본의 최저임금이 한국의 두세 배인데, 한국도 최저임금이 높아서 살아갈 수 있다면 정규직을 바라지 않을 것이라고 말했다.[21]

한국에선 20대 구직자 가운데 프리터족은 줄고 니트족[22]은 증가한 것으로 나타났다.[23] 한국의 니트족 수는 1995년 51만 명에서 2010년에는 130만 명을 넘어선 것으로 추정된다.[24] 취업하지 못한 청년층이 졸업을 연기하거나 추가적인 교육 훈련을 통해 비경제활동 인구가 되는 것을 선호하기 때문이다. 눈높이에 맞는 일자리를 찾지 못한 청년들의 실업이 장기화되면서 근로 의욕을 상실하고 구직을 포기하게 되는 것이다.

일본에선 2012년 3월 대학을 졸업한 55만 9,000여 명 가운데 진학이나 취직을 하지 않은 인원은 총 8만 6,000여 명이고, 졸업생 6퍼센트에 해당하는 3만 3,000여 명의 청년들이 니트족인 것으로 밝혀졌다.[25] 한국의 니트족은 열악한 근무 환경을 겪은 청년층이 아예 취업을 포기하고 또한 사회적으로 적절한 일자리가 제대로 마련되지 않아 취업한다 해도 생계가 보장되지 않아 생기는 구조적 문제인 반면, 일본의 니트족은 사회에 속박되길 거부하는 젊은 층의 취향 또는 라이프스타일의 문제다.[26] 즉, 일본은 심리적 요인이지만 우리나라는 사회구조의 문제인 것이다. 한국의 니트족 중에서도 캥거루족[27]이 늘어나면서 다른 선진국보다 학생들의 독립이 줄어든 것은 '최저시급의 영향'이라고 볼 수도 있다.

파트타임의 이상향, 네덜란드

네덜란드는 OECD 국가 가운데 파트타임 일자리의 비중이 가장 높은 나라다. 2012년 총고용에서 파트타임 일자리는 37퍼센트를 차지했다. 풀타임 일자리를 구하지 못해 어쩔 수 없이 파트타임 일을 하게 되는 '비자발적 파트타임'의 비중이 높은 다른 나라들과 다르게 '자발적 파트타임'이 높은 비중을 차지하는 것도 네덜란드의 특성이다. 파트타임 업무가 저임금을 받고, 사회보험제도에서 소외되며, 복지 혜택이 없고, 낮은 처우를 받는 일자리라고 여겨지는 보통의 인식과 달리 네덜란드에선 파트타임의 비중이 높고, 공정한 대우를 받고 있다는 점에서 '파트타임 경제 part-time economy'라는 말까지 쓰인다.

네덜란드의 최저임금 인상률은 민간 부문 및 공공 부분에서의 평균임금과 직접적으로 연계되어 시장 임금이 3퍼센트 상승할 경우, 최저임금도 3퍼센트 인상되는 식으로 결정된다. 고용노동부 장관이 일 년에 한 번 (8월) 결정한 최저임금이 다음 해 1월부터 12월까지 적용되는 한국과 달리, 네덜란드의 최저임금 조정은 일 년에 두 번(1월, 7월) 이루어지므로 조정액의 차이가 크지 않고 좀 더 밀접하게 임금인상률을 따라가게 된다.

현재 최저임금의 영향을 받는 근로자가 10만 명 정도(전체 근로자의 1.6% 수준)로 매우 낮은 것으로 나타나는데, 이는 네덜란드 근로자의 약 85퍼센트가 단체협약을 통해 최저임금보다 높은 수준으로 결정된 임금을 받고 있기 때문이다.[28]

네덜란드의 가장 큰 특징은 '차별을 금지하는 법Equal Treatment Act'이 존재한다는 것이다. 이 법은 1982년 '바세나르 협약'을 바탕으로 시작되었다. 바세나르 협약은 복지병 문제와 더불어 높은 실업률과 물가에 신음하는 경제 위기 속에서 네덜란드 사회를 살리기 위해, 노사정 3자가 합의한 고용 정책에 관한 권고였다. 당시 네덜란드는 현재의 한국과 모습이 다르지 않았다. 경기 부진과 경제 구조에 따른 높은 실업률과 낮은 고용률의 문제를 안고 있었다.

경제 위기에 직면한 네덜란드는 임금과 물가 인상의 악순환을 끊고자 했다. 노조는 임금 인상 요구를 자제하되 사용자 측은 고용 창출과 고용 보장을 약속하고, 정부는 정책을 통해 노사 간 협의를 뒷받침하기로 했다. 이 협약을 기점으로 진행된 네덜란드의 구조 개혁은 효율과 형평, 성장과 복지, 구조 조정과 사회 통합이라는 상충적인 정책 목표 간의 균형을 유지하면서 진행된 성공 사례로 평가받고 있다.[29]

또한 협약을 바탕으로, 1980년대 말 파트타이머들이 증가하면서 그들은 권리 증진을 요구하기 시작했고, 노조 또한 이들을 지지하게 되었다. 그 후 노조는 풀타임과 파트타임의 차별을 없애기 위해 파트타임 근로에 대한 궁극적이고 지속적인 표준화를 요구했고, 그 결과 1996년에 파트타임 근로자에 대한 동등한 대우가 법적으로 인정되었다.

바로 이 시기에 제정된 법이 앞서 말한 '차별을 금지하는 법'이다. 이 법은 파트타임 근로자와 일반 근로자 사이에 임금, 보너스, 부가 급여, 훈련, 휴가 등과 관련해 차별을 두지 못하게 하는 것이다. 이를 통해 파트타임 근로자는 거의 모든 부분에서 일반 근로자와 같은 권리를 얻게 되었고 네덜란드는 차별에 대한 규제를 확고히 제도화한 나라로 평가받게 되었다.[30]

네덜란드 병에서 네덜란드 기적으로

이른바 '복지병'을 가리키는 관용적 표현으로 쓰이던 과거의 '네덜란드 병Dutch disease'에서 바세나르 협약을 시작으로 행해진 노사 모델의 바람직한 전형을 의미하는 현재의 '네덜란드 기적Dutch miracle'이 되기까지 변화의 밑바탕에는 네덜란드의 '함께'라는 연대 의식과 '합의'를 바탕으로 추진해나가는 문화가 있었다. 즉, 연대를 바탕으로 한 사회적 합의가 네덜란드의 정책, 제도, 문화, 관행의 전체적 변화를 유도한 것이다. 이와 관련, 연명흠은 다음과 같이 말한다.

"네덜란드가 타인에 대해 무관심하지 않은 것은 사회적 연대 의식이 높은 것과 관련 있어 보인다. 각 개인의 자립이 중요하므로 내 개인의 이익만큼 타인의 이익도 존중되어야 한다는 생각이 전제가 되고, 각 개인이나 소집단의 구체적인 이익 추구를 '국익'이나 '경제 성장'과 같은 추상적인 집단의 이름으로 비난하지 않는 사회적 태도가 형성되어 있다. 높은 기부 문화나, 파업에 대해 공감하고 불편을 감수하는 태도가 형성되어 있다는 점도 사회를 구성하는 타자에 대한 믿음과 연대 의식이 높은 것과 관련이 있다고 볼 수 있다. …… 일견 집단주의적으로 보일 수도 있는 연대 의식과 개인주의가 공존할 수 있음을 시사한다."[31]

바세나르 협약과 차별을 금지하는 법의 적용이 네덜란드 사회에서 아무런 반대 없이 순탄하게 진행된 것만은 아니었다. 많은 우여곡절과 사회 계층 간의 갈등, 정치적 격변(1994년에 있었던 66년 만의 정권 교체), 노조의 반대(공공 부문 및 건설 부문에서 전후 최대의 파업), 국민적 저항(1991년 헤이그의 100만 명 시위) 등이 있었음에도 이와 같은 모든 대립과 갈등이 노사정 3자 간의 협력과 협의의 기본틀 내에서 소화되었다.

네덜란드에서는 복지 제도와 최저임금 제도, 세금 제도 등이 서로 연계되어 유기적으로 작동하기 때문에 어느 한 부분을 개혁하면 전체 시스템이 큰 영향을 받게 된다. 따라서 매우 신중하고 점진적으로 변화를 이뤄가는 네덜란드의 개혁 추진 방식은 사회적 저항을 줄이는 데 상당한 기여를 했다. 경제 위기 속에서도 꾸준히 이익을 창출하던 기업의 근로자나 신분이 보장되고 경제위기의 영향을 비교적 덜 받는 공무원의 반발도 당연히 있었지만, 정부는 국민에게 얇아진 월급 봉투를 주며 그 대신 세금과 사회 비용 부담을 줄여 그만큼의 구매력을 증가시키는 방향으로 재정 정책을 폈다. 최대한 많은 이들이 노동시장에 참여할 수 있도록 일자리 기회를 제공하는 노동시장 정책 역시 뒷받침되었다.

네덜란드의 사회적 협약은 노사 간 합의에 기초하고 있었지만 단지 '권고'에 불과했기 때문에 합의 이행에 대한 법적 구속력이 있는 것은 아니었다. 그러나 노사는 상호 신뢰를 저버리지 않으려 노력했으며, 정부는 협약의 공식적 당사자는 아니었지만 노사 간 합의를 존중하고, 사회적·정치적 영향력을 인정해 합의 내용을 정책으로 알맞게 발전시켰다.[32]

이와 같은 모습은 자유방임주의를 배경으로 파트타임 고용을 다루는 다른 나라들의 모습과는 매우 대조적이다. 네덜란드의 방식은 고용 보호의 완화와 정규직의 해고가 아니라, 사회법과 노동법 등의 개정을 통해 파트타임을 포함한 비정규직의 불안정한 위치를 좀 더 안정적이고 정규직과 동등한 위치로 상승시켰다는 점에서 크게 다른 모습이다.

이런 네덜란드의 파트타임 모델을 도입하는 것에 우리 사회가 진지하게 고민해야 한다. 그러나 완벽해 보이는 모델이라도 네덜란드만의 사회적 조건하에서 성립된 특수한 모델이기 때문에 부분적인 제도 이식만을 통해 원래의 것과 똑같은 수준의 성과를 내기는 어려운 것이다. 서로 다른 사회는 경제 성장과 정치적, 역사적 과정과 경험, 제도와 관행, 노동 문화 형성의 측면에서 저마다의 맥락을 갖고 있기에 우리는 특정 제도의 성공적인 결과만을 주목할 것이 아니라 그 결과를 불러온 사회 경제적 맥락과 조건, 차이를 고민해야 할 것이다.

주

1 김민구, 『경제신문이 스포츠 신문보다 더 재미있어지는 경제 상식사전 1』(길벗, 2008), 18쪽. 영국의 경제주간지 『이코노미스트』가 맥도날드 햄버거의 주력 제품인 '빅맥'의 가격이 전 세계 각 지역에서 똑같아야 한다는 전제 아래 빅맥 햄버거 값을 국제 비교해서 다른 나라의 통화가치와 통화의 실질구매력을 평가하는 지수.

2 안준호, 「편의점 아르바이트생 3명 중 1명, 최저임금 4580원은 꿈」, 『조선일보』, 2013년 1월 17일.

3 김수현, 『리셋 코리아』(미래를 소유한사람들, 2012), 243쪽.

4 박노자, 『당신들의 대한민국 2』(한겨레출판, 2006), 47쪽.

5 영세한 자영업 과잉으로 인한 문제를 잘 보여주는 게 바로 편의점 알바다. 편의점은 전국에 약 2만 5,000여 개가 있다. 한 곳당 평균 2~3명 아르바이트생을 고용해 전체 7만여 명이다. 2~3개월만 일하는 단기 근무자가 많은 것을 감안하면 편의점 알바는 매년 30만 명으로 추산된다. 서울 편의점 3곳 가운데 한 곳이 아르바이트생에게 최저임금보다 적은 돈을 주고 있지만, 편의점 업주들도 본사에 '착취'당하는 게 현실이다. "편의점 주인들은 월 순수익의 30~70%를 수수료로 본사에 낸다. 전국 2만 5,000개 편의점은 다닥다닥 붙어 있다. 본사는 손해 볼 것 없다. 점포 숫자를 늘려 수수료로 이익을 챙긴다. 상황이 이러니 편의점 주인들은 아르바이트생에게 채용 면접 때부터 '최저임금 못 챙겨준다'고 말한다. 이런 구조 속에서 사회에 첫발을 딛는 젊은이들은 '억울하면 출세해야지……'라며 자조하고 있다. 김혜림, 「[기자수첩] "오죽하면 알바생 임금 깎겠나"… 편의점 업주들의 아우성」, 『조선일보』, 2013년 1월 25일.

6 이성원 외, 「알바의 세계에도 귀족평민 있다: 알바족의 그늘」, 『매일경제』, 2006년 10월 26일, A7면.

7 최경수, 「외국인력 및 이민 유입의 경제적 효과」, 『KDI 정책포럼』, 제239호(한국개발연구원, 2011. 09).

8 김지환, 「한국 대학생-중국 유학생 '알바 전쟁'」, 『경향신문』, 2009년 4월 27일.

9 김혜미, 「[현장추적] 방학은 알바 시즌 … 철 만난 임금착취 인권침해」, 『중앙일보』, 2013년 1월 14일.

10 오학수, 「일본의 직업능력 중점 정책 및 구직자 지원제도(제2안전망)」, 『THE HRD REVIEW』, 통권 64호(한국직업능력개발원, 2012), 138쪽.

11 지광수, 「일본의 비정규직에 대한 고찰」, 『산업경제연구』, 통권89호(2010), 1645쪽.

12 전국불안정노동철폐연대, 「"불안정 노동자의 단결과 권리 쟁취를 위하여", 비정규직 법률의 쟁점과 방향 토론」, 2012년 2월, 5쪽. 2010년 취업자 5,153만 명에서 정규직 3,354만 명, 비정규직 1,798만 명으로 비정규직 비율이 34.9%(±1.2%), 따라서 파트타임 근로자의 비율은 비정규직 전체의 약 1/2을 차지하고 있다.

13 2009년 일본 총선에서 민주당이 중의원 408석 가운데 308석을 차지하면서 무려 54년 만에 처음으로 정권 교체가 일어났다. 이 정권 교체의 가장 큰 요인은 고이즈미 개혁 정책으로 확대된 사회 양극화에 대한 불만 때문이라고 할 수 있다. 민주당은 고이즈미 개혁으로 확대된 빈부 격차의 대책으로 고등 교육의 무상화, 고속도로 무료화 등 국민들의 생활과 밀접한 정책을 내걸고 지지를 호소했다. 또한 점점 경기가 침체하고 미국발 금융위기로 인해 미래가 불투명한 상황이 되자, 자유민주당(자민당)의 기조였던 고이즈미식 신자유주의 정책이 종말을 고했다.

14 황장수, 「일본식 장기 복합 불황이 한국에 던지는 교훈」, 블로그 '황장수의 세상 읽기'; http://blog.naver.com/pjbjp24?Redirect=Log&logNo=110141344994.

15 우석훈 · 박권일, 『88만원 세대 - 절망의 세대에 쓰는 희망의 경제학』(레디앙, 2007), 313쪽.

16 김명중, 「일본 2011년 노동시장 현황과 전망」, 『국제노동브리프』 vol. 9 no. 2.(한국노동연구원, 2011), 55~56쪽.

17 강준만, 『세계 문화의 겉과 속』(인물과사상사, 2012), 45쪽에서 재인용.

18 한국의 청년유니온은 일본의 수도권유니온이 롤모델이다. 김영경 전 청년유니온 대표는 "우리나라 청년들은 노동자나 노동조합에 거부감을 갖고 있다"며 단체 이름을 " '청년노동조합'이 아니라 '청년유니온'으로 한 것도 거부감을 없애기 위"함이라고 말했다.

19 2010년 12월 21일과 2011년 2월 13일에 피자 배달원이 배달 중 교통사고를 당해 사망한 사건이 발생하자, 노동환경건강연구소, 민주노총 서비스 연맹과 공동으로 '30분 배달제 폐지' 운동(피자 업체에 공개서한 전달, 트위터 시위, 기자회견 및 캠페인 등)을 벌여 2011년 2월에 피자헛과 도미노 피자의 30분 배달제를 폐지시키도록 했다.

20 김동현, 「청년유니온 '공공기관 3% 청년 고용하라'」, 『연합뉴스』, 2012년 10월 8일. "청년고용촉진특별법은 공기

업과 공공기관이 정원의 3%를 청년으로 고용하도록 권고"하지만, "서울시의 대표 산하기관인 서울시설공단의 2011년 청년 고용률이 1.9%밖에 되지 않는다"며 "3% 의무고용할당제를 이행하라"고 촉구하였다. 청년유니온 회원들은 "일반 이력서에서 가족사항, 결혼 유무 등 인권 침해적 요소나 직무와 관련 없는 사항을 뺀" 표준 이력서를 채용 진행 중인 서울시설공단에 제출하기도 하였다.

21 「한국·일본 비정규직 노조의 만남」, 『Weekly 수유너머』, http://suyunomo.net/?p=7668.

22 니트족(NEET: Not in Education, Employment or Training)은 15세~34세의 젊은 취업 가능 인구 가운데 교육, 훈련, 일 어느 것도 하지 않는 이들을 가리킨다. 이들은 취업 의지 차제가 없다는 점에서 사회적 문제가 되고 있다.

23 신지영, 「20대, 프리터족 줄고 니트족 늘어」, 『데이터뉴스』, 2012년 8월 23일. 아르바이트 전문 포털 알바천국 2012년 6월 28일~7월 10일, 23~29세 이하 졸업생 구직자 490명을 대상으로 한 조사에서 응답자의 39.0%가 특정한 직업 없이 알바로 생활하는 프리터족(지난해보다 15.4%감소)이고, 취업에 대한 의지가 별로 없거나 구직 포기상태인 응답자가 12.9%(전년대비 3.5%증가)다.

24 이근태·고가영, 「대한민국 인적자본이 흔들리고 있다」(LG경제연구원, 2012), 9쪽.

25 이채민, 「日, 놀고먹는 대졸 '니트족' 심각 수준」, 『머니투데이』, 2012년 8월 29일.

26 김민정, 「"놀고먹고 싶지 않은 청년들" … 니트족 급증은 '불량 일자리' 탓」, 『메디컬투데이』, 2010년 3월 4일.

27 캥거루족은 적극적으로 일자리를 찾지 않고 부모에게 빌붙어 사는 젊은이들을 가리킨다. 어미의 배에 붙어 있는 주머니에서 6개월 내지 1년을 보내야만 독립할 수 있는 캥거루의 습성을 빗대어 만든 말이다.

28 최저임금위원회, 『주요국가의 최저임금제도』, 2012년 6월, 37쪽.

29 최영기·이장원, 『구조조정기의 국가와 노동』(나무와숲, 1998), 75쪽.

30 정희정, 「유연안정성의 나라, 네덜란드의 노동시장 유연성과 안정성 실태」, 『국제노동브리프』, vol. 5 no. 9(한국노동연구원, 2007), 63쪽.

31 연명흠, 「중국, 일본, 네덜란드, 한국 개인주의 감성 비교」, 『한국감성과학회지』, 제13권 제1호(한국감성과학회, 2010), 87쪽.

32 양윤정, 「한국 노동연구원 초청-빔 콕 전 총리 내한, 네덜란드 사회적 협의에 관한 강연 : 바세나르 협약을 중심으로」, 『국제노동브리프』, vol.3 no.6(한국노동연구원, 2005), 61쪽.

경영학과 2010학번

왜 한국의 대학 신문은
항상 위기인가

세계 각국의 대학 신문 문화

■ ### 대학 신문의 편집권 갈등

사례 1: "지난 10일 서울 건국대에서는 격주로 발행되는 '건대신문' 이 나
오지 않았다. 주간교수와 편집권 문제로 갈등을 빚던 학생기자단이 신문
제작 중단을 결정했기 때문이다. 학생들은 대신 11일자로 호외를 발행해
'편집회의 과정에서 주간교수가 1면 톱기사 선정 문제 등을 일방적으로
결정하려 했다. 취임 이후 비슷한 일이 계속 반복돼왔다' 며 '비민주적 방
법으로 편집권을 침해하는 주간교수는 사퇴해야 한다' 고 주장했다." (『경
향신문』, 2011년 10월 19일)[1]

사례 2: "최근 학내에서 1인 시위 중인 강사 관련 기사를 게재하려다 주간
교수와 마찰을 일으키고 발행 중단에 들어간 서울 성균관대학교 학보 '성

대신문'이 편집권 침해에 반대해 제호가 삭제된 신문을 발행했다. 이들을 지지하는 성대 학생들은 '고급 찌라시'라는 이름의 신문을 발행해 편집권 침해의 부당함을 알렸다. 서울권대학언론연합회도 이들을 지지하고 나섰다."(『헤럴드경제』, 2012년 3월 21일)[2]

사례 3: "한국외국어대 학보사 외대학보가 학교 당국의 지나친 검열과 탄압에 시달려왔다며 7일 '편집권 침해 사례'를 추가로 공개하는 등 논란이 커지고 있다. 지난 3일 학교 측의 총학생회 선거 특집호 발행 금지 조치 이후 외대학보는 이날 예정됐던 정기호 발행을 미루고 편집권 독립을 위한 근본 대책을 요구하고 있다. …… 이와 관련, 전국 대학 언론사 편집국 장 등 80여 명은 이날 공동선언문을 통해 '대학언론사는 학교의 일방적인 대학언론 탄압에 반대한다'며 '이에 저항하는 외대학보의 선거특집호 발행을 지지한다'고 밝혔다."(『연합뉴스』, 2012년 12월 7일)[3]

이 세 가지 사례가 잘 말해주듯이, 대학 신문은 편집권 갈등에 시달리고 있다. 갈등의 역사가 20년이 넘지만, 아직도 이렇다 할 해결의 실마리는 보이지 않는다. 왜 그럴까? 혹 그 어떤 구조적인 문제 때문은 아닐까? 전 세계에 존재하는 대학 언론의 다섯 가지 유형을 소개한 뒤에 세계 각국의 대학 신문 문화를 살펴보면서 이 물음에 답해보기로 하자.

첫째, 대학 언론이 재정 독립은 물론 조직 운영과 편집에서 100퍼센트 학생들에 의해 운영되는 유형. 둘째, 학교에서 재정적으로 독립돼 비영리법인으로 운영되면서도 경영과 법적 문제 등에서 외부 전문가의 도움을 받는 유형. 셋째, 재정적으로 독립돼 있지만 학교에 소속돼 학생회의 통제를 받는 유형. 넷째, 민간 기업에 소유돼 있지만 학생들이 자율적으로 운영하는 유형. 다섯째, 발행인이 총장이며 재정과 조직을 학교에 전적으로 의존하는 유형.

대학 언론의 다섯 가지 유형

캐나다의 대학 신문은 첫 번째 유형에 해당한다. 자율적으로 운영되는 이 신문들은 학생들의 대금 납부와 광고로 운영된다. 따라서 대학 본부와 학생회에서 자유롭다. 70여 개의 캐나다 대학 신문은 전국 대학 신문 연합체인 '뉴스와이어'를 구축해 간혹 컨퍼런스를 열어 전국의 대학 뉴스를 공유한다. 해당 조직은 회원사들에 의해 민주적으로 운영되고 있으며 캐나다 대학 언론인들이 지역사회에 대한 감각을 키우는 데 도움을 준다. 잘 알려진 캐나다 대학 신문으로는 윌프리드대의 『더코드위클리』, 워털루대의 『임프린트』 등이 있다.

일본은 두 번째 유형이 많다. 도쿄대의 경우, 대학 언론사는 재단법인 형태를 띠고 있다. 이사회는 교수들이 맡고 있지만 총장이나 학교 본부와는 관련이 없다. 발행인은 학생 편집장이며 편집권과 인사권이 모두 학생에게 있다. 구독료는 한 부에 190엔으로 도쿄 대학 학생도 돈을 주고 사야 한다. 등록금 고지서에 신문 정기구독 용지가 함께 배포되기 때문에 정기구독 신청률은 높은 편이다. 운송·광고·경리를 담당하는 직원은 외부에서 고용된다. 예외적으로 동아리 형식으로 운영되는 대학도 있다. 『교토대학신문』은 자치 동아리 형식으로 되어 있으며 신문사의 대표

는 편집장이 맡는다. 마찬가지로 유료로 판매된다.[4]

영국과 호주, 아일랜드의 상당수 대학 언론은 세 번째 유형에 속한다. 영국의 많은 대학 언론은 학교에 재정을 의존하고 있지만 편집권은 헌법에 의해 보장받는다. 이렇게 운영되는 대학 언론사는 요크대의 『노우스』, 『요크비전』, 임페리얼대의 『펠릭스』, 옥스퍼드대의 『더옥스퍼드스튜던트』 등이 있다. 호주의 대학 언론은 대학 당국에서 독립되어 있으며 학생회 조직에 의해 발행된다. 호주는 편집장을 학생들의 선거를 통해 뽑는다. 아일랜드의 대부분 대학 신문 또한 마찬가지로 학생회에 의해 발행된다. 이들은 발행부수가 적은 편이긴 하지만 재정과 편집권이 모두 독립돼 있다.

한편, 소수이긴 하지만 이들 중에서도 학생회에서의 편집권 독립까지 이룬 곳도 있다. 영국 옥스퍼드대의 『처웰』은 운영 자금을 학생들이 운영하는 옥스퍼드학생출판사에 의존한다. 이 출판사의 이사회는 옥스퍼드대에 재학 중인 『처웰』 전임 기자로 이뤄지며 신문사의 전반적인 운영을 감시하고 조언한다. 그들은 학생회에 자금을 의존하는 다른 대학 언론사보다 비판적인 논조를 유지할 수 있다.

대학 언론이 가장 발전한 나라는 미국이다. 미국의 대학 언론사는 많은 언론인 지망생이 경력을 위해 거쳐 가는 단계이며, 지역사회에서 상당한 영향력을 가진 곳이 많다. 미국에는 앞서 말한 모든 유형의 대학 신문이 공존한다.

그중 가장 선진적인 모델은 바로 공동체 저널리즘 모델이다. 이 모델에서 대학 언론사는 비영리법인으로 운영된다. 미국에는 3,000여 개 대학 가운데 120여 개의 대학 신문이 대학본부에서 독립된 이러한 체제로 운영된다(2008년 기준). 따라서 편집권과 재정은 대학에서 일체의 간섭을 받지 않는다. 이들은 대부분이 8쪽 이상의 신문을 매일매일 발행한다. 다른 나라의 대학 신문들이 보통 일주일에 한 번 발행하는 것을 감안할 때, 경이적인 일이다.

대부분의 미국 대학 신문은 재정적 문제에 대해 외부의 간섭을 받지 않는다. 미국 대학 신문의 재정적 독립은 러트거스대의 『데일리타겸』에서 시작됐다.[5] 1869년에 창간된 『데일리타겸』은 미국에서 역사가 두 번째로 오래된 대학 신문으로 발행부수는 1만 8,000부에 이른다. 1980년, 『데일리타겸』이 대학에서의 재정 독립을 선언한 이후, 미국 대학 신문 전반에 학교에서의 재정 독립과 편집권 자율성을 확보하려는 노력이 확산된 것이다.

대표적인 일간 대학 신문은 러트거스대의 『데일리타겸』, 펜실베이니아주립대의 『데일리칼러지언』, 노스캐롤라이나대의 『데일리타힐』, 조지아대의 『레드&블랙』 등이 있다. 이들은 비영리법인 체제로 운영되며 100명 이상의 기자를 보유하고 있다. 상근직은 10여 명이다. 『데일리타겸』은 학생들이 자율적으로 모든 교육과 운영을 전담한다. 반면 다른 대학 신문사는 전문가가 일부 지원하는 형태로 운영된다. 플로리다주립대의 『FS뷰』의 경우, 민간 기업이 대학 신문사를 인수한 독특한 형태다. 이 대학 신문사는 22면 체제로 주 2회 발간된다.[6]

한국 대학 신문의 역사

한국의 대학 신문은 편집권의 구분이 명확하지 않은 다섯 번째 유형이다. 한국의 대학은 대학 신문에 해당 학교에 대한 비판적인 기사가 실리면 학교 측은 대학 언론사의 발행을 취소하거나 예산을 막기도 하고, 신문을 수거하는 등의 조치를 취한다. 이는 한국 대학 신문의 재정 원천이 대학에서 나오기 때문이다. 그 결과, 재정을 통제하는 학교 당국과, 학생들의 자율권과 알 권리를 요구하는 학생 기자들 간 충돌이 수시로 일어날 수밖에 없는 구조다.

편집권 다툼은 기본적으로 대학 언론이 누구의 입장을 대변해야 하는가의 문제와 관련이 깊다. 주간 교수는 학보의 관리자이자 책임자로서 학교의 입장을 전하는 역할을 맡는다. 학교의 이미지를 실추할 수 있는 민감한 기사는 최종 권한을 가진 주간 교수의 손에 제재당하는 경우가 많다.

이화여대 이수미 주간 교수는 "학보는 학생뿐만 아니라 동창, 교직원을 포함한 모두의 신문이고 외부에서 이화를 평가하는 기준이 되기도 한다"며 "학생과 학교 모두가 발전할 수 있는 비판은 좋으나 누워서 침뱉기 식의 소모적인 기사는 자제하는 게 좋다"고 말했다.[7] 외부에서 평가 기준이 되기 때문에 비판 기사를 줄여야 한다는 논리는 공동체주의가 강한 한국에서 큰 힘을 발휘한다. 저널리즘을 전공하는 학생들조차 이 논리 앞에 무력한 모습을 보이기도 한다.

한국의 대학 신문은 이러한 편집권의 부재라는 한계를 가지고 있으면서도 학생 사회에 상당한 파급력을 지닌 매체로 기능해왔다. 우리나라

대학 신문의 역사는 1912년 창간한 숭실대의 『숭대시보』에서 시작됐다. 8·15광복과 6·25전쟁을 겪으면서 대학 신문이 본격적으로 발행되기 시작해, 오늘날에는 전국의 거의 모든 대학에서 신문이 발행되고 있다.

1950년대, 이승만 정권 독재하에서는 대부분의 대학 신문이 학교 홍보지나 기관지에 지나지 않았다. 그러나 이런 분위기 속에서도 1952년 고려대의 『고대신문』에서는 이승만 정권 독재 비판 기사가, 1955년 연세대의 『연희춘추』에서는 학교 시설을 비판하는 기사가 지면화됐다. 1960년대에도 통제는 여전했다. 사회는 4·19민주화운동, 5·16쿠데타, 한·일 굴욕외교 등으로 혼란스러웠고, 기성 언론의 자주성 및 독립성 또한 제대로 보장되지 않는 시기였다.

1970년이 되면서 대학 신문 기자들이 들고 일어나기 시작했다. 편집 자율권 쟁취 운동이 시작된 것이다. 이를 위해 1970년 5월 27일에 서울 지역 13개 대학 중심으로 '전국대학신문기자연합대회'를 열기도 했다. 이 분위기를 타고 1971년에는 대학 신문기자들의 기관지인 『필맥』이 창간되었다. 『필맥』은 각 대학 신문사의 특별한 사건, 정세 분석, 대학 신문 기자들의 가십 등을 담고 있었다.

1980년대는 대학 신문의 전성기라 할 만큼 대학 신문의 역할과 위상이 대단했다. 많은 기성 언론이 비판의 기능을 제대로 수행하지 못하는 상황에서 대학 신문이 '대안 언론'의 기능을 한 것이다. 학생운동이 활발하던 1980년대의 흐름에 따라 대학 신문도 본격적으로 활발해지기 시작했다. 특히 1987년 6월항쟁을 기점으로 대학 신문의 역할은 사회적으로 더욱 주목받게 되었다. '전국대학신문기자연합(이하 전대기련)'이 1987

년 11월 29일에 결성되었다. 당시 전대기련은 80여 대학 700여 명의 기자가 참가해 전국적 연대를 조직했다.

1990년대 초반까지는 신문에 띠지를 두르고 간단한 편지를 적어 다른 대학 친구들에게 보내는 것이 유행하기도 했다. 대학 신문이 일종의 '교류 수단' 역할까지 한 것이다. 대학 신문의 상승 곡선은 1990년대 초 · 중반까지 이어졌다. 당시 대학 신문사들 사이에서는 주체 혁신, 조직 혁신, 지면 혁신의 '3대 혁신 운동' 바람이 불었다. 이 운동을 통해 많은 대학 신문사가 대학 신문기자로서의 자질 고민, 폐쇄성 탈피, 독자 중심의 지면 구성, 한글 제호로의 전환, 가로쓰기, 기사 형식 다양화 등을 시도했다.

■ 대학 언론은 학생운동과 공동운명체?

한국 대학 언론 쇠락의 직접적인 원인은 한총련(한국대학생총학생회연합) 사태와 IMF 외환 위기다. 한총련은 무력을 동반한 시위와 강한 친북 논조로 비판받는 단체였다. 1996년 한총련 회원들이 연세대에서 김영삼 정부의 통일 노선 변경을 요구하며 집회를 하다가 점거 농성으로 발전한 일이 있었다. 당시 경찰이 정보를 잘못 입수해서 시위 학생이 몇 안 되는 줄 알고 소수의 병력만 투입했다가, 한총련 학생들한테 전원 무장해제당하고 심각하게 구타 당하는 일이 발생했다. 이때 많은 전경이 중상을 입었고 심지어 사망한 전경도 있었다. 그 후 경찰이 연세대 주변을 포위하고 식수 공급을 끊어 한총련 학생들은 결국 투항했다.

한총련은 이로 인해 2000년 대법원에 의해 이적 단체로 규정됐다. 또한 한총련 회원들의 격렬한 시위 모습이 그대로 언론을 탔고, 운동권은 한총련, 한총련은 폭력 단체라는 이미지가 전국적으로 각인되었다. 이 사건을 계기로 한국의 운동권 세력은 쇠락의 길을 걷게 됐다.

이는 전국에 있는 대학 신문사에도 불똥이 튀었다. 전대기련은 정치적 성향이 유사한 한총련을 홍보하는 역할을 일임했기 때문이다. 그 때문에 당시 교육부에서는 운동권을 와해시키기 위한 대책으로 각 대학에 학생지도지침을 내렸다. 이는 경우에 따라 기자 해임, 발행 중단, 사무실 폐쇄 등의 모습을 나타내기도 했다. 대학 신문의 권익을 보호해야 할 전대기련은 거의 손 놓고 당하기만 했다. 전대기련은 운동권을 혐오하기 시작한 사회적 분위기 때문에 행동의 범위가 축소돼 편집권 침해에 대한 반대 운동을 활발히 하기 어려운 실정이었다.

각 대학 신문들은 각개약진 형태로 이 난국을 헤쳐 나가려고 했다. 아주대의 『아주대학보』는 10년에 가까운 본부와의 투쟁의 끝에 노동에 대한 대가를 포기하는 고육지책으로 편집권을 지키는 데 성공했다. 하지만 대부분의 대학 신문은 오랜 싸움을 견디지 못하고 대학본부에 의한 편집권 간섭을 허용하게 됐다. 몇몇 대학 신문은 폐간당하기까지 했다.

1997년 IMF 외환 위기는 대량 실업 등 불안한 사회 분위기를 조성해 많은 대학생을 취업에만 열중하게 만들었다. 이때부터 인력난으로 운영에 어려움을 겪는 대학 신문사들이 생겨나기 시작했다. 이 위기는 2000년대에 접어들면서도 계속됐다. 취업난, 운동권 혐오 등 사회 전반적 분위기로 인해 학생운동이 약화되면서 대학 신문의 동력도 줄어들었다. 그와 동시에 '민주화되고 매체도 다양해진 시점에서 대학 신문의 역할은 무엇인가'에 대한 고민이 대두됐다. 2011년 10월, 건국대 『건대신문』 발행 중지 사건이 발생하는 등 편집권 탄압의 문제도 끊이지 않고 있다.[8]

일본의 대학 언론도 학생운동의 흥망과 궤를 같이했다. 1920년대 민주주의 운동인 '다이쇼 데모크라시' 바람을 타고 곳곳에서 대학 신문이 창간됐다. 논조는 진보적이었다. 1925년 '군사교육 반대 학생시위 운동' 때 학생 신문 기자들이 모여 공동선언문을 발표했다. 당시 운동을 선도한 것은 『와세다대학신문』이었는데, 학생들을 선동했다는 이유로 발매를 금지당하고 편집자는 정학 처분을 받았다.

1949년 복간된 『도쿄대학신문』은 1면 제호에 '학생'이라는 두 글자를 넣어 '도쿄대학 학생 신문'이라고 밝혔다. 편집부터 발행까지 학생들이 자주적으로 진행했다. 다시 전쟁 반대와 정부 비판이 담긴 기사가 넘쳐나기 시작했다. 그러다 1960년대 안보투쟁이 실패하고 전국학생공동투쟁회의(전공투)가 무너지면서 학생운동이 퇴조하기 시작했고 일본 대학 언론도 위기를 맞았다. 대학 신문이 인기가 떨어지면서 폐간되거나 또는 스포츠신문과 연계하면서 대중지로 탈바꿈하기도 했다.[9]

미국 대학 언론의 독립에는 뼈아픈 역사가 있다. 1960~1970년대는 미국에서 학생운동이 거세게 일어난 시기였고, 대학가에 불던 베트남전쟁 반대 운동 바람을 타고 미국 대학 신문은 정부와 학교를 비판하는 기사를 쏟아냈다. 이에 보수층은 대학 신문에 탄압으로 대응했다. 가장 강경한 인물이 보스턴대의 존 실버 총장이었다. 그는 하버드대 법학교수 앨런 더쇼비츠의 조언에 따라 언론의 자유를 보장한 수정헌법 제1조를 피해가면서 학생 언론을 탄압하는 방법을 찾아냈다. 비판 기사를 쓰는 대학 언론에 자금 지원을 중단하고 광고 조달을 방해하는 방법으로 돈줄을 막았다. 그 때문에 보스턴대의 대학 신문 『더 데일리 뉴스』가 폐간됐다.

존 실버 총장 사태를 겪으며 미국 대학 언론사들은 재정을 학교에 기대는 것보다 분리 독립하는 것이 낫다는 교훈을 얻었다. 이후 1990년대까지 이어진 대학 신문 독립화 바람으로 현재 미국에는 '완전히 독립된' 학생 신문이 100여 종이 넘는 것으로 추정된다. 그 외의 신문이 독립적이지 않다는 것은 아니다. 학교본부나 학생회 또는 제3의 단체에서 시설이나 자금을 일부 지원받는 경우가 있다는 뜻이다.[10]

■ 한국 대학 언론이 직면한 특수 사정

대학 언론의 편집권 문제가 한국에서 두드러지는 또 다른 이유는 사학법과 유교적인 사제 관계에 있다. 대학 신문의 편집권 문제가 가장 크게 발생하는 곳은 대부분 사립학교다. 한국 사립 대학교에서 이사는 이사진에서만 선출 가능하다. 이 이사진이 감사를 임명하고 이사장도 뽑는다. 족벌 체제로 운영되는 곳도 많다. 이런 비민주적인 체제에서 비리가 발생할 가능성은 충분하다.

반면 외국의 경우, 대부분의 이사를 동문과 학생들이 선임한다. 미국 프린스턴대는 40명의 이사 가운데 13명을 동문과 학생들이 선출한다. 스탠퍼드대는 더 민주적이다. 총 35명의 이사 가운데 총장을 제외한 나머지 34명은 투표로 선출한다. 일본 게이오대 평의원회는 학교 교직원 가운데 선발된 자(10~15명), 동문들의 투표로 선출된 자(30명), 평의원회에서 선출된 자(25명) 등으로 구성된다. 영국 버킹엄대 이사회는 총장, 부총장, 겸직이사, 대학평의회 의원 등 14명 외에 버킹엄 시의회에서 2명, 교직원회에서 선출된 2명, 학생회장과 다른 1명의 전업 학생과 대학원생 1명 등으로 이뤄진다.[11]

유교적인 사제 관계는 대학 언론 문제의 또 다른 핵심인 것 같다. 김명희는 현재 한국이 처한 교육 현실을 '위계적 사제 관계'로 설명했다. 여기서 사제 관계를 매개하는 것은 지식이며, 사제 관계란 지식의 위계적 전달 관계를 의미한다. 유교적 사제 관계에는 '교학상장教學相長', '사제동행師弟同行' 등 상호 존중의 의식이 있지만 현재는 일방통행형 사제 관계만 남아 있다는 것이다.[12] 박노자는 "한국 대학은 군대 같아요", "중세 도제 제도의 면모를 띤 교수와 학생의 관계는 상명 하달의 원칙이 엄격하게 지켜지는 사적인 추종 관계지 공적이고 평등한 동료 지식인은 전혀 아니다"라고 말했다.[13]

또 대학생을 성인으로 인정하지 않는 사회적 분위기에도 원인이 있다. 프랑스의 민족학자 아르놀드 방주네프의 이론에 비유해보면, 대학은 어른 집단으로의 완전 통합을 꾀하기 위한 '전이 단계'라고 할 수 있다. 한편 한국 사회에서 어른으로 인정받기 위해 필요한 몇 가지 조건이 있다. 경제력과 결혼, 남자의 경우는 군대 제대 여부가 추가된다.[14] 대부분의 대학 언론사에서는 군대에 가려면 기자직을 그만둬야만 한다. 과거 한국에서는 대학생이 엘리트로 존중받던 때가 있었다. 하지만 김영삼 정권에서 시작된 대학 설립 신고제는 대학생을 급증시켜 대학생을 바라보는 사회의 시선을 나쁘게 했다. 한국의 대학 언론은 이래저래 대접받기 어려운 상황이다.

한국의 대학 언론은 늘 위기였다. 한국 대학 언론의 태동기였던 1950년대부터 1960년대까지는 시설의 열악함이 위기의 근거였다. 군사독재 정권이 들어선 이후에는 대학 언론은 정부의 감시 대상이 됐다. 민주화가 이뤄진 1990년대 이후부터 대학 언론의 위기는 내부로 옮겨갔다. 민주화라는 공동의 화제가 사라져 매체에 대한 관심이 줄어든 것이었다. IMF 외환 위기 이후 대학생은 늘었지만 학생 기자는 줄어들었다. 2000년대 들어서는 매체의 다양화, 디지털 시대를 맞았고 점점 대학 언론의 입지는 줄어들고 있다. 이와 관련, 김윤형은 "최근 대학생들이 개인주의적 성향이 강해지고 취업 준비 등에 몰두하면서 대학 신문사 인력도 부족한 상황이다"며 다음과 같이 말한다.

"고려대 신문의 한 관계자는 '제대로 기사를 쓰려면 30명은 넘어야 하는데 지금은 25명이 안 된다'며 '지원하는 인력도 점점 줄고 있어 과거 1년에 두 번 뽑던 신입기자를 세 번씩 뽑고 있다'고 밝혔다. 그는 이어 '인력이 부족하다 보니 내부적으로도 신문의 콘텐츠 질이 과거에 비해 떨어진 것 같다'고 평가했다. 이런 와중에 정작 대학 신문은 독자인 학생들로부터도 외면받고 있다. 이화여대 4학년인 김 모 양은 '학교 신문을 거의 본 적이 없다'며 '비 올 때 우산 대신 쓰는 정도'라고 말했다. 고려대 재학 중인 최 모 군은 '학내 소식이 크게 궁금하지 않은 이유도 있지만 학내 인터넷 커뮤니티 등을 통해 더 자세하고 신속한 정보를 접할 수 있기 때문에 1년에 한 번 학교 신문을 집어서 볼까 말까 한다'는 입장을 보였다."[15]

미디어 범람 시대를 맞아 대학 신문의 존재감이 희미해지고 있는 건

부인할 수 없는 사실이다. 이에 따라 전 세계의 많은 대학 신문사는 매체의 다양화, 학생들의 관심사를 반영하는 기사 작성 등을 통해 이 파도를 헤쳐 나가고 있다. 뉴미디어 시대에 발맞춰 모바일 사이트, SNS 등을 활용해 학생들과의 '소통'을 추구하는 것도 바로 그런 노력의 일환이다.

부산민주언론시민연합 복성경 사무차장은 "현재 대학 신문은 과도기적 단계인 것 같다. 다시 대학 신문이 활기를 찾기 위해서는 모든 대학 신문사가 연대해서 혁신할 수 있는 계기를 마련해야 한다"며 "이 단계에서 학생 기자들이 어떻게 발돋움하느냐에 따라 앞으로 대학 신문이 제대로 자리매김할 수 있을지의 여부가 결정될 것이다"라고 말한다.[16]

미국 대학 신문들은 지역 밀착형 구조로 호황을 맞고 있다지만, 한국의 대학 신문은 무엇보다도 편집권이라는 족쇄에 얽매어 있다. 미디어 범람 시대를 헤엄쳐나갈 동력이 없는 셈이다. 언제쯤 대학 언론인들이 이 문제에서 해방될 수 있을까?

1 김형규, 「'대학 신문 편집권' 학생·학교 잇단 마찰」, 『경향신문』, 2011년 10월 19일.
2 서지혜, 「신문 제호 어디 갔나 … 성대신문 편집권 침해 반대해 백지 제호 발행」, 『헤럴드경제』, 2012년 3월 21일.
3 김연숙, 「외대학보, '편집권 침해' 추가 공개 … 논란 확산」, 『연합뉴스』, 2012년 12월 7일.
4 신호철, 「1부에 2400원 받는 일본 대학 신문」, 『시사인』, 제128호(2010년 3월 3일).
5 「The Daily Targum」, *Wikipedia*.

6 설원태 · 김성해, 「정체성 위기의 대학 신문: 미국대학 신문과 공동체 저널리즘 모델의 적용 가능성을 중심으로」, 『언론과학연구』, 제9권 제3호(2009년 9월), 211~250쪽.

7 김강지숙, 「대학 신문 편집권, 누구의 것인가」, 『이대학보』, 2004년 11월 29일.

8 최지수, 「역사의 길에서 대학 신문을 보다」, 『한국해양대신문』, 2011년 12월 9일.

9 신호철, 앞의 기사.

10 신호철, 「세계적인 특종 하는 미국 대학 신문」, 『시사인』, 제128호(2010년 3월 3일).

11 김행수, 「개방형 이사제가 공산주의 하자는 거라고?」, 『민중의소리』, 2005년 9월 6일.

12 김명희, 「유교적 교육 전통에서의 사제관계의 성격」, 『동양사회사상』, 제7집(2003년 5월), 131~152쪽.

13 신용호, 「"한국 대학은 군대 같아요" … 박노자 교수 지적」, 『중앙일보』, 2000년 3월 21일.

14 김미영, 「한국 사회에서 어른되기」, 『비교민속학회』, 제9권 6호(2000), 295~322쪽.

15 김윤형, 「대학 신문 총체적 위기: 비판기사 제지당하고 학생들 참여 외면」, 『서울경제』, 2011년 11월 21일.

16 최지수, 앞의 기사.

왜 한국의 대학 신문은 항상 위기인가

우리가 몰랐던
세계문화
ⓒ 강준만 외, 2013

초판 1쇄 2013년 3월 4일 찍음
초판 2쇄 2013년 9월 10일 펴냄

지은이 | 강준만 외
펴낸이 | 강준우
기획 · 편집 | 박상문, 이동국, 김진원
디자인 | 이은혜, 최진영
마케팅 | 이태준, 박상철
인쇄 · 제본 | 대정인쇄공사

펴낸곳 | 인물과사상사
출판등록 | 제17-204호 1998년 3월 11일

주소 | (121-839) 서울시 마포구 서교동 392-4 삼양E&R빌딩 2층
전화 | 02-325-6364
팩스 | 02-474-1413
www.inmul.co.kr | insaedit@gmail.com

ISBN 978-89-5906-232-4 03300
값 14,000원